中國學術思想 研究輯刊

十三編

林慶彰 主編

第 19 冊

韓愈與宋學
——以北宋文道觀爲討論核心（下）

張瑞麟 著

花木蘭文化出版社

國家圖書館出版品預行編目資料

韓愈與宋學——以北宋文道觀為討論核心（下）／張瑞麟　著
— 初版 — 新北市：花木蘭文化出版社，2012〔民101〕
目 4+218 面；19×26 公分
（中國學術思想研究輯刊 十三編：第 19 冊）
ISBN：978-986-254-803-5（精裝）
1.（唐）韓愈　2.學術思想　3.宋代文學　4.文學評論
030.8　　　　　　　　　　　　　　　　　　101002170

ISBN-978-986-254-803-5

9 789862 548035

中國學術思想研究輯刊
十三編　第十九冊　　　　　　　ISBN：978-986-254-803-5

韓愈與宋學——以北宋文道觀為討論核心（下）

作　　者　張瑞麟
主　　編　林慶彰
總 編 輯　杜潔祥
出　　版　花木蘭文化出版社
發 行 所　花木蘭文化出版社
發 行 人　高小娟
聯絡地址　新北市永和區中正路五九五號七樓
　　　　　電話：02-2923-1455／傳真：02-2923-1452
網　　址　http://www.huamulan.tw 信箱 sut81518@gmail.com
印　　刷　普羅文化出版廣告事業
封面設計　劉開工作室
初　　版　2012 年 3 月
定　　價　十三編 26 冊（精裝）新台幣 42,000 元

韓愈與宋學
——以北宋文道觀爲討論核心（下）

張瑞麟　著

目次

第六章 從文道觀看歐陽脩對韓學之開展及其思維內涵

　　就價值的內涵來說，它可以是客觀的永恆存在，但是具體而論，要展現真實的意義，仍是必須憑藉「人」的詮釋、理解與實踐來完成。所謂「人能弘道，非道弘人。」〔註1〕正清楚地指出了價值意義的彰顯關鍵在於詮釋者是否展現了主導權。

　　在前一章節裡，已經看到了初期宋學雖然蘊含了以「元和風尚」為核心的思維脈絡，但是在與儒學精神尚且存有扞格的情形下，不論是稽古的思維內涵，或是關於韓愈學術的詮釋，都顯示出契會上的不足。究其原因，即是未能承繼韓愈所開啟之契會於儒學的主體精神。承此之後，范仲淹與歐陽脩等人躍上宋代學術的舞台。毫無疑義，不論是在政治上，或者在學術上，都展現出令人耳目一新的一面。然而，要如何適切詮釋此中變化所蘊含的意義呢？

　　以下嘗試聚焦於歐陽脩的身上並從兩個方面來進行討論，首先將針對歐陽脩與韓愈在文道觀上呈現的關係與蘊含的意義進行論述，其次將回到歐陽脩本身的學術來進行論述。希望藉由此兩面向的討論，不僅能更加貼切的詮釋出韓愈與宋儒間的意義連結，並且開啟一個理解歐陽脩學術價值的角度。

第一節　非韓以尊韓：歐陽脩對於韓愈文道觀之開展

　　韓愈的學術，在宋代時期得到儒者的推崇，歐陽脩扮演著關鍵的角色，

〔註 1〕程樹德：《論語集釋》（北京：中華書局，1997 年 10 月），頁 1116。

這是眾所皆知的事。然而，在仔細探究歐陽脩如何倡行韓愈的學術時，似乎其間相扣的環節就產生了些許的鬆動，不僅在韓詩方面如龔鵬程所言在北宋仍有爭論〔註2〕，錢鍾書所云：「韓昌黎之在北宋，可謂千秋萬歲，名不寂寞者矣。歐陽永叔尊之爲文宗，石徂徠列之於道統。」〔註3〕文、道分途倡導，歐陽脩的影響又萎縮了，則韓愈學術的盛行，似非歐陽脩一己之力所可成就。如何解釋這樣的差距呢？還是因歐陽脩的學術光環造成誇大詮釋的結果？楊國安在宋代韓學研究中指出，歐陽脩對於韓愈的態度是有所轉變的，而引導回尊韓思維的人是石介。〔註4〕此外，一般論述兩者之間的關係，亦多傾向於講述古文寫作上的連繫性，並且強調歐陽脩在文辭上選擇了自然平易的呈現，實亦弱化了歐陽脩在韓愈學術推行上的價值。〔註5〕但是，本文認爲歐陽脩對於韓愈學術的推行是深具價值的，惟受限於詮釋的視野，尤其是「文」、「道」兩分的思維角度，讓其間存在的意義產生滑落了。〔註6〕是故本文將以文道觀爲核心，除了呈現歐陽脩對於韓愈學術的詮釋面貌外，企圖抉發出其中蘊含的特殊意義。

在討論的進行裡，對於宋代的學術環境是有必要進行關注的。因爲雕版印刷的盛行，讓學術的生態有了劇烈的改變，學術的豐富資源，使儒者有了相近的學養，尤其傳播的效力，讓觀點更能迅速的普及與交換，儒者間的對話於焉形成。因此，論述中將從對話的角度，檢視歐陽脩與同時期儒者的觀

〔註2〕 龔鵬程：〈從杜甫、韓愈到宋詩的形成〉，《唐代思潮》（宜蘭：佛光人文社會學院，2001年6月），頁653～679。

〔註3〕 錢鍾書：《談藝錄》（北京：生活‧讀書‧新知三聯書店，2001年1月），頁187。

〔註4〕 楊國安：《宋代韓學研究》（北京：中國社會科學出版社，2006年5月），頁29～37。

〔註5〕 王水照在〈歐陽脩散文創作的發展道路〉中指出：歐陽脩經過二三十年的努力，在反對西崑體的流弊，又吸取宋初以來古文家寫作失敗的經驗，才建立起平易自然、流暢婉轉的風格。文見《社會科學戰線》1991年第1期，頁277～278。何寄澎亦在「歐陽脩成功古文運動的因素」中，指出一個與創作緊密相關的是「塑造簡雅平淡的風格」，亦是以平易扭轉怪奇文風爲關鍵。文見氏著《北宋的古文運動》（臺北：幼獅文化事業公司，1992年8月），頁203～207。

〔註6〕 何澤恆在論述歐陽脩學術時也納入了與韓愈關係的討論，只是在看到了古文與儒學的關係外，由於以心性之學作爲評價的基礎，因此即無法彰顯韓愈與歐陽脩的意義。文參氏著《歐陽修之經史學》（臺北：國立臺灣大學文學院，1980年6月），頁25～35。

點有何異同？蘊含何種意義？

此外，本文將擷取一個在歐陽脩對於韓愈學術詮釋中極具意義的議題進行討論，以呈顯歐陽脩之詮釋的思維特質。

一、歐陽脩對於韓愈文道觀之詮釋與批判

韓愈的學術原具有一個整體性的思維內涵，是基於學以有得於聖人之道所形成之能自樹立的主體性思維來進行建構的，然而在其學術面貌的呈現上，僅是透過所關注之時代課題的論述，具體展現了諸多的思維面向，因與政治社會間存在之緊密相關性而具有強烈的實踐性質，其成果與價值自然受到矚目，但是這些面向雖與韓愈的學術精神存在相關性，其實尚存有一間之隔，如果將視野局限於此，則所謂尊崇，僅能是追隨、執守與模仿，而無法真有承繼與開拓的價值意義。

宋初以來對於韓愈的關注，實質上就顯示出了一個一直圍繞於外在學術面向上之片面理解的現象，從觸及的議題與涉及的層面，包括了傳道的思維、闢佛的主張與古文的寫作，可以清楚看到都只是呈現出偏向於「守」之承襲性的想法，當然其間蘊含漸進式之尋求突破的思維傾向〔註7〕，但並未真有透入之理解，因此即使曾經形成了以韓為尊的文學風尚〔註8〕，不僅有如曇花之一現，亦未能開顯出新的意義。直到仁宗時期，儒者始有所見，一方面契接了韓愈的學術精神與思維內涵，一方面透過具體的實踐，將其價值與意義作了進一步的開展與推廣。此間，最顯著而卓越的實踐者，要屬歐陽脩了。

韓愈之所以在宋代學術上形成巨大的影響力，歐陽脩當然扮演了非常重要的角色，具體而言，可以從三個層面來進行理解，包括：價值的抉發、意

〔註7〕雖然說宋初學術走向到真宗時期產生了變化，不過西崑體實質上不僅並未阻斷韓愈學術取向的發展，作為文風主盟的楊億更展現出與古道相通的「元和之風」，如曾鞏：《隆平集》卷13云：「真宗常謂王旦億詞學無比，後學多所法則，如劉筠、宋綬、晏殊而下，比比相繼，文章有正元、元和風格，自億始也。」（見《景印文淵閣四庫全書》第371冊（臺北：臺灣商務印書館，1986年3月），頁133。以下引書以《四庫》簡稱之）宋祁亦云：「億工文章，采縟閎肆，彙類古今，氣象魁然，如貞元、元和，以此倡天下而為之師。」（〈石少師行狀〉，《全宋文》第13冊，頁64）是以其間存在著一個連續性的學術發展脈絡。

〔註8〕由王禹偁所作〈答鄭褒書〉一文中，可見時風以文章如韓柳為榮譽的情形。詳見《全宋文》第4冊，頁355～356。

義的闡釋與創作的實踐。以下詳述之。

（一）價值的抉發：注入「道」的思維

就價值的抉發來說，對於韓愈學術的肯定，歐陽脩並非有宋之第一人，從柳開一直到穆修，實代有其人，甚至期間更曾形成「以韓爲譽」的風潮，然而若將學術呈現之一顯一隱視爲一個區段，則歐陽脩對於韓愈學術的肯定，實已進入到了另一個區段。歐陽脩在〈記舊本韓文後〉一文中指出：

> 予少家漢東，漢東僻陋無學者，吾家又貧無藏書。州南有大姓李氏者，其子堯輔頗好學。予爲兒童時，多遊其家，見有弊筐貯故書在壁間，發而視之，得唐《昌黎先生文集》六卷，脫落顚倒無次序，因乞李氏以歸。讀之，見其言深厚而雄博，然予猶少，未能悉究其義，徒見其浩然無涯，若可愛。是時天下學者楊、劉之作，號爲時文，能者取科第，擅名聲，以誇榮當世，未嘗有道韓文者。〔註9〕

由於楊億主盟之西崑體的盛行，韓文因而不再受到學者的青睞，致使文集有被棄置而脫落無次序的情形，不過這只是冰山一角而已，依據歐陽脩在《六一詩話》中所云：

> 蓋自楊劉唱和，《西崑集》行，後進學者爭效之，風雅一變，謂「西崑體」，由是唐賢諸詩集幾廢而不行。〔註10〕

文中所述領域雖是在詩，不過從受西崑體影響的程度來看，唐賢諸詩集「廢而不行」的情形，與韓文之「未嘗有道」，實無分別。不道與不行所揭示之全面性的排擠現象，意味著個別學術的生存與發展將受到傷害，一方面具體呈現在作品的保存上，另一方面則是在意義的理解與詮釋上。前者，從歐陽脩對於《昌黎集》之補綴與校定工作上尋求異本、善本的艱辛，可見一斑，雖然柳開時已面臨到文字舛謬的問題，但這可能僅是古代作品在流傳時客觀上難以避免因戰火襲擊與典籍維護所造成之散佚，與學術排擠下的廢棄沖擊了傳播的效力並不相同。後者，透過由「行」轉爲「不行」、「道」變成「不道」的現象，不難想像其間主導學者接受的價值思維，必然產生了變化，由是而言，對於韓愈學術的詮釋與評價也將隨之改觀。根據王若虛（從之，

〔註9〕 歐陽脩：〈記舊本韓文後〉，《歐陽脩全集》（北京：中華書局，2009 年 1 月），頁 1056。

〔註10〕 歐陽脩：《六一詩話》，何文煥輯《歷代詩話》（北京：中華書局，2001 年 11 月），頁 266。

1174～1243）所述：

> 舊說楊大年不愛老杜詩，謂之村夫子語，而近見《傅獻簡嘉話》云：
> 晏相常言大年尤不喜韓柳文，恐人之學，常橫身以蔽之。嗚呼！為
> 詩而不取老杜，為文而不取韓柳，其識見可知也。〔註11〕

《傅獻簡嘉話》乃記錄傅堯俞（1024～1091）之言行的作品，以其親接晏殊來說，所述應可採信。〔註12〕此段文字旨在表述王若虛對於楊億的評價，可說是運用了由唐而宋長期以來對於韓文杜詩之價值貞定的成果，依此是彼非的方式進行了抑揚，是否恰當可再商榷，惟藉此可以理解到楊億對於杜甫（子美，712～770）與韓愈的看法。楊億視杜甫為村夫子，而尤不喜韓柳文，先不論其中所存內涵之曲折，純就以其處於韓、杜學術價值貞定的過程而言，相對於前此主文之王禹偁，依其所云：「誰憐所好還同我，韓柳文章李杜詩。」〔註13〕意含對於韓、杜的推許，兩相比較，褒貶之情迥然不同。顯見在楊億所主西崑體的視野下，有關學術價值評斷的思維基礎已有了轉變，而這正深深的影響及韓愈學術價值的理解與詮釋。也就是因為存在著這樣的跡象，作為西崑體的強烈批判者，石介即云：

> 昔楊翰林欲以文章為宗於天下，憂天下未盡信己之道，於是盲天下
> 人目，聾天下人耳，使天下目盲，不見周公、孔子、孟軻、揚雄、
> 文中子、吏部之道；使天下耳聾，不聞有周公、孔子、孟軻、揚雄、
> 文中子、吏部之道。俟周公、孔子、孟軻、揚雄、文中子、吏部之
> 道滅，乃發其盲，開其聾，使天下唯見己之道，唯聞己之道，莫知
> 有他。〔註14〕

依據「道始於伏羲氏，而成終於孔子。」與「孔子後，道屢塞，闢於孟子，而大明於吏部。」〔註15〕的說法，在石介的觀念裡，排斥明道的韓愈就等同於否定了孔子一系的價值思維。因此，基於楊億不喜韓愈的跡象，石介擴大

〔註11〕　王若虛：《滹南集》卷37，《四庫》第1190冊，頁461。
〔註12〕　趙希弁：《郡齋讀書志》後志卷2（《四庫》第674冊，頁396）與陳振孫：《直齋書錄解題》（上海：上海古籍出版社，1987年12月），頁209。都有進行此作品的說明。
〔註13〕　王禹偁：〈贈朱嚴〉，《小畜集》（臺北：臺灣商務印書館股份有限公司，1968年9月），頁153。
〔註14〕　石介：〈怪說中〉，《徂徠石先生文集》（北京：中華書局，1984年7月），頁62。
〔註15〕　石介：〈尊韓〉，《徂徠石先生文集》，頁79。

詮釋，將兩者對立起來視爲水火不容、思維迥異的兩個學術走向。當然，石介對於楊億的認知與批判是存在著爭議性的，不僅范仲淹、歐陽脩、田況（元均，約 1003～1061）、宋祁、蘇軾等人仍顯示對楊億的推崇，所謂目盲耳聾之說，實乃片面、過激之言，於理更是難通，不過在這裡確實讓人得以見到有關韓愈學術認知與接受的一個曲折變化。從穆修鬻書一事，或即充分呈現此變化之具體樣貌，試觀《宋名臣言行錄》所記：

> 老益貧，家有唐本韓柳集，乃丐於所親厚者，得金，用工鏤板，印數百帙，攜入京師相國寺，設肆鬻之。坐其旁，有儒生數輩至其肆，輒取閱。公奪取，怒視謂曰：「先輩能讀一篇，不失一句，當以一部相送。」遂終年不售。時學者方從事聲律，未知古文，伯長始爲之倡。〔註16〕

由於宋初以來崇文重儒的傾向，加上科舉方面仕途廣開，使得典籍的需求更甚以往，而雕版印刷術的日漸成熟正解決了這個問題。宋人對於雕版印刷術之運用的效力是有充分的認知，除了得以實現著書立言以傳不朽的固有思維，如徐鉉〔註17〕外，伴隨主文、行道的意識，已普遍將之視爲理念推行的利器，如張詠〔註18〕，而西崑體的盛行更是顯著。由是而言，穆修刻印韓柳集雖然具有經濟層面的考量，但意欲藉以倡行韓柳文，應是沒有疑義的，惟在楊億主盟之西崑體的影響下，學者從事於聲律之學，古文是個陌生而未知的領域，是以雖面對「讀一篇，不失一句」之閱讀韓柳文上的簡單考驗，亦顯得困難重重，因此也就有了集本「終年不售」的情形存在，此學於是時真可謂乃寂寞之道。然而，當重回到西崑體的本原，細究楊億的思維內涵時，將可發現其間實蘊含與韓愈學術相通、相容的質素，換言之，從健全韓愈學術發展的角度來看，這一個時期的轉趨沈寂，或可視爲是對韓愈學術認知的一個洗鍊的過程，一個得以再次開展而具有之思維的廓清。是以，當歐陽脩躍上韓愈學術發展的舞台，其所寓含的意義，乃是基於對穆修與楊億兩方視

〔註16〕 朱熹：《宋名臣言行錄》前集卷 10，《四庫》第 449 冊，頁 115。魏泰有近似記述，見《東軒筆錄》（北京：中華書局，1997 年 12 月），頁 30～31。

〔註17〕 如胡克順將徐鉉文章編輯、摹印以廣流傳。見宋真宗：〈胡克順進徐騎省文集表批答〉，《全宋文》第 6 冊，頁 717。

〔註18〕 張詠推崇薛侯以治世爲本，詩作「隨事刺美，直在其中；放言既奇，亦在言外。」的表現，是以「授鬻書者雕印行用」。詳見所作〈許昌詩集序〉，《全宋文》第 3 冊，頁 430。

域之融攝，從而進一步展現個體有得之嶄新視角。歐陽脩云：

> 凡昔翺一時人，有道而能文者，莫若韓愈。〔註19〕

又云：

> 韓氏之文、之道，萬世所共尊，天下所共傳而有也。〔註20〕

在歐陽脩的視域裡，有關韓愈學術價值的貞定，是值得令人關注的，因爲其中所顯示的思維取向，不再僅是專注於「文」的層面，而是同時納入了「道」的內涵，甚至於在「道勝者文不難而自至」〔註21〕的思維底下，「道」更是位居於樞紐的地位。將此思維對應於韓愈的主張，包括「夫所謂文者，必有諸其中，是故君子慎其實。」〔註22〕與「修其辭以明其道」〔註23〕的說法，若合符節，顯示了歐陽脩的推尊乃立基於對韓愈學術的透徹理解。有關於此，蘇軾就有適切的闡釋，試觀〈六一居士集敘〉一文中所述：

> 自漢以來，道術不出於孔氏，而亂天下者多矣。晉以老莊亡，梁以佛亡，莫或正之，五百餘年而後得韓愈，學者以愈配孟子，蓋庶幾焉。愈之後三百有餘年而後得歐陽子，其學推韓愈、孟子以達於孔氏，著禮樂仁義之實，以合於大道。其言簡而明，信而通，引物連類，折之於至理，以服人心，故天下翕然師尊之。自歐陽子之存，世之不說者，譁而攻之，能折困其身，而不能屈其言。士無賢不肖不謀而同曰：「歐陽子，今之韓愈也。」宋興七十餘年，民不知兵，富而教之，至天聖、景祐極矣，而斯文終有愧於古。士亦因陋守舊，論卑而氣弱。自歐陽子出，天下爭自濯磨，以通經學古爲高，以救時行道爲賢，以犯顏納說爲忠。長育成就，至嘉祐末，號稱多士。〔註24〕

一般被學者視爲與歐陽脩同樣是文學家的蘇軾，依據兩人具有師從關係與相知友善的角度來說，有關歐陽脩學術的評述應是中的之言。「歐陽子，今之韓

〔註19〕歐陽脩：〈讀李翺文〉，《歐陽脩全集》，頁1050。

〔註20〕歐陽脩：〈記舊本韓文後〉，《歐陽脩全集》，頁1057。

〔註21〕歐陽脩：〈答吳充秀才書〉：「聖人之文雖不可及，然大抵道勝者文不難而自至也。」見《歐陽脩全集》，頁664。

〔註22〕韓愈：〈答尉遲生書〉，《韓昌黎文集校注》（上海：上海古籍出版社，1987年6月），頁145。

〔註23〕韓愈：〈爭臣論〉，《韓昌黎文集校注》，頁113。

〔註24〕蘇軾：〈六一居士集敘〉，孔凡禮點校《蘇軾文集》（北京：中華書局，2008年7月），頁316。

愈也。」一語可以說不僅道盡了歐陽脩的學術走向與精神內涵，更讓人清楚看到歐陽脩與韓愈間的緊密關係。然而，對於這一段文字的理解與關注，容易使人停留在印象式之印證上的解讀，即作爲佐證與凸顯歐陽脩與韓愈在文學寫作上，或更精確的說是古文創作上的相承關係，但若仔細的分析，將會發現不止如是，蘇軾實質上揭示了更多的意涵，而這些意涵對於兩人學術的理解與詮釋，顯得極爲重要。從整個論述的脈絡來說，「斯文」有愧，具體的指出了歐陽脩所面對的課題，而「長育成就」以有多士，即是揭示歐陽脩學術在化解課題上所呈現之具體成效，顯而易見，「斯文」可以說就是關鍵之所在，如是，似乎正說明了歐陽脩的文學成就，然而「斯文」若不僅限於文學的框架，則其中意蘊將不再如此單純。依據蘇軾所指出之「以通經學古爲高，以救時行道爲賢，以犯顏納說爲忠。」的實踐途徑來看，則足以長育成就多士的「斯文」，就不僅是單純的屬於文學層面的問題而已。救時行道與犯顏納說是對應於學術有得之具體實踐，也可以說是檢驗個人學術價值的行爲依據，而「通經學古」實是歐陽脩導正論卑氣弱的關鍵作爲。是以，「通經學古」可以說是學者欲及於歐陽脩之所學與所言的實踐方式，然而依據蘇軾的認知，其中有個核心的價值思維，那是一個不易有得的思維內涵，一個出於孔子而有得於孟子與韓愈的大「道」，它讓歐陽脩之所學與所言顯得不同且卓越。是以，透過蘇軾的揭示，令人清楚看到了「道」在歐陽脩變革「斯文」中所扮演的關鍵性角色，這意味著在詮釋歐陽脩之「文」的內涵時，對其「道」之關注是必須要有相等、對應的作爲。

綜上所述，可以說在歐陽脩的學術裡存在著一個清晰思維脈絡，一個源自於對韓愈學術的理解，這包括了其言「深厚而雄博」之屬於「文」與其義「浩然無涯」之屬於「道」的兩面性，在志先定而後學成有得的情形下，不僅完善自身的學術思維體系，透過視野的轉變，也使韓愈學術的價值與精神重新綻放。

（二）彰顯主體之闡釋

在歐陽脩的論述裡，觸及到韓愈的篇章極多，其中雖不乏因喜愛而欲如其行徑，從而伴隨言事而進行了引述的作法〔註25〕，然多元而深入，不落

〔註25〕如〈唐韓退之題名〉一文有云：「因念退之記遇雷，意其有所試也。」（《歐陽脩全集》，頁 2270）與〈上范司諫書〉（《歐陽脩全集》，頁 974）一文引韓愈〈爭臣論〉皆是。

窠臼的詮釋與批判，仍將韓愈學術的「異代價值」作了充分的展現。剖析這些論述的面向，大體上皆可歸諸於「文」與「道」，以下即將梳理所得分別呈現。

1.「文」之純粹

以韓愈之「文」而言，依據「萬世所共尊，天下所共傳」的評價，歐陽脩已將讚許、推崇之意表露無遺。這個看法是歐陽脩在嘉祐三年（1058）時所表述的〔註26〕，從天聖學韓至此，幾近三十年的涵養，可說當是學成有得後自信不移的定見了。依此，令人深感好奇的問題是：歐陽脩何以如此推崇？所見價值又是如何？有關於此，根據歐陽脩的陳述，其云：「其言深厚而雄博」，這雖是對於韓文的第一印象，但此後在意義的抉發上，實是順此而加以拓展的。試觀其相關論述：

> 予嘗考前世文章政理之盛衰，而怪唐太宗致治幾乎三王之盛，而文章不能革五代之餘習。後百有餘年，韓、李之徒出，然後元和之文始復于古。……自古治時少而亂時多，幸時治矣，文章或不能純粹，或遲久而不相及，何其難之若是歟？〔註27〕

> 唐自太宗致治之盛，幾乎三代之隆，而惟文章獨不能革五國之弊。既久而後，韓、柳之徒出，蓋習俗難變，而文章變體又難也。〔註28〕

> 自天聖以來，古學漸盛，學者多讀韓文，而患集本訛舛。〔註29〕

「古」代表的是一個在「三代」所形成之理想世界的意象，宋初以來稽古為學的思維就一直存在著，然而要到天聖以後，歐陽脩視野下所認可的「古學」始漸昌盛，而此「古學」正與「韓文」之內蘊有著共同的趨向。在歐陽脩的思維裡，「韓文」是能「復於古」的呈現，是足以與「三王之盛」、「三代之隆」的「政理」相互輝映的「文章」，其呈現的特質即是能展現「純粹」的價值與精神。所謂的「純粹」，雖然歐陽脩用以稱述「文章」的整體呈現，實

〔註26〕李之亮將之繫於嘉祐三年，而劉真倫以為歐陽脩的〈書後〉有兩版本，一是至和二年對呂夏卿所作，另一篇則為晚年的修訂作品，詳見《韓愈集宋元傳本研究》（北京：中國社會科學出版社，2004 年 6 月），頁 248。不過從文章內容來說，如「至於今蓋三十餘年矣」與「凡三十年間」，似不甚契合，未知是歐陽脩行文的關係，或是尚存考究空間。
〔註27〕歐陽脩：〈蘇氏文集序〉，《歐陽脩全集》，頁 614。
〔註28〕歐陽脩：〈唐元次山銘〉，《歐陽脩全集》，頁 2261～2262。
〔註29〕歐陽脩：〈唐田弘正家廟碑〉，《歐陽脩全集》，頁 2270。

質上則包含了兩個面向：個人價值精神所內蘊於作品中之思維的醇正，以及文章呈現上對應之語辭修飾的精粹。即是因爲具有這樣深廣的意蘊，「文章」在歐陽脩的思維裡，應當關注的就不僅僅是言詞雕刻之形式上的問題而已，如〈與樂秀才第一書〉一文中所云：

> 今之學者或不然，不務深講而篤信之，徒巧其詞以爲華，張其言以爲大。〔註30〕

巧其詞與張其言，就是停留在語言文字上操作的思考，因爲缺乏了得以純粹的工夫——深講篤信，所以是不足取之「文」的呈現。有關深講篤信的意義，因涉及「道」的討論，容後再述。擷取這樣的看法，將之對應於韓愈的追求——其心之「純」而至於其辭之「粹」〔註31〕，深爲契合，顯示了歐陽脩對於韓愈的學術內涵具有透徹的體悟，而此正是順著深厚雄博的先期認知，經過深入的抉發而有所見。在形成這樣的體認之後，歐陽脩也實際運用於作品的品鑑上，如：

> 予友梅聖俞……既長，學乎六經仁義之說。其爲文章，簡古純粹，不求苟說於世，世之人徒知其詩而已。〔註32〕

> 蓋詩者，樂之苗裔歟！漢之蘇、李，魏之曹、劉，得其正始。宋、齊而下，得其浮淫流佚。唐之時，子昂、李、杜、沈、宋、王維之徒，或得其淳古淡泊之聲，或得其舒和高暢之節，而孟郊、賈島之徒，又得其悲愁蹇堙之氣。由是而下，得者時有而不純焉。今聖俞亦得之。〔註33〕

> 臣伏見國家近年以來，更定貢舉之科，以爲取士之法，建立學校，而勤養士之方。然士子文章未純，節行未篤，不稱朝廷勵賢興善之意，所以化民成俗之風。〔註34〕

以上皆是透過「純粹」的概念進行了文章的品鑑，其中較爲殊異者，乃同時

〔註30〕歐陽脩：〈與樂秀才第一書〉，《歐陽脩全集》，頁1024。
〔註31〕韓愈論文舉如在〈答尉遲生書〉中云「心醇而氣和」（《韓昌黎文集校注》，頁145）；〈答李翊書〉云：「吾又懼其雜也，迎而距之，平心而察之，其皆醇也。」（《韓昌黎文集校注》，頁170）；而〈讀荀〉云：「考其辭，時若不粹；要其歸，與孔子異者鮮矣。」（《韓昌黎文集校注》，頁37）
〔註32〕歐陽脩：〈梅聖俞詩集序〉，《歐陽脩全集》，頁612。
〔註33〕歐陽脩：〈書梅聖俞稿後〉，《歐陽脩全集》，頁1048～1049。
〔註34〕歐陽脩：〈論刪去九經正義中讖緯劄子〉，《歐陽脩全集》，頁1707。

涉及到梅堯臣之詩與文的評價現象，這顯示出此概念不僅僅是針對古文的寫作而言，更包括了詩歌的領域。論述中，「簡古純粹」的文章評價，尤其涵蘊深廣地將源自於韓愈之「文」的要求作了充分的表述。然而，如何能至於「純粹」？如前略有所述，當然存在著工夫的問題，並且其間乃具有深厚的內涵，始能成就「文章」的「純粹」。所謂的工夫，如此處所言即是「學乎六經仁義之說」，以當時共同的認知，則是「通經學古」，這與歐陽脩先期認知中所提及之韓文中「義」的「浩然無涯」相通，皆是將「文章」的視野拓展到文章之外。依據經學代表著儒家的核心思維而言，很明顯的這是將儒學帶入到文學之中，甚至可以說儒學主導了文學的呈現，這就是歐陽脩視野中的「文章」。歐陽脩指出：

> 夫世無師矣，學者當師經。師經必先求其意，意得則心定，心定則道純，道純則充於中者實，中充實則發爲文者輝光，施於事者果毅。三代、兩漢之學，不過此也。〔註35〕

由師經而心定，由心定而道純，由道純而文有輝光，這一系列的連繫性關係，充分說明了由「通經學古」到「文章」呈現間的緊密關係。換言之，這也顯示了「文」與「道」的關係。順此而言，如果這不僅只是個「口號」〔註36〕，那麼對於儒學在歐陽脩的文學思維與創作上所具有的實質作用，就有需要認眞的加以思索、衡量，並重新抉發其間蘊含的意義，這將不僅可以使歐陽脩的學術產生新的理解角度，更可充分彰顯文學與儒學之間能夠擁有相資爲用的關係。在這裡，歐陽脩具體表述了始於經學的觀點，然而更引人關注的是，在走向純粹之文章呈現的過程中，尚存有重要的環節，間接否定了移植的處理方式。這些重要的環節，包含意、心、道三者，依據整個流程來分析，經、人、文分屬三方，由經而人，由人而文，但自「意得」起，實無隔閡，則此中關鍵即在如何求其「意」而有得的問題上。「意」指的是內蘊於經學中的價值思維，似乎是僅屬於經典方面的客觀問題，但是從「意」之有得與否的判斷，以及從而得以獲得之「心定」來說，人在實質上扮演了關鍵的角色。換言之，歐陽脩雖然凸顯了通經學古的重要性，但是實質上乃是指向於所欲涵養有成的主體。歐陽脩云：

〔註35〕歐陽脩：〈答祖擇之書〉，《歐陽脩全書》，頁 1010。
〔註36〕包弼德指出：「歐陽脩的作品暗示出『復古』和『聖人之道』是一些空洞的口號。」詳參氏著劉寧譯：《斯文：唐宋思想的轉型》（南京：江蘇人民出版社，2001 年 1 月），頁 210。

> 孟、韓文雖高，不必似之也，取其自然耳。〔註37〕

「高」即是指「道純」，而因爲其間具有之主體性，所以言「不必似之」，也可以說不可用模仿的方式，當依其所得之意由心而自然呈現爲文。因此，作爲「純粹」的文章，必然是通經學古下之個體化的價值展現，這與韓愈所強調的「能自樹立」之「立言」的主張，具有相通相容之處。

歐陽脩透過一個契合於韓愈學術之精神與內涵的用語——「純粹」，將韓文的價值與意義闡發了出來，然而畢竟是兩個不同的主體，歐陽脩亦展現其個體思維，提出對韓文的批判，顯示了自身理性的思維而非一味的推尊。歐陽脩云：

> 每見前世有名人，當論事時，感激不避誅死，眞若知義者，及到貶所，則戚戚怨嗟，有不堪之窮愁形於文字，其心歡戚無異庸人，雖韓文公不免此累，用此戒安道，愼勿作戚戚之文。〔註38〕

文中可見「文」、「道」內涵之交錯論述，顯見「文」與「道」的相應關係。「不避誅死」對比於「不堪之窮愁」，「知義者」對比於「庸人」，這是人心定不定的差異，亦即是「道」之純不純的問題。依歐陽脩的思維，當心之歡戚無異於庸人時，其心即不定，心不定則道不純，道不純則爲文無輝光，是故強調「戚戚之文」當戒除而不可作。由於韓愈不免有將不堪之窮愁形於文字的創作，基於以上所述的觀點，歐陽脩即對此提出了批判，然而從「不免此累」的語意觀之，這樣的批判應僅是意在修正而已，無害於歐陽脩對於韓愈學術價值的肯定與推崇。

2.「道」之講修

以「道」而言，歐陽脩顯示出與「文」同樣的推崇之意，則近似於「文」的提問：歐陽脩所見韓愈之「道」的內涵爲何？因何具有如此稱述的價值？有關歐陽脩評述韓愈之「道」的面向，包括了闢佛、論性與經學，這些原來也是韓愈文章的關注焦點。試觀歐陽脩所云：

> 昔荀卿子之說，以爲人性本惡，著書一篇以持其論。予始愛之，及見世人之歸佛者，然後知荀卿之說繆焉。甚矣，人之性善也！彼爲佛者，棄其父子，絕其夫婦，於人之性甚戾，又有蠶食蟲蠹之弊，然而民皆相率而歸焉者，以佛有爲善之說故也。嗚呼！誠使吾

〔註37〕歐陽脩：〈與曾子固書〉，《歐陽脩全集》，頁2590。
〔註38〕歐陽脩：〈與尹師魯第一書〉，《歐陽脩全集》，頁999。

民曉然知禮義之爲善，則安知不相率而從哉？奈何教之諭之之不
至也？佛之說，熟於人耳、入乎其心久矣，至於禮義之事，則未嘗
見聞。今將號於眾曰：禁汝之佛而爲吾禮義！則民將駭而走矣。
莫若爲之以漸，使其不知而趣焉可也。……今堯、舜、三代之政，
其說尚傳，其具皆在，誠能講而修之，行之以勤而浸之以漸，使
民皆樂而趣焉，則充行乎天下，而佛無所施矣。《傳》曰：「物莫能
兩大」，自然之勢也，奚必曰「火其書」而「廬其居」哉！……王
道不明而仁義廢，則夷狄之患至矣。及孔子作《春秋》，尊中國而
賤夷狄，然後王道復明。……救之，莫若修其本以勝之……患深
勢盛難與敵，非馴致而爲之莫能也。故曰修其本以勝之，作〈本
論〉。〔註39〕

文章寫作於慶曆二年（1042），當時歐陽脩已經歷了有意識之窮究經學的階
段，有關儒學的價值精神應有所見。文中分別觸及到性之善惡、闢佛與儒學
復興的問題，顯見三者存在著緊密的相關性，而最終揭示「修其本以勝之」
的概念，透露出歐陽脩在面對這三個面向時，本身已具有一個整體性的學術
思維。此處有關韓愈闢佛的看法，可以說最是詳盡，也最具代表性。歐陽脩
對韓愈的闢佛走向是心許的，但並不認爲所採取的方式是合宜的，因爲韓愈
意欲施行「人其人，火其書，廬其居，明先王之道以道之。」〔註40〕的激烈
作爲，雖似明快果決，但壓制性的作法於儒似有疑義，且從施行的程序上來
看，很明顯的並沒有將接受者的視野納入思考，所以當「禁汝之佛而爲吾禮
義」時，基於未嘗見聞禮義之事，一切盡是陌生的因素，自然驚駭而走，不
相率以服行。是以，歐陽脩認爲在一般的情況下若能使接受者對禮義有清楚
的認知，就能收到化民成俗的具體成效，但是在處於佛教「患深勢盛難與
敵」的時候，唯有採取徐圖漸至的方式，透過講修「堯、舜、三代之政」的
作法，亦即所謂的「修其本」，在「行之以勤而浸之以漸」中，使民雖不知行
在禮義而皆樂於其中。有關韓愈與歐陽脩在闢佛面向上的差異，學界依「修
其本以勝之」的觀點而推崇歐陽脩較具學術思維的看法，似乎已成定論，然
而透過以上的剖析，在韓愈亦有旨意近似於「修其本以勝之」，亦即「明先王
之道以道之」的觀點下，兩者重大的差異，實際上應是在施行程序上之本

〔註39〕歐陽脩：〈本論下〉，《歐陽脩全集》，頁 291～293。
〔註40〕韓愈：〈原道〉，《韓昌黎文集校注》，頁 19。

末、先後的不同，而其中隱含的意義是對接受主體與價值思維之認定的變化。〔註 41〕因此，有關闢佛的觀點，歐陽脩顯然並無完全抹煞韓愈的思維模式，而是透過自身的視野，將施行的方式作了調整，在更爲合情、合理的情況下，順利達成道明仁義行的共同理想。

至於論性方面，直接涉及到韓愈的論述主要見於歐陽脩與李詡的對話。將整個完整對話的內容進行解析，文章包括〈答李詡第一書〉〔註 42〕與〈答李詡第二書〉〔註 43〕兩篇論述，可以梳理出以下幾個重點：其一，依據「今世之言性者多矣」與「脩患世之學者多言性」的表述，當時對於性的討論似已形成一股風潮。其二，依據李詡所云：「夫子與孟、荀、揚、韓復生，不能奪吾言」，則所作〈性詮〉或有高見，但依歐陽脩對應的答覆與「性果不足學乎？」的設問，討論的視野應仍是膠著在孔子、孟子、荀子、揚雄與韓愈的範圍中。其三，依據「夫性，非學者之所急，而聖人之所罕言也。」的觀點，加上將性的討論視爲「事無用之空言」，顯見歐陽脩之不喜言性的思維取向，亦可知其第一次之未覆所問的根由。其四，歐陽脩認爲教學始足以爲善，三子言性雖殊其心則同歸此，故關注的焦點當在仁義禮樂之實。整個對話的內容，嚴格說，實質上並未正面評述到韓愈的主張，但是依據韓愈的思維內容乃是統合三子學說的角度來看，歐陽脩跳過韓愈直接回應有關三子論性的思維，似亦間接的回應了有關韓愈的想法。

至於經學方面，從韓愈所云：「行之乎仁義之途，游之乎詩書之源，無迷其途，無絕其源，終吾身而已矣。」〔註 44〕可想而知，經學是韓愈尋求「自立」〔註 45〕的重要價值依據與涵養資源。依理推論，韓愈有關經學的認知應該是深切的，然而在歐陽脩的眼中，卻非如此，其言云：

> 唐韓文公最爲知道之篤者，然亦不過議其序之是否，豈足明聖人本

〔註41〕 錢穆引用羅大經的論述，認定歐陽脩「修其本以勝之」觀點之提出具有重大影響。見氏著〈初期宋學〉，《中國學術思想史論叢（五）》（臺北：東大圖書股份有限公司，1991 年 8 月），頁 5。徐洪興在〈歐陽脩論〉中亦以爲此說比韓愈高明，且更富理性色彩。詳見氏著《思想的轉型——理學發生過程研究》（上海：上海人民出版社，1996 年 12 月），頁 287～291。

〔註42〕 歐陽脩：〈答李詡第一書〉，《歐陽脩全集》，頁 668。

〔註43〕 歐陽脩：〈答李詡第二書〉，《歐陽脩全集》，頁 668～670。

〔註44〕 韓愈：〈答李翊書〉，《韓昌黎文集校注》，頁 170。

〔註45〕 韓愈的整個思維取向從〈答劉正夫書〉一文中，很清楚的可以看到乃是「能自樹立」的追尋。文見《韓昌黎文集校注》，頁 206～208。

意乎！〔註46〕

歐陽脩認為韓愈僅觸及到《詩》之序的討論，並未深入其中，實不足以明白知曉聖人的本意，言語中顯然存在批判的意味。若將此進一步置於歐陽脩的經學視域裡，依師經旨在能求其意，意有所得，始具有價值的意義來說，不禁讓人產生韓愈是否心定道純的疑慮，從而懷疑歐陽脩是否一改尊韓的態度。然而，「最為知道之篤」的稱述，並非虛譽，亦無改觀，原因在於歐陽脩只是站在師《詩》的角度，客觀指出韓愈在此方面的不足，這是依得意而道純所必然產生的批判，但是師《詩》僅僅是通向道純的諸多途徑之一，未有深入探究，實無害於是否「知道」的認定。〔註47〕此外，將歐陽脩對於韓文「浩然無涯」的初次感知，與在學術成熟階段時視其道具有「萬世所共尊，天下所共傳」的價值，兩相連繫，可以想見歐陽脩在逐次深化的過程中，同時對文中蘊含之「義」也有了清楚理解。是故，歐陽脩在經學上對於韓愈帶有批判性的語言，其意乃在深化學術、價值的思維，拓展比韓愈更為寬廣的視域。

綜上所述，不論是在凸顯「文」之純粹的一面，或是強調「道」之講修的部分，歐陽脩對於韓愈的學術價值是全面的展現推崇之意，然此推崇並非單純採用頌揚的方式來表述，而是更多採用「創造性的批判」來彰顯與深化韓愈的學術價值。〔註48〕所謂「創造性的批判」，包含了批判性的繼承與創造性的開啟，亦即藉由理性的批判性方式展開對詮釋對象之思維脈絡的釐清，不僅剔除似是而非的虛假，彰顯了詮釋對象的思維精神，由於過程中融入了詮釋者的體悟，更創造性的深化了整個學術的內涵。依據歐陽脩對於孟子有關六經非議的認知，其意即近似於「創造性的批判」，是故有關其韓愈學術之詮釋與批判，亦可將之稱作乃是「非韓以尊韓」的方式。

（三）一家之文

不論是在詩的寫作，或是在文的呈現，歐陽脩都呈現出與韓愈寫作特

〔註46〕歐陽脩：〈詩解統序〉，《歐陽脩全集》，頁884。

〔註47〕從儒學的價值思維來說，道德是一個有待深化與踐行的理想方向，並非是一個可知的已然規範，因此歐陽脩批判韓愈的不足，不僅不是對立的否定，相反地正是共同趨向的深化。

〔註48〕傅偉勳有「創造的詮釋學」一概念，意味要抉發蘊含其中未經明言的價值內涵。本文借用其意而變化之。論說詳見〈創造的詮釋學及其應用——中國哲學方法論建構試論之一〉，收入氏著《從創造的詮釋學到大乘佛學——「哲學與宗教」四集》（臺北：東大圖書股份有限公司，1999年5月），頁1～46。

質的相關性，雖然在筆記有不同的陳述，邵博（公濟，？～1158）在記述中
指出：

> 劉中原父望歐陽公稍後出，同爲昭陵侍臣，其學問文章，勢不相下，
> 然相樂也。歐陽公喜韓退之文，皆成誦，中原父戲以爲「韓文究」。
> 每戲曰：永叔於韓文，有公取，有竊取，竊取者無數，公取者粗可
> 數。……歐陽公以退之「讀《墨子》不相用，不足爲孔墨」爲叛道。
> 中原父笑曰：「永叔無傷事主也。」〔註49〕

劉敞（原父，1019～1068）以「韓文究」的用語揭示出歐陽脩對於韓愈文章
的推尊，而「公取」與「竊取」則說明在自己的視野中，透過文辭的解析，可
以見到歐陽脩與韓愈文章間的近似關係，但雖是如此，從「竊取者無數，公
取者粗可數」來說，歐陽脩實融攝了韓愈的文章內涵而重新加以展現，是已
轉化爲自身特質的作品，由是「韓文究」的封號即如所謂乃是戲稱而已。此外
「無傷事主」的論述，正顯示出歐陽脩對於韓愈思維內涵的理性省思。

除了前文所述「勿作感感之文」之對韓愈文章的修正外，歐陽脩亦云：

> 凡昔翶一時人，有道而能文者，莫若韓愈。愈嘗有賦矣，不過羨二
> 鳥之光榮，歎一飽之無時爾。此其心使光榮而飽，則不復云矣。
> 〔註50〕

看似對於寫作面向的修正，其實其中蘊含的是對韓愈之「道」的深化。也就
是說歐陽脩在推尊韓愈文章的同時，在創作實踐層面的展現上，不僅意在
運用通同於韓愈之精神內涵來寫作，更要展現透過自身體悟、深化後的學術
精神，可以說是「亦韓非韓」的表現。也就是因爲存在著這樣的思維，歐
陽脩始云：「孟、韓文雖高，不必似之也，取其自然耳。」〔註51〕曾鞏亦有
述云：

> 歐公更欲足下少開廓其文，勿用造語及摸擬前人，請相度示及。
> 〔註52〕

「造語」、「摸擬」、「似」都是針對呈現的樣貌來說，而緊緊相繫的是如「開
廓」所言將關注的焦點鎖定在主體身上。此中內涵，誠如蘇洵（明允，1009

〔註49〕邵博：《邵氏聞見後錄》（北京：中華書局，1997 年 12 月），頁 140。
〔註50〕歐陽脩：〈讀李翶文〉，《歐陽脩全集》，頁 1050。
〔註51〕歐陽脩：〈與曾子固書〉，《歐陽脩全集》，頁 2590。
〔註52〕曾鞏：〈與王介甫第一書〉，曾鞏撰；陳杏珍、晁繼周點校：《曾鞏集》（北京：
中華書局，1984 年 11 月），頁 255。

～1066）之所云：

> 執事之文章，天下之人莫不知之；然竊自以爲洵之知之特深愈於天
> 下之人。何者？《孟子》之文……韓子之文……執事之文，紆餘委
> 備，往復百折，而條達疎暢，無所間斷；氣盡語極，急言竭論，而容
> 與閒易，無艱難勞苦之態。此三者，皆斷然自爲一家之文也。……
> 蓋執事之文，非《孟子》、韓子之文，而歐陽子之文也。〔註53〕

由於孟、韓之文當時受到極度的推崇，將之連繫作爲讚揚的依據，殆無疑義，
然而值得令人關注的是蘇洵指出了自身對於歐陽脩之文的契會，是不同於天
下之人，所謂「特深」，正說明了其中蘊含著特殊的意義。對於此中意蘊，蘇
洵亦嘗試著進行深入的闡述，要其所歸，即是價值的個體性展現，所謂「一
家之文」、「歐陽子之文」即是。〔註54〕

二、仁宗時期有關韓愈文道觀之詮釋

由於宋初以來，有意識的積極運用了雕版印刷的技術在於學術的推廣
上，具體的成果，一方面顯示在典籍印版數量的增長上，以及刊印內容的豐
富與流佈的寬廣上，另一方面則顯示在技術上的普遍運用與精益求精，如民
間的私刻與活字印刷的出現。由於有這樣的環境資源，使得歐陽脩對於韓愈
文集的關注與討論，實際上就並非僅限於單一的個人，而是漸趨廣泛的出現
在當時學者講論的視域之中。〔註55〕因此，以下將採取對話的思維角度，關
注相應於歐陽脩論韓的思維狀態。

由於學術的發展是屬於一個漸變的連續性過程，當然在運會所至，時有
質的突破，然跳躍式的轉化，仍是透過各方面資源的累積，最終始能開啓嶄
新的視野。此外，一個人的學術思維亦非一成不變，而是在成長、深化中時
有轉化。因此，想要截然劃分出完全相映於歐陽脩之學術思維的時間區段，

〔註53〕蘇洵：〈上歐陽內翰第一書〉，曾棗莊、金成禮箋註《嘉祐集箋註》（上海：上
　　　海古籍出版社，2001年4月），頁328～329。

〔註54〕關於宋人自覺的追求「自成一家」的文學呈現，張師高評多有著墨，且扣緊
　　　於「會通化成」之文化的特質來進行闡釋。相關論述可參見氏著〈宋詩特色
　　　之自覺與形成〉與〈自成一家與宋詩特色〉，《宋詩之新變與代雄》（臺北：洪
　　　葉文化事業有限公司，1995年9月），頁1～156；〈從「會通化成」論宋詩之
　　　新變與價值〉，《會通化成與宋代詩學》（臺南：國立成功大學出版組，2000
　　　年8月），頁1～53。

〔註55〕有關當時韓愈文集版本的流傳狀況，可參閱劉眞倫《韓愈集宋元傳本研究》。

以及確立對話的學者，是有困難的。是故，本文採取的方式，乃是先圈定一個討論的核心範圍，從而擷取雖處於核心範圍外卻具有相關性的論述，希冀如此得以將此期之整體面貌清晰呈現。以下即依歐陽脩論韓思維的高峰——仁宗時期——作爲討論的中心，依討論的思維內涵，在分類梳理中，納入相關、相應的論述，以清晰呈現整體學術思維的面貌。

（一）化成之文

　　或許受到科舉制度的影響，士人競技其中，使得宋初以來，文章日趨浮華，終成大患。至仁宗時期，學者對於文章的看法，開始有了突破，因而對於韓愈文章的價值，也就有了更爲深刻的認知。在歐陽脩之前，相從友善的范仲淹即指出：「臣聞國之文章，應於風化。風化厚薄，見乎文章。是故觀虞夏之書，足以明帝王之道；覽南朝之文，足以知衰靡之化。」〔註56〕學於姚鉉而政治思維異於范仲淹等人的夏竦（子喬，985～1051）亦云：「伏以文乃國章，國寶文體。觀盛衰，鑑興亡，察奢儉，考愛惡，莫近乎文。」〔註57〕文章不僅不是仕途的敲門磚，更不是個人寫作技巧的賣弄，而是具有更深的價值與意義。伴隨著范仲淹的革新思維，拯救斯文成爲其中重要的一環。范仲淹於天聖三年（1025）時已有清楚的表述，其言云：

> 伏望聖慈，與大臣議文章之道，師虞夏之風。況我聖朝千載而會，惜乎不追三代之高，而尚六朝之細。然文章之列，何代無人？蓋時之所尚，何能獨變？大君有命，孰不風從！可敦諭詞臣，興復古道；更延博雅之士，布於臺閣，以救斯文之薄，而厚其風化也，天下幸甚。〔註58〕

天聖五年（1027）時，亦云：

> 今士林之間，患不稽古，委先王之典，宗叔世之文，詞多纖穢，士惟偷淺，言不及道，心無存誠。暨於入官，鮮於致化，有出類者，

〔註56〕范仲淹：〈奏上時務書〉，范仲淹著；李勇先、王蓉貴校點：《范仲淹全集》（成都：四川大學出版社，2002年9月），頁200。

〔註57〕夏竦：〈厚文德奏〉，《全宋文》第9冊，頁65。在慶曆革新中，夏竦因政治上的立場不同，而與石介產生了嚴重的對立，但是在學術方面，學之於姚鉉，且將此文結合〈與柳宜論文書〉：「當標義以爲轅，設道以爲轡，使忠信驅于其前，規戒揭于其後，然則可以謂之文矣。」（《全宋文》第9冊，頁130）可知取向上大體相近。

〔註58〕范仲淹：〈奏上時務書〉，《范仲淹全集》，頁200。

　　　　豈易得哉！中人之流，浮沉必矣。〔註59〕

天聖八年（1030）時，又云：

　　　　某聞前代盛衰，與文消息。……惟聖人質文相救，變而無窮。……

　　　　今朝廷思救其弊，興復制科，……斯文丕變，在此一舉。〔註60〕

文章具有「文章之道」，其內涵即是具有「虞夏之風」，足使風俗淳厚，並非
徒具詞華的「六朝之細」、「叔世之文」可稱之，因此當斯文走向浮薄，代表
其學不稽古，其言不及道，要使斯文丕變，唯有興復「古道」一途。很清楚
的，在思考「文」的問題時，視野已經拓展至「道」的領域，甚至將價值的
思維作爲思考核心，而「古道」正代表著這個價值理想的具體概念。基於這
樣的思維，韓愈的學術價值就被凸顯了出來，范仲淹云：

　　　　予觀堯典舜歌而下，文章之作，醇醨迭變，代無窮乎。惟抑末揚本，

　　　　去鄭復雅，左右聖人之道者難之。近則唐貞元、元和之間，韓退之

　　　　主盟于文，而古道最盛。〔註61〕

基於「古道」的價值追尋，也相應於文章與時代風俗相連繫的觀點，范仲淹
篩選而得唐代貞元、元和時期，進而凸顯出韓愈的價值。換言之，韓愈的文章
價值，主因范仲淹倡行的「古道」而再次受到了矚目，此依李覯與李觀的對
話，即可清楚看到范仲淹與歐陽脩在當時士人之間的評價與影響。〔註62〕

　　　　與范仲淹具有近似之觀點，而持論更加深入者，要屬石介了。與歐陽脩
同年，交情甚篤的石介，在天聖五年已慕名而至南京應天府學於范仲淹，
天聖七年更作〈過魏東郊〉以緬懷柳開，則所跨出的學術步伐可知其走向。
〔註63〕在所作〈上蔡副樞書〉一文中，明確地指出了「今之時弊在文矣」，欲
救「斯文」，當取合於周公、孔子之道與柳開、張景之文的「化成之文」。
〔註64〕論述中，值得令人關注的是石介所述孔子、孟子、揚雄、王通與韓愈

〔註59〕范仲淹：〈上執政書〉，《范仲淹全集》，頁 219。
〔註60〕范仲淹：〈上時相議制舉書〉，《范仲淹全集》，頁 238。
〔註61〕范仲淹：〈尹師魯河南集序〉，《范仲淹全集》，頁 183。
〔註62〕李覯：〈答李觀書〉，《李覯集》（臺北：漢京文化事業有限公司，1983 年 10
　　　　月），頁 320～321。此文中李覯一一評述李觀所提包括孟子直到歐陽脩等人
　　　　之工拙，而以「范公、歐陽，蓋爲賈誼、劉向之事業，窮高致遠，未易量
　　　　也」。
〔註63〕重要事迹，詳見陳植鍔著、周秀蓉整理：《石介事迹著作編年》（北京：中華
　　　　書局，2003 年 1 月）。
〔註64〕石介：〈上蔡副樞書〉，《徂徠石先生文集》，頁 142～147。

等人，雖各有面對的課題，亦以立言各顯獨特的價值，但是在其將「文」的內涵擴張爲一切價值的核心，則爲救弊而生的聖賢，本質上實無所分別，亦可謂皆是「道」的展現。石介云：

> 然道至重也，不有非常力莫能舉之。孔子下千有餘年，能舉之者孟軻氏、荀卿氏、揚雄氏、文中子、吏部、崇儀而已，……嗚呼！物極則反，斯文之弊極矣。非陛下聰明神聖，如堯、舜，如禹、湯；非狀元恢閎偉傑，如荀、孟，如韓、柳，斯文不復矣！〔註65〕

要救復「斯文」，就必須如孟子、荀子、揚雄、王通、韓愈與柳開等人一樣，能舉孔子之「道」。在這裡可以清楚瞭解到，在石介的思維裡，「文」即是「道」，「道」即是「文」，兩者實無所異，而價值的來源就在於「孔子之道」。石介云：

> 孔子之道始剝於楊、墨……終剝於佛、老，天受之孟軻、荀卿、揚雄、王通、韓愈，孔子之道復。今斯文也，剝已極矣，而不復，天豈遂喪斯文哉！斯文喪，則堯、舜、禹、湯、周公、孔子之道不可見矣。〔註66〕

「斯文」一喪，「孔子之道」不可見，「孔子之道」復見，「斯文」無弊，「文」與「道」爲一體之兩面，因此石介也明白指出文弊所以久在，即是缺乏「文公儒師」在世。〔註67〕從「道」的視野，確實更容易將價值凸顯出來，況且在韓愈的論述中也明確提及這個統緒，石介即多藉此以凸顯韓愈的價值，尤其在〈尊韓〉一文中指出：

> 道始於伏羲氏，而成終於孔子。道已成終矣，不生聖人可也。故自孔子來二千餘年矣，不生聖人。若孟軻氏、揚雄氏、王通氏、韓愈氏，祖述孔子而師尊之，其智足以爲賢。孔子後，道屢塞，闢於孟子，而大明於吏部。道已大明矣，不生賢人可也。……孔子爲聖人之至。……孟軻氏、荀況氏、揚雄氏、王通氏、韓愈氏五賢人，吏部爲賢人之卓。〔註68〕

石介將韓愈的傳道統緒，作了進一步的闡釋，認爲孔子的價值就在於完成了「道」的建構，「道」成爲了萬世所共傳的價值內涵，而在孔子之後，「道」

〔註65〕石介：〈與君貺學士書〉，《徂徠石先生文集》，頁180～181。
〔註66〕石介：〈上張兵部書〉，《徂徠石先生文集》，頁141。
〔註67〕石介：〈與裴員外書〉，《徂徠石先生文集》，頁191。
〔註68〕石介：〈尊韓〉，《徂徠石先生文集》，頁79。

卻產生了屢塞的狀態，韓愈是能使其「大明」的賢人，分別凸顯出孔子與韓愈的價值意義，因而指出孔子乃「聖人之至」，韓愈為「賢人之卓」。對韓愈而言，石介不僅展現極度推崇之意，更提供一個理解其價值意義的視角，這在韓學的傳播上深具意義。此外，石介在這段論述中，也提供了一個重要的訊息，即「成終」與「大明」的表述，顯示其將「孔子之道」視為「本質倫理」〔註69〕，這就使得學術的開展產生了視野的局限。

石介用「道」展現「文」的內涵，從而揭示韓愈的價值，至於「道」具體的呈現為何呢？石介云：

> 《書》之《洪範》，《周禮》之六官，《春秋》之十二經，《孟子》之七篇，〈原道〉之千三百八十八言，其言王道盡矣。〔註70〕

> 孔子之《易》、《春秋》，自聖人以來未有也；吏部〈原道〉、〈原仁〉、〈原毀〉、〈行難〉、〈對禹問〉、〈佛骨表〉、〈諍臣論〉，自諸子以來未有也。〔註71〕

> 介近得姚鉉《文粹》及《昌黎集》，觀其述作，有三代制度、兩漢遺風，殊不類今之文。曰詩賦者，曰碑頌者，曰銘贊者，或序記，或書箴，必本於教化仁義，根於禮樂刑政，而後為之辭。……唐之文章所以坦然明白，揭如日月，渾渾灝灝，浸如江海，同於三代，駕於兩漢者，吏部與數十子之力也。〔註72〕

石介認為韓愈各篇著作，不限文體，皆能依據「本於教化仁義，根於禮樂刑政」的基礎，透過個人非常之力轉化成辭，從而展現出蘊含「三代制度、兩漢遺風」的特質。「三代、兩漢之風」似乎成了「化成之文」的標誌，石介盡力於追還時，當時的文風亦呈現了此趨向，然歐陽脩云：

> 及得第已來，自以前所為，不足以稱有司之舉而當長者之知，始大改其為，庶幾有立。然言出而罪至，學成而身辱，為彼則獲譽，為此則受禍，此明效也。……先輩少年志盛，方欲取榮譽於世，則莫

〔註69〕 牟宗三運用「本質倫理」與「方向倫理」來區分「他律道德」與「自律道德」的差異，藉以分析宋代理學的思維內涵。本文藉以說明石介思維偏向於將孔子之道視為一不變的真理，缺乏了主體性所擁有的彈性。論述見氏著《心體與性體（一）》（臺北：正中書局，1996年2月），頁87。

〔註70〕 石介：〈讀原道〉，《徂徠石先生文集》，頁78。

〔註71〕 石介：〈尊韓〉，《徂徠石先生文集》，頁79～80。

〔註72〕 石介：〈上趙先生書〉，《徂徠石先生文集》，頁135、137。

若順時。天聖中，天子下詔書，敕學者去浮華，其後風俗大變。今
時之士大夫所爲，彬彬有兩漢之風矣。先輩往學之，非徒足以順時
取譽而已，如其至之，是直齊肩於兩漢之士也。若僕者，其前所爲
既不足學，其後所爲愼不可學，是以徘徊不敢出其所爲者，爲此
也。〔註73〕

在天子下詔之後，文風產生了改變，呈現了「兩漢之風」的趨向。然而，同
謂「兩漢之風」，內涵卻有差異。此文作於景祐四年（1037），時歐陽脩因切
責司諫高若訥（敏之，997～1055）而貶爲峽州夷陵縣令，這雖是屬於政治事
件，但由「言出而罪至，學成而身辱」觀之，歐陽脩似乎並不如此認爲，並
且論知學者當轉往他學，則所謂「兩漢之風」與歐陽脩的認同顯然存在差異。
然而，是否即是石介的主張呢？依石介在景祐元年至景祐四年春之間爲南京
留守推官，歐陽脩在貶謫途中，亦與之小飲，則歐陽脩帶有批判性的語言，
當非指其所追還之「兩漢之風」。

學養與范仲淹具有密切的相關性，且爲石介執弟子禮而事之的孫復，歐
陽脩有爲〈孫明復先生墓誌銘〉一文以詳述其一生學行，則學術間存在的相
關性可想而知。〔註74〕有關韓愈的評價，完整的論述可見所作〈答張洞書〉
一文，其言云：

以僕居今之世，樂古聖賢之道與仁義之文也，……夫文者，道之用
也；道者，教之本也。故文之作也，必得之於心而成之於言。得之
於心者，明諸內者也；成之於言者，見諸外者也，明諸內者，故可
以適其用，見諸外者，故可以張其教。是故《詩》、《書》、《禮》、
《樂》、《大易》、《春秋》皆文也，總而謂之經者也，以其終於孔子
之手，尊而異之爾，斯聖人之文也。後人力薄，不克以嗣，但當佐
佑名教，夾輔聖人而已。或則發列聖之微旨，或則名諸子之異端，
或則發千古之未窹，或則正一時之所失，或則陳仁政之大經，或則
斥功利之末術，或則揚賢人之聲烈，或則寫下民之憤歎，或則陳天
人之去就，或則述國家之安危，必皆臨事摭實，有感而作。爲論、
爲議、爲書、疏、歌、詩、贊、頌、箴、解、銘、說之類，雖其目

〔註73〕歐陽脩：〈與荊南樂秀才書〉，《歐陽脩全集》，頁 661。
〔註74〕依據魏泰《東軒筆錄》（頁 159）所述贈金與授《春秋》，以及孫復〈寄范天章
　　　書2〉（《全宋文》第 10 冊，頁 247～248）的自述，可知其間緊密關係。至於
　　　歐陽脩所作〈孫明復先生墓誌銘〉詳見《歐陽脩全集》，頁 457～458。

甚多，同歸於道，皆謂之文也。……至於始終仁義，不叛不雜者，
惟董仲舒、揚雄、王通、韓愈而已。〔註75〕

全篇是回答張洞（明遠，生卒不詳）有關「立言」的提問，在揭示「斯文」
蘊含的意義中，凸顯了韓愈文章的價值。孫復所謂「斯文」的內涵，包含了
聖賢之「道」與仁義之「文」兩個面向，可以說近似於石介的主張，而文之
作，明諸內見諸外的說法，與歐陽脩充於中則文有輝光的說法相通，這是從
剖析「聖人之文」所得到的認知。在這個思維基礎上，作文立言者，不論任
何文章的表現形式，必須要能在臨事摭實中，有感有得仁義於心，而後成之
於言，讓「文」中充滿「道」的意蘊。用「道」來凸顯「文」該有面貌，從
而彰顯韓愈的價值，似乎成了主要的詮釋策略，〈上孔給事書〉〔註76〕與〈信
道堂記〉〔註77〕即有近似論述。

　　受范仲淹薦舉的李覯，也有相近的看法，其言云：

竊謂文之於化人也深矣，雖五聲八音，或雅或鄭，納諸聽聞而淪入
心竅，不是過也。……文見於外，心動乎內，百變而百從之矣。諒非
淳氣素具，通識旁照，則為其所敗壞如覆手耳。……賴天相唐室，
生大賢以維持之。李、杜稱兵於前，韓、柳主盟於後，誅邪賞正，方
內嚮服。堯舜之道，晦而復明，周、孔之教，枯而復榮。〔註78〕

文章寫作時，作者需心動於內，故發見於外之言詞，亦能因感動而變化人心，
因此具有價值的內涵是非常重要的，韓愈的主盟就是復明堯舜之道、周孔之
教的展現。很清楚的，李覯也是站在「化成之文」的思維角度來看待韓愈的
價值。

　　歐陽脩之學友梅堯臣，有關論述亦可見關注的焦點，其言云：

前日在歐陽永叔坐中，已嘗覽足下之文，相與歎激理義之高遠。思
二十年時所見文章，始去對偶，其用已焉乎哉，字之未能安，稍安
則謂之能文，豈在識道理、要趨向耶？如足下今日之文，當其時可

〔註75〕孫復：〈答張洞書〉，《全宋文》第10冊，頁250～251。
〔註76〕孫復論「斯文」而云：「所謂夫子之道者，治天下，經國家，大中之道也。……
　　　　噫！自夫子沒，諸儒學其道，得其門而入者鮮矣，惟孟軻氏、荀卿氏、揚雄
　　　　氏、王通氏、韓愈氏而已。」詳見〈上孔給事書〉，《全宋文》第10冊，頁249
　　　　～250。
〔註77〕孫復：〈信道堂記〉，《全宋文》第10冊，頁268。
〔註78〕李覯：〈上宋舍人書〉，《李覯集》，頁290。

謂傑出矣。況今榜中有兄弟父子雄才奧學，若曾子固、蘇軾之徒，又不可擬議，是過於唐元和之人絕甚。元和時，韓退之耳。退之於今可以當吾永叔，其李翱、皇甫湜、柳子厚，未能當吾永叔之門人也。〔註79〕

前文有引述及歐陽脩對於梅堯臣之詩文的看法，此處更可見其間爲文講學的對話情形。文章寫作的關注焦點是往「理義」的方向深入，不僅僅是寫作形式或是遣詞用字的問題而已，韓愈與歐陽脩之足以相比擬，也即是在有相近似之「理義」的識見上。梅堯臣可以說乃是換了個思維的角度，從個人的識見，揭示作者的價值，不過衡定的依據仍是在屬於價值意涵的「理義」。

除了從「化成之文」作爲詮釋的取向外，略顯差異者，應屬宋祁的觀點，其言云：

余少爲學，本無師友，家苦貧無書，習作詩賦……天聖甲子，從鄉貢試禮部，故龍圖學士劉公嘆所試辭賦，大稱之朝，以爲諸生冠。吾始重自淬礪，力於學，模寫有名士文章，諸儒頗稱以爲是。年過五十，被詔作《唐書》，精思十餘年，盡見前世諸著，乃悟文章之難也。雖悟於心，又求之古人，始得其崖畧，因取視五十已前所爲文，赧然汗下，知未嘗得作者藩籬，而所效皆糟粕芻狗矣。夫文章必自名一家，然後可以傳不朽。若體規畫圓，準方作矩，終爲人之臣僕。古人譏屋下作屋，信然。陸機曰：「謝朝華於已披，啓夕秀於未振。」韓愈曰：「惟陳言之務去。」此乃爲文之要。「五經」皆不同體，孔子沒後，百家奮興，類不相沿，是前人皆得此旨。〔註80〕

亦寫作古文的宋祁〔註81〕，在慶曆四年（1044）時曾與歐陽脩合奏〈詳定貢舉條例奏〉〔註82〕，似乎與歐陽脩的思維有了交集，然而由本文所述學思之經歷，可知其間存在一個轉折，五十歲（1047）是一個分水嶺。五十歲之前

〔註79〕梅堯臣：〈答王補之書〉，《全宋文》第 14 冊，頁 516。

〔註80〕宋祁：《宋景文筆記》，見朱易安、傅璇琮等主編《全宋筆記》第一編（鄭州：大象出版社，2003 年 10 月），頁 47。

〔註81〕依據龔明之撰《中吳紀聞》卷 2 中的記載：胡稷「少學古文於宋景文，又嘗獻時議於范文正，晚從安定先生之學，皆蒙愛獎。」（《四庫》第 589 冊，頁 307）范成大所作《吳郡志》（北京：中華書局，1985 年，頁 243）亦有近似記載，則可知宋祁不僅作古文，亦以古文傳授弟子。

〔註82〕宋祁：〈詳定貢舉條例奏〉，《全宋文》第 12 冊，頁 278。田況《儒林公議》有記述此事之始末，見《全宋筆記》第一編，頁 116～118。

的作品，即使得到了諸儒的稱許，卻只不過是模寫而成的文章，實未入作者藩籬，而五十歲後的作品，雖然存在「艱深」、「雕飾太過」的問題，不過卻是悟入有得的不朽篇章，尤其也獲得了歐陽脩的認同。〔註83〕很清楚地，兩者的最大差異，乃是一個屬於「體規畫圓，準方作矩」之模寫的方式，另一個運用創新的思維尋求「自名一家」的表現。從觸發的依據，乃是韓愈之陳言務去的說法，似乎容易讓人誤以爲所謂的「自名一家」僅僅是言詞上的問題，但是實際上宋祁所悟入的「爲文之要」，乃是深入其中之思維層次的問題。試觀其筆記中所述觀點：

> 柳子厚〈正符〉、〈晉說〉，雖模寫前人體裁，然自出新意，可謂文矣。
> 劉夢得著〈天論〉三篇，理雖未極，其辭至矣。韓退之〈送窮文〉、〈進學解〉、〈毛穎傳〉、〈原道〉等諸篇，皆古人意思未到，可以名家矣。〔註84〕

柳宗元運用了「模寫」，似乎觸及了禁忌，但是宋祁指出其中具有「自出新意」的特質，因此足以稱之爲「文」。至於韓愈，諸篇盡是「古人意思」所未到，當然契合「自名一家」的精神。由此可知，宋祁的關注焦點乃是內在於文的「新意」，關注其中之「理」是否具有通過個體所展現之完善的特殊內涵，這也即是強調爲文只要合理之歐陽脩所以認同的原因。此外，依據宋祁「新意」所蘊含之意義的開放性來說，讓人看到了與石介不同的視野，而與歐陽脩有著近似的趨向。是故，宋祁透過了包含韓愈之文學思維的體悟，不僅開啓了自身的學術視野，更彰顯了韓愈的價值意義，「自名一家」就是其「新意」的最佳展現。

運用「化成之文」的思維來彰顯韓愈的價值，不僅使宋儒逐漸凝聚成了一股尊韓的風潮，也具體影響到釋氏的思維，釋契嵩是個最爲顯著的例子。釋契嵩云：

> 非韓子者，公非也。質於經，以天下至當爲之是，非如俗用愛惡相攻。必至聖至賢，乃信吾說之不苟也。〔註85〕

〔註83〕 「艱深」是歐陽脩批評宋祁在《唐書》寫作用語上的問題，記載詳見祝穆撰《古今事文類聚》別集卷5「文不必換字」條，《四庫》第927冊，頁588；「雕飾太過」爲韓琦對宋祁在《唐書》寫作上的批評，詳見《胡仔詩話》，《宋詩話全編》，頁4120。

〔註84〕 宋祁：《宋景文筆記》，《全宋筆記》第一編，頁55～56。

〔註85〕 釋契嵩：〈非韓上并序〉，《全宋文》第18冊，頁670。

在韓愈受到推崇的同時，釋氏開始感受到韓愈排佛論述的威脅，因此釋契嵩
就針對韓愈撰寫了三十篇批判的論述，企圖化解形成中的排佛風潮。引文是這
三十篇批判文字的序文，可以看出釋契嵩具有高明的洞悉能力，包括「公」、
「經」、「至當」、「至聖至賢」四個意涵，都是由宋初以來儒者漸趨關注而明
晰的價值思維，釋契嵩希冀透過相同立足點的表述，增進非韓論述得以受到
儒者的認同。除此之外，批判的內容當是更爲關鍵的，試觀其所云：

> 韓子議論拘且淺，不及儒之至道可辯。……彼韓子雖學儒之言文，
> 豈知禮之所以然耶？〔註86〕

釋契嵩透過諸面向的剖析，指出韓愈議論存在是非不定、前後相反的矛盾，
而這樣「拘且淺」的議論，代表的是韓愈根本就是一個未知禮之價值精神的
人。文中凸顯了一個概念，何謂「言文」呢？釐清前，先理解釋契嵩有關學
術價值的理解，所作〈紀復古〉一文云：

> 章君表民以官來錢塘，居未幾，出歐陽永叔、蔡君謨、尹師魯文示
> 予學者，且曰：「今四方之士，以古文進於京師，嶄然出頭角，爭與
> 三君子相高下者不可勝數。」視其文，仁義之言炳如也。予前相與
> 表民賀曰：「本朝用文巳來，孰有如今日之盛者也！此聖君之德，而
> 天下之幸也。」退且思之，原古文之作也，所以發仁義而辨政教也。
> 堯舜文武，其仁義至，其政教正。孔子以其文奮而揚之，後世得其
> 法焉，故爲君臣者有禮，爲國家者不亂。……隋世王通，亦以其文
> 繼孔子之作。唐興，太宗取其徒發而試之，故唐有天下大治。而韓
> 愈、柳宗元復以其文從而廣之，故聖人之道益尊。……今諸儒爭以
> 其文奮，則我宋祖宗之盛德鴻業益揚，天子之仁義益著，朝廷之政
> 教益辨。……君子觀之，謂其化成天下也，宜與堯舜文武較其道德
> 也哉。〔註87〕

「復古」是宋初就已經存在的思維，惟仁宗後自覺的賦予深刻的意義而擴大
了影響的層面。「古文」的寫作，即是伴隨著這個思維而流行。釋契嵩可以說
是精確的掌握了這樣的趨向，此引文即可作爲佐證。釋契嵩以爲「古文」具
有「發仁義而辨政教」的價值，此乃根源於堯、舜、文、武、孔子之文之
道，因此能夠有化成天下的成效，韓愈所作如是，歐陽脩、蔡君謨、尹師魯

〔註86〕釋契嵩：〈非韓第一〉，《全宋文》第18冊，頁670～676。
〔註87〕釋契嵩：〈紀復古〉，《全宋文》第18冊，頁719～720。

等人所作亦如是。釋契嵩對於整體的內在價值是持高度的肯定，學術傳承的判斷與儒者的認知，亦極為近似，但看似推崇韓愈的論述，實質上並不盡是如此。釋契嵩如何將韓愈的價值抽離呢？「言文」的概念就是關鍵所在。釋契嵩云：

> 章表民始至自京師，謂京師士人高歐陽永叔之文，翕然皆慕而為之，坐客悅聽。客有一生遽曰：「文興則天下治也。」潛子謂客曰：「歐陽氏之文，言文耳，天下治在乎人文之興。人文資言文發揮，而言文藉人文為其根本。仁義禮智信，人文也；章句文字，言文也。文章得本，則其所出自正，猶孟子曰：『取之左右逢其原』。歐陽氏之文，大率在仁信禮義之本也。諸子當慕永叔之根本可也，胡屑屑徒模擬詞章體勢而已矣？〔註88〕

「言文」，是「章句文字」，屬於表達上的技巧而已。「人文」，是「仁義禮智信」，是所要傳達的價值內涵，是寫作的根本意義。釋契嵩透過「言文」與「人文」的區隔，企圖將闡釋的焦點跳脫外在直接的衝突，引領到具有彈性的思維空間，而論辨的轉向，實賦予了更深的價值意義。或許是有見於歐陽脩的文章價值，也或許是避其鋒，但不論如何，釋契嵩用「人文」與「言文」的思維模式，將歐陽脩的文章價值闡釋開來，不僅拉近了與儒者的距離，無形中更說明了這樣的思維是合理的、合法的。其實，所謂的「言文」與「人文」，即是儒者思維中的「文」與「道」，以「人文」為根本，也就是以「道」為核心的觀念。釋契嵩技巧性的加以運用，不僅尋得儒釋相通的詮釋空間，也直接挑戰了韓愈的價值意義。釋契嵩云：

> 劉昫《唐書》謂韓子其性偏僻剛訐，又曰於道不弘，吾考其書，驗其所為，誠然耳。欲韓如古之聖賢從容中道，固其不逮也，宜乎識者謂韓子第文詞人耳。夫文者，所以傳道也；道不至，雖甚文，奚用？若韓子議論如此，其道可謂至乎？〔註89〕

「文」與「道」是必須有相應的展現，充於中的「道」若不足，徒有「文」在形式上的精彩呈現，也僅是足以謂之「言文」，是沒有價值的。釋契嵩指出透過檢驗韓愈的議論與作為，可以確認出韓愈只是一個「道不至」而徒具文詞的人，是「言文」之作者而已，清楚而明確地運用了眾人所推崇的思維作

〔註88〕釋契嵩：〈文說〉，《全宋文》第 18 冊，頁 720。
〔註89〕釋契嵩：〈非韓第三十〉，《全宋文》第 18 冊，頁 717。

爲批判的基礎，透過精微的闡釋，成功的將韓愈抽離價值傳承的譜系而置之
於雕蟲小技不足爲觀之詞匠一類。

（二）宗經得意

如同王安石於詩所云：「看似尋常最奇崛，成如容易卻艱辛。」〔註90〕用
今天的眼光來看韓愈的學術，當然能夠信手拈來就有種種的說法，順理成章
的凸顯出其具有的崇高價值與豐富內涵，然而這看似尋常與容易的理解，在
韓愈學術價值形成過程中的宋代，卻有著艱辛的過程。

眞宗時，西崑體的流行，或許眞的阻礙了韓愈學術的推廣，但最根本的
原因，應該是韓愈學術本身的價值未能有充分而有效的彰顯，更眞切的說，
即是當時的詮釋者受到視野的局限，未能闡釋出韓愈的學術價值而受到眾
人的理解與認同。果眞如此嗎？前文所述，乃是從「文」的角度，說明仁宗
時期儒者如何透過新的視野，開啓韓文所蘊含的價值。然而，除了韓文必
須具備價值的意涵外，想要開啓，還必須要有方式，要有途徑，要有資源，
涉及的層面極爲寬廣，是個複雜的問題，不過經學應該是最具關鍵性的。晏
殊云：

> 去歲連得郵中書，并劉夢得、崔巨、樊宗師諸石記，尤慰。傾想所
> 論韓、柳、獨孤、權、劉之文，甚善。僕爲郡以來，簿書刑訟之外
> 益得暇閱古人集，自謂粗得其要。今試言之。古人云：「名者，天下
> 之公器也。」某少時聞群進士盛稱韓柳，茫然未測其端。泊入館閣，
> 則當時儁賢方習聲律，飾歌頌，誚韓柳之迂滯，靡然向風，獨立不
> 暇。自歷二府，罷辭職，乃得探究經誥，稱量百家，然後知韓柳之
> 獲高名爲不誣矣。〔註91〕

這是非常重要的論述，不僅呈現了宋初到仁宗時期韓愈學術的盛衰變化，更
揭示了此時士人在理解上的差異。韓柳文章因爲聲律之學而落寞，所指當即
是西崑體的影響，然而現象背後應更受關注的是實質上的理由，「誚韓柳之迂
滯」，很清楚的並不能將之僅僅理解爲文體創作方式上的問題。如是，有理由
懷疑宋初至此的韓愈詮釋，是有所不足的，即使曾經有過「盛稱韓柳」的情
形。從行文中，可以理解到此文屬於晏殊與富弼（彥國，1004～1083）之學

〔註90〕王安石：〈題張司業詩〉，《王臨川全集》（臺北：世界書局，1988 年 10 月），
頁 171。
〔註91〕晏殊：〈與富監丞書〉，《全宋文》第 10 冊，頁 198。

術對話的一環，晏殊於文中嘗試表述對韓柳文章的看法，欲與富弼交換意見。藉此，可以說西崑體後韓愈學術的再起，乃是經過了重新的理解以抉發其價值與意義。晏殊在此指出了其理解的途徑，乃是「探究經誥」。因爲有了經學所形成的視角，所以具有理解韓柳之價值意涵的能力。與富弼友善之陳襄（述古，1017～1080），亦云：

> 天地之道，難通也；神明，難明也；萬物之理，難齊一也。聖人盡心而誠焉，罔不通，罔不明，罔有不齊一。聖人者，天地之合也。賢人者，求合乎聖人者也。然則聖人不世出，烏乎合？曰：存則合乎人，亡則合乎經。顏淵氏合乎人，孟、荀、揚、韓合乎經。其事則同：好學以盡心，誠心以盡物，推物以盡理，明理以盡性，和性以盡神，如是而已。……或曰：「說經者多矣，焉攸從？」曰：「烏用彼穿鑿也？誠至則經合，經至則聖人合，聖人至則天合矣。」或曰：「焉知子是而信之？」曰：「質諸經，輔以四子，何疑而不信哉？」〔註92〕

聖人依然是價值的來源，然而聖人已逝，何以遵循？陳襄以爲當「合乎經」，而韓愈學術就是體現經學的價值精神而展現了意義。同樣運用經學的視野來彰顯韓愈的價值，可見再次貞定韓愈學術的價值裡，經學的視野扮演了非常重要的角色。然而，以經學一直都在儒者的思維裡具有重要的地位而言，除了知道運用經學這個視角來理解、闡釋韓愈的學術內涵外，實際上應當還有重要的轉變，如宋初著名的尊韓學者柳開，雖然知道韓文與經學間的差距，而有學韓、通經的階段性發展，但看待韓愈的學術已是具有「合於經」的思維。〔註93〕是故，同是觸及到經學，何以不同呢？藉由陳襄的自我問答中，可以知道一個重要的訊息，經學的價值內涵在當時產生了不確定性，所以陳襄提供了「質諸經，輔以四子」的去疑方式。這並不是一個單一的認識，陳襄文章寫作於慶曆四年，根據王應麟的陳述：

> 自漢儒至於慶曆間，談經者守訓故而不鑿。《七經小傳》出而稍尚新奇矣，至三經義行，視漢儒之學若土梗。……陸務觀曰：「唐及國初，學者不敢議孔安國、鄭康成，況聖人乎！自慶曆後，諸儒發明經旨，

〔註92〕陳襄：〈送章衡秀才序〉，《全宋文》第 25 冊，頁 516～517。
〔註93〕見柳開自陳所學之篇章，包括〈東郊野夫傳〉（《全宋文》第 3 冊，頁 686～689）與〈答梁拾遺改名書〉（《全宋文》第 3 冊，頁 587～589）。

非前人所及，然排《繫辭》，毀《周禮》，疑《孟子》，譏《書》之《胤征》、《顧命》，黜《詩》之《序》。不難於議經，況傳注乎！」斯言可以箴談經者之膏肓。〔註94〕

經學到慶曆之時開始產生重大的轉變，皮錫瑞謂之「經學變古時代」。〔註95〕這個轉變代表著作爲儒者價值思維的內涵走向了開放性的詮釋，如同陳襄所指出的「好學以盡心，誠心以盡物，推物以盡理，明理以盡性，和性以盡神」，賦予主體在價值詮釋中擁有關鍵性的地位。由於主體的介入，讓經學的價值內涵與儒者的生活世界與生命意義更顯緊密，因而由此視野以彰顯出的韓愈價值，自然突破「迂滯」的認知。然而，王應麟將此轉變時間斷定在慶曆時期，應指風潮之形成而言，不僅歐陽脩的經學思維成之於慶曆之前，孫復更在景祐三年時云：

> 復不佞，游於執事之牆藩者有年矣。執事病註說之亂六經，六經之未明，復亦聞之矣。……執事亟宜上言天子，廣詔天下鴻儒碩老，置於太學，俾之講求微義，殫精極神，參之古今，覆其歸趣，取諸卓識絕見大出王、韓、左、穀、公、杜、何、毛、范、鄭、孔之右者，重爲註解，俾我六經，廓然瑩然，如揭日月於上，而學者庶乎得其門而入也。如是則虞夏商周之治，可不日而復矣，不其休哉！
> 〔註96〕

范仲淹之「病註說之亂六經」的思維，加上孫復表明「重爲註解」的期望，不正是「經學變古」嗎？范仲淹云：

> 天生師魯，有益當世。爲學之初，時文方麗。子師何人，獨有古意。韓柳宗經，班馬序事。眾莫子知，子特弗移。是非乃定，英俊乃隨。聖朝之文，與唐等夷。繫子之功，多士所推。〔註97〕

祭文雖然是爲尹洙而寫，但是如果范仲淹沒有如此的體會，實際上也不會有如此陳述，文中所云「韓柳宗經」，正清楚說明了韓柳的內涵與理解的途徑。

〔註94〕 王應麟：《困學紀聞》（上海：上海古籍出版社，2008 年 12 月），頁 1094～1095。

〔註95〕 皮錫瑞：《經學歷史》（臺北：藝文印書館，1996 年 8 月），頁 237～298。至於有關宋人疑經改經的詳細狀況，可參見葉國良：《宋人疑經改經考》（臺北：國立臺灣大學文學院，1980 年 6 月）。

〔註96〕 孫復：〈寄范天章書2〉，《全宋文》第 10 冊，頁 248。

〔註97〕 范仲淹：〈祭尹師魯舍人文〉，《范仲淹全集》，頁 277。

依據孫復所述范仲淹對於經學的認知，與其所云：「當於六經之中，專師聖人之意。」〔註98〕與歐陽脩的看法，應無二致，可見在視野的拓展與意義的抉發過程中，不乏相資相成、相通相容的師友。此外，可理解的相近思維，對於學術的推廣亦具有相當的助益。歐陽脩云：

> 世無師久矣，尚賴朋友切磋之益，苟不自滿而中止，庶幾終身而有成。固常樂與學者議論往來，非敢以益於人，蓋求益於人者也。
> 〔註99〕

漢唐以來維繫經學的價值一直在師的角色上，但從韓愈點出聖人之道的「不傳」與「不明」，以及「師道」之不存後，如何開啓或貞定價值的內涵就成爲儒者必然要面對的課題。歐陽脩以「師經求意」來克服世無師道的窘境，在此自我的價值無形中即獲得了肯定，而透過朋友間的「切磋」與「議論」來完善「六經」〔註100〕，正說明了此時探究價值的視野以擴及到客體的角色，這對於回歸儒家「爲己之學」的思維是具有深厚的意義。

　　綜上所述，與歐陽脩同時期之儒者在有關韓愈價值的詮釋上，不論是「文」或者是「道」的面向，皆顯示出一個大體相近的思維格局，而且在所謂的「文」、「道」關係上，也是以一體的角度來思考。然而，在相近的思維格局中，個人的見解仍有不同，因爲在以道爲本的思維中，作爲價值內涵的道產生了開放性的詮釋取向，這是個人主體性的自覺與強化。在此基礎上，儒者透過講修、對話的方式，不僅各自深化了思維的內涵，同時亦拓展了價值思維的視野。

三、韓、李並稱所蘊含之意義

　　透過以上的分析，可以瞭解到詮釋的視野對於價值意義的開啓是非常重要的，韓愈的價值就在歐陽脩的極度關注中運用嶄新的視野而開展開來，而同時期的儒者又具有群體的觸發與翼佑的功能。爲凸顯出歐陽脩在韓愈學術上個人的卓越見識，以下即藉由其所提出之特殊議題──「韓、李」並稱─

〔註98〕范仲淹：〈與歐靜書〉，《范仲淹全集》，頁242。
〔註99〕歐陽脩：〈答李詡第一書〉，《歐陽脩全集》，頁668。歐陽脩在重契韓愈學術精神下除了彰顯主體地位與開啓價值探究外，進一步將視野擴及客體，這種從「師道」轉向「友道」的思維趨向，由宋儒各自挺立主體的情境中，雖是理所當然，但此回歸到人與人之間的互動來重新貞定價值內涵，實深具意義。
〔註100〕歐陽脩：〈答宋咸書〉，《歐陽脩全集》，頁666～667。

一的剖析來加以呈現。

宋之前，除了杜牧（牧之，803～852）：「李杜泛浩浩，韓柳摩蒼蒼。」呈現韓愈與柳宗元並稱的情形之外，僅《唐摭言》有所記述，似乎此種提法並未普及，然而先不論及優劣的問題，依據宋初對韓愈文章的稱述已同時提及柳宗元的情形來看，晚唐五代時以韓柳爲並駕齊驅的評價似已漸植人心。〔註101〕

從宋初一直到仁宗時期，韓柳並稱的提法已成爲極其自然的稱述了，當然其中蘊含了所以肯定的思維。但是歐陽脩並不認爲這樣的提法是適切的，不僅提出了批判性的論述，更突出的標舉了「韓李」並稱的提法，這代表了歐陽脩的視角是不同的，思維的精神與內涵也有顯著的差異。朱子云：「李翱卻有些本領，如〈復性書〉有許多思量，歐陽公也只稱韓、李。」〔註102〕對於歐陽脩這樣的看法，朱子不僅有所關注，而且也持肯定的態度。不過歐陽脩的觀點是否得到當時的普遍認同呢？王若虛云：「歐陽公以爲李勝杜，晏元獻以爲柳勝韓，江西諸子以爲黃勝蘇，人之好惡固有不同者，而古今之通論不可易也。」〔註103〕胡應麟云：「蓋一時論道之語，非定評也。」〔註104〕皆認爲歐陽脩的觀點僅具有淺薄的影響力，極少獲得呼應。但是否如此呢？方苞（靈皋，1668～1749）透過層層分析後指出：「是以北宋文家，於唐多稱韓、李而不及柳氏也。」〔註105〕顯然有著不同的認知。學術的取捨抑揚中，原本就難免帶有個人非理性的好惡，即使是理性的認知，視野的不同也會產生評價的差異，所以在同一個時代裡尋求一致性的看法，那是不切實際的，惟有理性探究其中內涵，始具真切意義。

（一）韓柳並稱

在歐陽脩之前，將韓柳並稱的論述，實際上爲數亦不少，未免冗長，以

〔註101〕副島一郎對於宋人與宋人以前對於柳宗元的看法有進行探究，但由於宋人以前資料的缺乏，也僅能置而不論，但其指出宋初對於柳宗元的評價高於韓愈，則似乎有待商榷。見氏著〈宋人眼裡的柳宗元〉，《氣與士風：唐宋古文的進程與背景》（上海：上海古籍出版社，2005年8月），頁3。

〔註102〕朱熹：《朱子全書·朱子語類》卷137（上海：上海古籍出版社；合肥：安徽教育出版社，2002年12月），頁4262。

〔註103〕王若虛：《滹南集》卷35，《四庫》第1190冊，頁453。

〔註104〕胡應麟：〈題李習之集·二則之一〉，《少室山房集》卷105，《四庫》第1290冊，頁762～763。

〔註105〕方苞：〈答程夔州〉，《方望溪全集》（江蘇：中國書店，1991年6月），頁82。

下分別擷取個人一、二則代表論述作爲分析的依據。

剔除肩韓紹柳的柳開，首先即是田錫的論述，其言云：

> 夫人之有文，經緯大道，得其道則持政于教化，失其道則忘返于靡漫。……世稱韓退之、柳子厚，萌一意，措一詞，苟非美頌時政，則必激揚教義。故識者觀文于韓、柳，則警心于邪僻。抑末扶本，躋人于大道可知矣。〔註106〕

將「文」定位在「道」與「教化」的意義上，從而指出韓柳在文章詞意上惟有「美頌時政」與「激揚教義」的兩個面向，成爲了世人所共許的價值呈現。然而，若視野僅局限在此兩個面向，楊億當有更好的呈現，或許就是西崑體壓抑韓柳發展的因素之一。其次，張詠云：

> 詞有復古之志，又其難哉！……得謂韓、柳之下升堂者也。〔註107〕

這是在「復古」的意義上，推崇韓柳的文章。又次，王禹偁云：

> 天之文，日月五星；地之文，百穀草木；人之文，六籍五常。捨是而稱文者，吾未知其可也。咸通以來，斯文不競，革弊復古，宜其有聞。……會有以生之編集惠余者，凡數十篇，皆師戴六經，排斥百氏，落落然眞韓、柳之徒也。〔註108〕

王禹偁有詩云：「誰憐所好還同我，韓柳文章李杜詩。」已清楚將自身學術走向表述出來，而太宗至道時品鑑文章運用「韓柳」作爲推崇的用語，更可見當時的文風趨向。對於韓柳文章的內涵，王禹偁是從「文」是「六籍五常」的角度來看，而認爲「師戴六經，排斥百氏」的寫作取向是貼近韓柳文章的呈現方式。從「革弊復古」而言，此依然屬於「復古」的思維趨向。又次，趙湘云：

> 靈乎物者文也，固乎文者本也。本在道，而通乎神明，隨發以變，萬物之情盡矣。……彼之狀亦人爾，其聖賢者心也，其心仁焉，義焉，禮焉，智焉，信焉，孝悌焉，則聖賢矣。以其心之道發爲文章，教人於萬世，萬世不泯，則固本也。……或曰：「今之言文本者，或異于子，如何？」對曰：「韓退之、柳子厚既歿，其言者宜與余言異也。」〔註109〕

〔註106〕田錫：〈貽陳季和書〉，《全宋文》第3冊，頁121。
〔註107〕張詠：〈答馮華進士書〉，《全宋文》第3冊，頁415。
〔註108〕王禹偁：〈送孫何序〉，《全宋文》第4冊，頁386〜387。
〔註109〕趙湘：〈本文〉，《全宋文》第4冊，頁760〜762。

「文」之本在「道」，「道」是價值的內涵，包含了仁、義、禮、智、信、孝悌諸面向而內具於心，依此而發爲文章，則有教化之用，韓柳就是在這樣的認知下進行文章的呈現。論述之意，通於「復古」之思維趨向。又次，陳彭年云：

> 唐氏雋乂爲多，比百王而雖盛，文章所尚，方三古而終殊。于是韓
> 吏部獨正其非，柳柳州輔成其事。千齡旦暮，斯豈誣哉！〔註110〕

認爲非韓柳出，唐代文章與「三古」終有殊異而顯不足，焦點內涵依然指向於「古」。又次，穆修云：

> 唐之文章，初未去周、隋五代之氣，中間稱得李、杜，其才始用爲
> 勝，而號雄歌詩，道未極渾備。至韓、柳氏起，然後能大吐古人之
> 風。其言與仁義相華實而不雜，如韓〈元和聖德〉、〈平淮西〉、柳雅
> 章之類，皆辭嚴義密，製述如經。〔註111〕

穆修與歐陽脩在天聖時期的交游，想必在韓柳學術的觀點上會有所對話，但是否在觀點上促成了轉變？答案應該是沒有，因爲改變思維的視野是困難的。以此文寫作的時間——天聖九年（1032）——與內容來看，穆修對於韓柳的肯定是非常自信而執著的。穆修所謂「其言與仁義相華實而不雜」就是指「文」、「道」兼具的完美表現，而「辭嚴義密，製述如經」，充分展現「古人之風」，更可見穆修用以推崇韓柳的思維角度及其理解基礎。

儒者的思維，在成爲普遍化認知的同時，最突出的概念容易爲異類學術所擷取。試觀釋智圓所云：

> 唐得天下，房、魏既沒，王、楊、盧、駱作淫侈之文，悖亂正道，
> 後韓、柳生焉，宗古還淳，以述周、孔、軻、雄、王通之道也。以
> 是觀之，異代相師矣。〔註112〕

如果說儒學的價值思維是由釋氏建構起來，那是令人難以相信的，畢竟思維的精神與關懷的面向，迥然不同，因此從釋氏的論述，足以反映當時儒者的普遍思維面貌。在釋智圓的敘述中可以看到韓愈傳道統緒的觀點是被宋人普遍接納的，尤其用「宗古還淳」的觀點來彰顯韓柳的價值，正符合於依前文所述諸儒的觀點。

〔註110〕陳彭年：〈故散騎常侍東海徐公集序〉，《全宋文》第5冊，頁202。
〔註111〕穆修：〈唐柳先生集後序〉，《全宋文》第8冊，頁423。
〔註112〕釋智圓：〈對友人問〉，《全宋文》第8冊，頁231～232。

　　綜上所述，可以看到韓柳並稱在宋初以來的面貌及其思維的基礎。大體上，從宋初到歐陽脩之前，對於韓柳的推崇或有盛衰之別，但是並稱的提法則具有普遍性。這樣的普遍性源自於近似的認知角度，復古、宗經、合道三個相通相容的核心概念即是主要的評價依據。

（二）歐陽脩的觀點

　　變革不應只是爲了去舊出新，根本的價值當是在於突破，突破原有的思維格局，在拓展成新的視野裡運用不同的思維模式開啓新的意義，而此意義不僅融攝了既有的發展成果，也使其重現生氣。面對韓柳並稱的歐陽脩，若視其爲具有革新的思維而有意的挑戰傳統，依據當時的學術風尚來說，似乎言之太過，不如單純的由企圖從理性建構價值一端來思考。

　　歐陽脩延續韓柳並稱的提法，論述中持以正面的看法，可資論述文獻有：

> 唐自太宗致治之盛，幾乎三代之隆，而惟文章獨不能革五國之弊。既久而後，韓、柳之徒出，蓋習俗難變，而文章變體又難也。〔註113〕

歐陽脩主要是從文章變革的角度肯定了柳宗元，不過既是要革弊，當然是轉化成合於三代的呈現，亦難說只有形式上的關注，況且歐陽脩之「文」的內涵，亦非單純形式上的此是彼非而已，則除了解釋成不免承襲舊說外，應可理解爲歐陽脩肯定柳宗元有著與韓愈相同變體趨道的努力，但對其所成一家之言的內涵是不認同的。這樣的不認同，歐陽脩的態度是清楚而明確的，其言云：

> 自唐以來，言文章者惟韓、柳，柳豈韓之徒哉？眞韓門之罪人也。
> 〔註114〕

> 子厚與退之，皆以文章知名一時，而後世稱爲韓、柳者，蓋流俗之相傳也，其爲道不同猶夷、夏也。〔註115〕

豐富的內涵，通常在流俗競相傳唱的過程中，遺失或扭曲原有的意義了，歷代眞儒無不與「俗」相對。歐陽脩即認爲「韓柳」的並稱，實是流俗相傳所成之謬誤的提法，因爲兩人所得之「道」迥異。由「道」的角度，歐陽脩指

〔註113〕歐陽脩：〈唐元次山銘〉，《歐陽脩全集》，頁2261～2262。
〔註114〕歐陽脩：〈唐南嶽彌陀和尚碑〉，《歐陽脩全集》，頁2278。
〔註115〕歐陽脩：〈唐柳宗元般舟和尚碑〉，《歐陽脩全集》，頁650。

出了新的提法，其言云：

> 予嘗考前世文章政理之盛衰，而怪唐太宗致治幾乎三王之盛，而文
> 章不能革五代之餘習。後百有餘年，韓、李之徒出，然後元和之文
> 始復于古。〔註116〕

有異於前文所引述之「變體」的曖昧說法，此處歐陽脩明確地指出了革弊之後「韓、李」成功的讓「元和之文」呈現合於「古」的價值意義。論述至此，必有令人疑惑者，韓柳並稱依據的是「復古」的內在思維，韓李並稱亦依「復古」的取向，則非議柳宗元眞爲歐陽脩個人之好惡？歐陽脩云：

> 予始讀翺〈復性書〉三篇，曰此〈中庸〉之義疏爾。智者誠其性，
> 當讀〈中庸〉。愚者雖讀此，不曉也，不作可焉。又讀〈與韓侍郎薦
> 賢書〉，以謂翺特窮時，憤世無薦己者，故丁寧如此，使其得志，亦
> 未必然。以韓爲秦漢間好俠行義之一豪儁，亦善論人者也。最後讀
> 〈幽懷賦〉，然後置書而歎，歎已復讀，不自休。恨翺不生於今，不
> 得與之交；又恨予不得生翺時，與翺上下其論也。凡昔翺一時人，
> 有道而能文者，莫若韓愈。愈嘗有賦矣，不過羨二鳥之光榮，歎一
> 飽之無時爾。此其心使光榮而飽，則不復云矣。若翺獨不然……嗚
> 呼！使當時君子皆易其歎老嗟卑之心，爲翺所憂之心，則唐之天下
> 豈有亂與亡哉！然翺幸不生今時，見今之事，則其憂又甚矣。奈何
> 今之人不憂也？〔註117〕

在這段論述裡，歐陽脩透露了有關「道」的體悟。從李翺與韓愈的對舉中，很清楚的歐陽脩對李翺是更加的推崇，但何以如此？其中視野當是關注的焦點。以「〈中庸〉之義疏」言，李翺呈現出具有經學的素養，合於宗經之說，但此後歐陽脩透過文章感通的論述，意在凸顯出李翺的個人價值，一個屬於心定道純而欲與之「上下其論」的人。從這個角度來說，所謂的義疏，不僅是「道」或「經意」的單純呈現，而是異於博學之通過個體化的價值表述，也因此才有曉與不曉的問題。這正印證前文所言，在價值思維的不確定當中，疑經疑傳形成的開放性討論，讓主體的價值凸顯了出來。歐陽脩運用了這個新的視野，在韓愈學術的關注中，建構起一系統性、整體性的價值思維，不僅彰顯韓李的價值，更用主體性活化的「道」的價值意涵。

〔註116〕歐陽脩：〈蘇氏文集序〉，《歐陽脩全集》，頁614。
〔註117〕歐陽脩：〈讀李翺文〉，《歐陽脩全集》，頁1049～1050。

　　如前所言，歐陽脩有個人的卓越見解，但是朋友間之道義相成，更是不可或缺的要素，歐陽脩對此也有深切的認知，是以特別重視講修。和歐陽脩一樣，並不認同韓柳並稱的說法，當以石介爲最著。如〈與君貺學士書〉一文中所云：「非狀元恢閎偉傑如荀、孟，如韓、柳，斯文不復矣！」〔註 118〕其所謂「柳」，是指柳開，其餘論述亦多在推崇柳開，這即是成之於「道」的視角。此外，石介亦多有因推崇孟子與韓愈，而出現「孟、韓」或者是「韓、孟」的稱述，值得關注。

四、小　結

　　學術的內涵容易在時間的流轉中，失去原本的完整性，這讓異代理解、異代相師形成扭曲與衝突。歐陽脩對於韓愈學術的詮釋，在仁宗時期，原是充滿著特殊的意義，並在儒者間透過對話的過程，將思維推行開來，但時間讓意義有了遺失，僅僅相近的言語，並不足以使人體貼其詮釋的內涵，因而價值的認知就產生了模糊。

　　本文透過整合性的方式，將文學、思想、經學、雕版印刷等各方面提供的觀點進行整體性的關注，讓思維的脈絡可以清晰呈現，從而確認其間具有的價值意義。文章論述主要圍繞在兩個核心思維，一個是視野的變化所促成的意義開啓，另一個是對話的思維，藉此思索、順通歐陽脩對於韓愈詮釋應當具有的特殊意義。

　　經過仔細而全面的討論，依據具體的文獻分析，可以瞭解到歐陽脩之所以與韓愈具有緊密的關係，足以被譽爲宋代的韓愈，原因即在於歐陽脩契會了韓愈所開啓之價值的主體精神。由於精神的契會，歐陽脩自然就能銜接上韓愈在儒學上的成果，這當然包括了作爲呈現之古文的寫作。然而，契會的結果，並不是使歐陽脩復述韓愈的學術內涵，相反地，在主體性的彰顯下，尋求立言的趨向也同樣展現在歐陽脩身上，一種歐陽脩式的學術即具體展現在「非韓以尊韓」之和而不同的論述與創作之中。

　　至於，歐陽脩如是之契會與精神的呈現，與當時的儒者是有密切的相關。如同第二章所言，從歐陽脩身上，可以看到的是轉向友道之對話的學術型態。這是不僅是學術型態的轉變，更重要的是此中寓含了新的思維的展開，即價值是存在於人與人的互動之中。因此，透過同時期儒者的詮釋，如

〔註 118〕石介：〈與君貺學士書〉，《徂徠石先生文集》，頁 181。

「化成之文」與「宗經得意」的部分，不僅看到了對價值的重視，並且在價值的開放性詮釋中，主體性的彰顯，顯示了與歐陽脩對話的眞實存在，而這樣的對話並非是爲了去除差異走向一致，而是在相近的取向中，透過對話的觸發，在相資相成中，深化彼此的思維內涵。換言之，歐陽脩的韓愈詮釋因其注入心力，而有其特殊見解，但思維的視野實與諸儒近似。

最後，本章擷取一個具體的例子，以彰顯歐陽脩的獨特見解，此即是在歐陽脩的思維裡強烈認爲必須以「韓李」並稱的方式來取代世俗中以「韓柳」連稱的方式，如此才眞能彰顯其中的價值。

第二節　道純文粹：論歐陽脩的文學思維

在宋代學術的發展過程中，歐陽脩扮演著關鍵性的角色，殆無疑義。如劉若愚與劉子健即分別從宋詩之興起與建立、理學之開啓以及古文運動之功成等代表宋學的面向進行闡釋，彰顯歐陽脩在學術上所具有的價值。〔註 119〕這種直接與宋學作緊密連繫的闡釋方式，確實能夠清楚的將其意義標舉出來，然而如此估量是否適切？意蘊是否眞得闡明？仍是值得進一步思索的。尤其，當偏重於其中某個面向的闡釋而漠視了其他面向的價值時，就更值得商榷。

意義總是在不斷地契會中突破現象的藩籬而被彰顯開來，或許其間有些並非本來面目，但卻是內在隱含的價值方向。換言之，異代視野的碰撞，時能掌握到更爲深層的意蘊。就歐陽脩來說，論者集中在古文方面的詮釋可謂不遺餘力，而透過當代文學審美觀點的融入，確實能抉發出其中具有的特色，也開啓了宋代文學解讀的新視野。然而，其間尚待補足的部分是，當無力推翻「文道並重」的觀點，且肯定歐陽脩之「道」有了顯著的變化〔註 120〕，則

〔註 119〕劉若愚：《歐陽脩研究》（臺北：臺灣商務，1989 年 5 月），頁 177、224；劉子健：《歐陽脩的治學與從政》（臺北：新文豐出版公司，1984 年 10 月），頁 78～95；劉克莊在〈本朝五七言絕句序〉中即明言理學與古文兩方面的成就宋代凌駕前代是毫無疑義的，而宋詩之於唐詩則時人誤以爲有愧色。文見《後村集》卷 24，《景印文淵閣四庫全書》第 1180 冊（臺北：臺灣商務印書館，1986 年 3 月），頁 248。

〔註 120〕雖然包弼德云：「歐陽脩的作品暗示出『復古』和『聖人之道』是一些空洞的口號。」認爲歐陽脩「重申了文的重要」，但將之置於道勝文至的觀點中，仍舊會產生解讀的困難。文見氏著、劉寧譯：《斯文：唐宋思想的轉型》（南京：

在相應相成的情形下，如何適切詮釋兩者的內涵，將是不可迴避的問題。

詩文革新對於宋代學術來說，是一個非常重要的現象，這不僅僅是涉及到文學的層面，與政治、社會、文化、思想等方面都有著緊密的關係。因此，本文論述擬由此切入，進行歐陽脩之「文」與「道」的探究。

一、詩文革新與太學體

（一）有關詩文革新的探究問題

當針對歐陽脩的學術價值進行表述時，有關宋代詩文的革新，應是一個關鍵的議題。換言之，詩文革新的完成彰顯了歐陽脩的價值。有關宋代中期的詩文革新，歷來學者多有論述，亦釐清了一些似是而非的問題，然而對於詩文革新的意蘊，仍有值得探究之處，尤其是關於延續韓愈之價值精神的突破方面。

何謂詩文革新？如韓維所云：「自唐衰，天下之文變而不善者數百年。歐陽文忠公始大正其體，一復於雅。其後公與王荊公介甫相繼而出，為學者所宗，於是大宋之文章炳然與漢唐侔盛矣。」〔註 121〕歐陽脩即是使宋文變革復雅而能與漢唐爭輝的第一人，而蘇轍更具體指稱出嘉祐二年（1057）之知貢舉，有使「文章自是變而復古」的作用。〔註 122〕不過對於這樣的變革，最初的認識僅在於西崑體與古文的興衰替換上，如《宋名臣言行錄》云：「天聖以來穆伯長、尹師魯、蘇子美、歐陽永叔始倡為古文以變西崑體，學者翕然從之。」〔註 123〕魏了翁（華父，1178～1237）云：「嘉祐間尚西崑體，而歐文忠公典舉，首取古文。」〔註 124〕皆是從古文變革崑體的大方向來看，致使產生如沈德潛（確士，1673～1769）以楊劉體為太學體的認知。〔註 125〕其後，曾棗莊首明歐陽脩在嘉祐時期變革之文乃是不同於西崑體的太學體〔註 126〕，論

江蘇人民出版社，2001 年 1 月），頁 210。

〔註 121〕韓維：〈朝散郎試中書舍人輕車都尉賜紫金魚袋曾公神道碑〉，《全宋文》第 25 冊，頁 230。

〔註 122〕蘇轍：〈歐陽文忠公神道碑〉，蘇轍著；陳宏天、高秀芳校點：《蘇轍集》（北京：中華書局，1990 年 8 月），頁 1132。

〔註 123〕朱熹：《宋名臣言行錄》前集卷 10，《四庫》第 449 冊，頁 122。

〔註 124〕魏了翁：〈跋類省試策卷後〉，《鶴山集》卷 63，《四庫》第 1173 冊，頁 54。

〔註 125〕沈德潛：《御覽經史講義》卷 29，《四庫》第 723 冊，頁 742。

〔註 126〕曾棗莊：〈北宋古文運動的曲折過程〉，《文學評論》1982 年第 5 期，頁 87～89。

析思維近似方回（萬里，1227〜1307）所云：「變西崑體詩爲盛唐詩自梅都官聖俞始，當是時變五代文體者歐陽公也，故世稱歐梅。」〔註127〕將宋代學術的變革從詩文兩分的角度來進行理解，不僅釐清了含混不一的說法，並且開啓了當代學術探究的大門。

　　然而，在理解了太學體有別於西崑體而爲歐陽脩革新的對象之後，經過多數學者的探究，關於太學體的眞實面貌卻仍舊含混不清，間接的也就影響到對於學術精神的掌握。仔細思索之所以造成描繪的困境，資料的缺乏當是主要的原因。目前可資論述的直接佐證，主要是圍繞於嘉祐二年一事的描繪，如：

> 嘉祐初，權知貢舉，時舉者務爲險怪之語，號「太學體」，公一切黜去，取其平澹造理者即預奏名。初雖怨讟紛紜，而文格終以復故者，公之力也。〔註128〕

> 知嘉祐二年貢舉。時士子尚爲險怪奇澀之文，號「太學體」，脩痛排抑之，凡如是者輒黜。畢事，向之囂薄者伺脩出，聚譟於馬首，街邏不能制；然場屋之習，從是遂變。〔註129〕

> 權知貢舉，是時進士爲文以詭異相高，號太學體，文體大壞，公患之，所取率以詞義近古爲貴，比以險怪知名者黜去殆盡，牓出怨議紛然，久之乃服，然文章自是變而復古。〔註130〕

三段陳述都明白指稱出歐陽脩變革的對象爲「太學體」，而相近的描繪如險怪、奇澀、詭異等用語，大體可知此風之呈現樣貌。除此之外，有關當事者的論述，當有參照的價值。以蘇軾而言，其云：

> 軾竊以天下之事，難於改爲。自昔五代之餘，文教衰落，風俗靡靡，日以塗地。聖上慨然太息，思有以澄其源，疏其流，明詔天下，曉諭厥旨。於是招來雄俊魁偉敦厚朴直之士，罷去浮巧輕媚叢錯采繡之文，將以追兩漢之餘，而漸復三代之故。士大夫不深明天

〔註127〕方回：〈送倪耕道之官歷陽序〉，《桐江續集》卷33，《四庫》第1193冊，頁671。

〔註128〕韓琦：〈故觀文殿學士太子少師致仕贈太子太師歐陽公墓誌銘〉，《全宋文》第20冊，頁425。

〔註129〕脫脫：《二十四史·宋史》卷319（北京：中華書局，1997年11月），頁2649。

〔註130〕朱熹：《宋名臣言行錄》後集卷2，《四庫》第449冊，頁159。

子之心，用意過當，求深者或至於迂，務奇者怪僻而不可讀，餘風
未殄，新弊復作。大者鏤之金石，以傳久遠；小者轉相摹寫，號稱
古文。紛紛肆行，莫之或禁。蓋唐之古文，自韓愈始。其後學韓而
不至者爲皇甫湜。學皇甫湜而不至者爲孫樵。自樵以降，無足觀
矣。伏惟內翰執事，天之所付以收拾先王之遺文，天下之所待以覺
悟學者。〔註131〕

這段論述，除了說明截至嘉祐爲止仁宗一朝在文學上的發展情形外，更可視
爲是蘇軾自述自身何以異於當時士人而有可取之處的說法。很清楚，蘇軾認
爲在天聖七年（1029）聖上頒佈〈誡進士作文無陷浮華詔〉與〈令禮部申飭
學者毋爲浮誇靡曼之文詔〉之後〔註132〕，宋代文學已漸去五代餘習而有追兩
漢、復三代的嶄新發展，但在「用意過當」之下，表面上雖然「號稱古文」，
卻是學有未至的歧出呈現。所謂「求深」、「務奇」的新弊端，就是指「太學
體」的寫作方式。由此可見，「太學體」乃是「古文」之變態的呈現。又，以
劉幾（1030～1065）而言，相關的記述有：

又嘉祐中，士人劉幾累爲國學第一人，驟爲怪嶮之語，學者翕然效
之，遂成風俗，歐陽公深惡之，會公主文，決意痛懲，凡爲新文者
一切棄黜，時體爲之一變，歐陽之功也。〔註133〕

煇，嘉祐四年進士第一人，〈堯舜性之賦〉，至今人所傳誦。始在場
屋有聲，文體奇澀，歐公惡之，下第。及是在殿廬得其賦，大喜，
既唱名，乃煇也，公爲之愕然。蓋與前所試文如出二人手，可謂速
化矣。〔註134〕

劉幾，即是歐陽脩在嘉祐二年所黜之人，而劉煇則是黜後所更易的名字。由
引文可知，其文文體奇澀、用語怪嶮，且掀起一股學習的風潮，因此才會成
爲懲戒的標的，這與前述太學體的說法，正兩相契合。

〔註131〕蘇軾：〈謝歐陽內翰書〉，孔凡禮點校《蘇軾文集》（北京：中華書局，2008
　　　　年7月），頁1423～1424。

〔註132〕宋仁宗：〈誡進士作文無陷浮華詔〉，《全宋文》第22冊，頁528～529；宋仁
　　　　宗：〈令禮部申飭學者毋爲浮誇靡曼之文詔〉，《全宋文》第22冊，頁547～
　　　　548。

〔註133〕沈括撰、胡道靜校注：《新校正夢溪筆談》（香港：中華書局，1987年4月），
　　　　頁98。

〔註134〕陳振孫：《直齋書錄解題》（上海：上海古籍出版社，1987年12月），頁500。

　　以上所述，大體已將太學體的樣貌描繪了出來，但是對於這種現象的形成、發展與內涵，則並未能從這些直接論述的資料中取得有益的訊息，致使學者在憑藉間接資料的取捨與闡釋中產生了巨大的分歧。此中爲多數學者所採用的關鍵資料爲張方平的陳述，而涉及的焦點有二：其一，爲「太學新體」；其次，即是石介。所述內容云：

> 自景祐元年有以變體而擢高第者，後進傳效，因是以習。爾來文格日失其舊，各出新意，相勝爲奇，至太學之建，直講石介課諸生，試所業，因其好尚，而遂成風。以怪誕詆訕爲高，以流蕩猥煩爲贍，逾越規矩，或誤後學。朝廷惡其然也，故下詔書丁寧誡勵，而學者樂於放逸，罕能自還。今貢院考試諸進士，太學新體，間復有之。其賦至八百字巳上，而每句有十六、十八字者；論有一千二百字以上；策有置所問而妄肆胸臆，條陳他事者。〔註135〕

文章是在慶曆六年（1046）二月時所撰寫的，內容具體地指出「太學新體」是延續著景祐元年（1034）之「變體」寫作的文風，而前後十餘年間作爲直講的石介扮演著推波助瀾的角色。顯然，稱謂的近似與「各出新意，相勝爲奇」而流於「怪誕」現象，很難不讓人將其與「太學體」連繫起來，尤其所謂「樂於放逸，罕能自還」，在此風難革的情形下，延續發展到嘉祐時期，亦屬合理的推斷。據此，整個太學體的發展軌跡、主導人物、寫作方式，都被明晰開來了。不過，資訊畢竟仍是有限的，如何擴充其內容與意蘊，即成爲學者的努力方向，如祝尚書從張唐卿（希元，1010～1037）溯及東州逸黨而彰顯張方平的功績、張興武從士建中（熙道，998～？）揭示慶曆之學的影響，皆是透過石介再延伸開的闡釋。〔註136〕然而，在這看似完整無疑的說法中，隱含之詮釋的取向，誠如朱剛所云：「局限於文學領域的考察而得出的此種結論，基本上背離了對北宋思想文化發展歷史以及黨爭局面的總體關照、

〔註135〕張方平：〈貢院請誡勵天下舉人文章奏〉，《全宋文》第 19 冊，頁 52。
〔註136〕參見祝尚書：〈北宋「太學體」新論〉，《四川大學學報》（哲學社會科學版）1999 年第 3 期，頁 72～76。此外，葛曉音在指出宋初三先生是造成太學體的人物時，更以「歌功頌德」是與歐陽脩主張大相逕庭之處，馮志弘即由此作進一步的發揮，從「頌聲爲尚」的觀點，將范仲淹納入到太學體形成當中。文見葛曉音：〈歐陽脩排抑「太學體」新探〉，《北京大學學報》（哲學社會科學版）1983 年第 5 期，頁 62～65。馮志弘：〈范仲淹文學觀與「太學體」主導思想的形成〉，《清華學報》新 38 卷第 1 期（2008 年 3 月），頁 85～114。

總體評價。」〔註137〕也就是說，在釐清「太學體」的過程中，被界定、抑揚的對象，與既有整體的學術認知有很大的差異，尤其當討論的焦點實質上是一個負面性的學術現象。因此，對於「太學新體」與「太學體」的關係及其蘊含的意義，實有再行探究的必要。

（二）「太學新體」與「太學體」是兩個不同時期之歧出的呈現

其實，這個問題之所以難以釐清，主要應是並未掌握到關鍵的詮釋角度。一個核心的提問：「太學體」的性質究竟為何？換言之，即使「太學新體」與「太學體」存在關係，是否能夠視為是一個具有意義的學術發展？這是根本的問題，若不先行釐清，則詮釋成果將總是令人難安。

本文以為不論是「太學新體」，或者是「太學體」，都缺乏核心的學術精神與內涵，因此不可能存有發展的脈絡，僅能視為是單純之學術弊病的顯現。關於這種學術的弊病，主要即是一種模仿失實、牽強附會、形似而訛的呈現，甚至淪入到剽竊的惡習之中。據此，就學術的推展而言，歐陽脩雖黜去「太學體」，但真正確立的當是展現足以取代西崑體之更為深厚的價值精神。以下，詳述之。

首先，以作品來看，有關「太學新體」的寫作呈現，可以由張方平的表述得之，其範圍包括了賦、論、策三個領域，除了在形式方面篇幅和字句明顯變多與變長之外，在內容方面也有產生妄肆胸臆、答非所問的情形；至於有關「太學體」的寫作樣貌，根據沈括的記述，其云：

> 有一舉人論曰：「天地軋，萬物茁，聖人發。」公曰：「此必劉幾也。」戲續之曰：「秀才剌，試官刷。」乃以大朱筆橫抹之，自首至尾，謂之「紅勒帛」判大紕繆字榜之，既而果幾也。復數年，公為御試考官，而幾在庭，公曰：「除惡務力，今必痛斥輕薄子，以除文章之害。」有一士人論曰：「主上收精藏明於冕旒之下。」公曰：「吾已得劉幾矣。」既黜，乃吳人蕭稷也。〔註138〕

此處透過被歐陽脩黜去之劉幾清楚地記述了相關的寫作內容，包括「天地軋、萬物茁、聖人發」與「主上收精藏明於冕旒之下」皆是當時被界定為怪險、奇澀的寫作呈現。此外，可資參照的有歐陽發於〈先公事迹〉中所云：

〔註137〕朱剛：〈「太學體」及其周邊諸問題〉，《文學遺產》2007 年第 5 期，頁 44～55。

〔註138〕沈括撰、胡道靜校注：《新校正夢溪筆談》，頁 98。

> 僻澀如「狼子豹孫，林林逐逐」之語；怪誕如「周公仵圖，禹操畚
> 鍤，傅說負版築，來築太平之基」之說。〔註139〕

「僻澀」與「怪誕」的斷語，與前文所述，意有相近、相通。據此，是否可以窺見兩者的關係呢？顯然，在「怪」、「奇」的籠統說法底下，「太學新體」與「太學體」被具體批判的面向並不相同。有別於「太學新體」在寫作形式上呈現整體性的缺失，「太學體」則具體聚焦在簡短字句之內容的表述上。由是而言，張方平與歐陽脩所關注的對象與內涵當有差異。

　　其次，由人物切入，順著張方平的論述，可見石介在「太學新體」的形成中乃被置於關鍵性的地位。眾所皆知，由於認知與理念的差異，石介對於楊億與西崑體展現出嚴厲的批判態度，則是否可將「太學新體」視爲是石介之理念推行的結果？論者藉以釐清此問題的關鍵佐證多取用歐陽脩的論述，試詳觀其所云：

> 古之教童子者，立必正，聽不傾，常視之毋誑，勤謹乎其始，惟恐
> 其見異而惑也。今足下端然居乎學舍，以教人爲師，而反率然以自
> 異，顧學者何所法哉？不幸學者皆從而效之，足下又果爲獨異乎！
> 今不急止，則懼他日有責後生之好怪者，推其事，罪以奉歸，此脩
> 所以爲憂而敢告也，惟幸察之。〔註140〕

文章撰寫於景祐二年（1035），當時石介任南京留守推官兼提舉應天府書院，歐陽脩云「居乎學舍」所指爲此。藉由文章的論述，可知石介當時給人的印象確實有「好怪」的傾向。不過，除了此處具體顯示出「怪異」的領域是在書法之外，石介亦回復辨明云：

> 僕文字實不足動人，……今永叔責我誠是。然永叔謂我「特異於人
> 以取高耳」，似不知我也。夫好爲詭異奇怪以驚世人者，誠亦有之，
> 皆輕浮者所爲也。則非行道正人、篤行君子之所爲。介深病世俗之
> 務爲浮薄，不敦本實，以喪名節，以亂風俗，思有請於吾聖天子，
> 吾賢宰相，願取天下輕險、怪放、逸奇之民，投諸四裔，絕其本源，
> 以長君子名教，以厚天下風俗，今反肯自爲之乎？僕誠亦有自異於
> 眾者，則非永叔之所謂也。今天下爲佛、老，其徒囂囂乎聲，附合

〔註139〕歐陽發等述〈先公事迹〉收於全集附錄卷二，詳見歐陽脩著、李逸安點校：
　　　　《歐陽脩全集》（北京：中華書局，2009年1月），頁2636～2637。
〔註140〕歐陽脩：〈與石推官第一書〉，《歐陽脩全集》，頁992。

> 響應，僕獨挺然自持吾聖人之道：今天下爲楊億，其眾曉曉乎口，
> 一倡百和，僕獨確然自守聖人之經。凡世之佛、老、楊億云者，僕
> 不惟不爲，且常力擯斥之。天下爲而獨不爲，天下不爲而獨爲，茲
> 是僕有異乎眾者。然亦非特爲取高於人，道適當然也。〔註141〕

對於書法的問題，石介納受了歐陽脩的批評，但關於「自異於眾」的取向，則有一番自我理念的闡述。石介指出世上確實有「好爲詭異奇怪」之人，此乃輕浮者呈現之「輕險、怪放、逸奇」的行徑，亦是其所深惡痛絕者，有別於此，其所以「異」，實乃與之相異，在天下世俗以佛、老、楊億之學相互唱和之時，獨以聖人之道自持，以聖人之經自守，而此非取高，乃自然應當的作爲。換言之，就回歸於聖人之道而言，本無所異。然而，畢竟是兩個個體，即使取向相近，仍存有不同的觀點。歐陽脩即針對石介的辨答，指出：「凡僕之所陳者，非論書之善不善，但患乎近怪自異以惑後生也。」明白揭示此爲學風的問題，因此關於釋老與雕刻文章方面，由於本是明誠質厚君子之所爲，亦不須凸顯以自異於人。〔註142〕據此，雖學風與文風存在相關性，但遽將太學體溯及石介，似有不妥，尤其當太學新體的流弊非以怪異爲主。

關於當時的學風，歐陽脩的提法亦是學者引述的重點，其言云：

> 夫人之材行，若不因臨事而見，則守常循理，無異眾人。苟欲異眾，
> 則必爲迂僻奇怪以取德行之名，而高談虛論以求材識之譽。前日慶
> 曆之學，其弊是也。〔註143〕

文章撰寫於嘉祐元年（1056），在內容上明確指出「慶曆之學」有「迂僻奇怪」、「高談虛論」的弊端，或可視爲是二次興學時，有意識的省思。〔註144〕順此，似乎就能將慶曆與嘉祐的流弊兩相扣合。然而，文中不提石介，是否爲良友諱？要答覆此問題，對於當時學術發展的狀態，必須有一清楚的掌握。依據所見資料，雖然歐陽脩對於石介的文章深表讚許，但是除了《湘山野錄》指

〔註141〕石介：〈答歐陽永叔書〉，《徂徠石先生文集》（北京：中華書局，1984 年 7 月），頁 175～176。

〔註142〕歐陽脩：〈與石推官第二書〉，《歐陽脩全集》，頁 993。

〔註143〕歐陽脩：〈議學校〉，《歐陽脩全集》，頁 1673。

〔註144〕慶曆爲第一次興學的高潮，而嘉祐時期是另一次高峰。根據沈遘的記述，慶曆雖大肆興學，但終究在執事者不能稱上意下走向於隳壞，而至於嘉祐，始復有言治學。文見沈遘：〈丹州新學記〉，《全宋文》第 37 冊，頁 689～690。

出其在「康定中主盟上庠」之外，景祐年間兼提舉應天府書院與慶曆之時爲國子監直講將是具體評斷其影響的憑藉。〔註 145〕相對於此，有關歐陽脩的記述，即明確可知其時之地位，如韓琦所云：

> 景祐初，公與尹師魯專以古文相尚，而公得之自然，非學所至，超然獨騖，眾莫能及。譬夫天地之妙，造化萬物，動者植者，無細與大，不見痕跡，自極其工。於是文風一變，時人競爲模範。〔註 146〕

在凸顯歐陽脩的個人才能之外，即清楚指出其轉變文風而使學者競相模範的時間是從「景祐」開始。與之相應，時處嘉祐革新之前的范仲淹亦云：

> 洛陽尹師魯，少有高識，不逐時輩，從穆伯長游，力爲古文。……遽得歐陽永叔，從而大振之，由是天下之文一變而古，其深有功於道歟！〔註 147〕

「天下之文一變而古」一語，明白顯示出歐陽脩在嘉祐之前已取得了主導宋代文學發展方向的地位。此外，藉由不同領域的角度，亦可獲得同樣的看法，釋契嵩即云：

> 章君表民以官來錢塘，居未幾，出歐陽永叔、蔡君謨、尹師魯文示予學者，且曰：「今四方之士，以古文進於京師，嶄然出頭角，爭與三君子相高下者不可勝數。」〔註 148〕

表民是歐陽脩在慶曆三年六月時爲章望之（表民，生卒不詳）所命之字，且由「以官來錢塘」判斷，文章表述時間亦約當此時。〔註 149〕由是可知，歐陽脩與蔡君謨、尹師魯兩人確實主導著當時的文學走向。據此而論，以石介是「太學新體」或者是「慶曆之學」的關鍵人物，應有不妥。然而，是否可以因此將之轉移至歐陽脩身上呢？從歐陽脩對「慶曆之學」的批判，以及憂心歸罪好怪之風於石介身上來說，顯然依舊令人難安。當如何解會呢？

〔註 145〕釋文瑩：《湘山野錄》（北京：中華書局，1997 年 12 月），頁 24。

〔註 146〕韓琦：〈故觀文殿學士太子少師致仕贈太子太師歐陽公墓誌銘〉，《全宋文》第 20 冊，頁 425。

〔註 147〕范仲淹：〈尹師魯河南集序〉，范仲淹著；李勇先、王蓉貴校點：《范仲淹全集》（成都：四川大學出版社，2002 年 9 月），頁 183。

〔註 148〕釋契嵩：〈紀復古〉，《全宋文》第 18 冊，頁 720～721。

〔註 149〕李覯於慶曆二年有〈與章秘校書〉一文（見《李覯集》（臺北：漢京文化事業有限公司，1983 年 10 月），頁 218～282）而《宋史》云：「初由伯父得象陰爲秘書省校書郎，監杭州茶庫。逾年辭疾去……。」（見《二十四史‧宋史》，頁 3332）則釋契嵩既稱其字又云「以官來錢塘」，時間當與歐陽脩爲之字的慶曆三年相距不遠。

　　事物的發生與形成，多有因果、本末之緣由可以追溯。然而，藉以認知的相關記述，往往摻雜著敘事者的主觀意識，讓真實產生了理解的困境。石介被張方平扯進太學新體的流弊之中，可以說歐陽脩擔憂之「罪以奉歸」的情形終究還是發生了。雖然，不論是嘉祐時期提攜、肯定大小蘇一事，或是慶曆四年三月九人合奏〈詳定貢舉條例奏〉，張方平與歐陽脩在學術方面似有相近之處，但是在學與政通的觀點下，兩人實有極大的殊異性。〔註150〕試觀歐陽脩論述，其言云：

> 天聖中，天子下詔書，敕學者去浮華，其後風俗大變。今時之士大夫所為，彬彬有兩漢之風矣。先輩往學之，非徒足以順時取譽而已，如其至之，是直齊肩於兩漢之士也。若僕者，其前所為既不足學，其後所為慎不可學，是以徘徊不敢出其所為者，為此也。〔註151〕

此文撰寫於景祐四年，從「風俗大變」而有「兩漢之風」來看，可知當時文風已經有了成功的轉變。依據前文所述，歐陽脩對此轉變的推動實具關鍵之地位，亦即是樂秀才所以問學的憑藉，然而經由歐陽脩的表述，可以瞭解到在「追兩漢」、「復三代」的共同趨向底下，尚有所謂「不可學」的區別存在。何謂「不可學」？具體指涉雖為景祐三年切責司諫高若訥一事，但其意當泛指為文之用心與要旨。根據《避暑錄話》的記述，其言云：

> 張安道與歐文忠素不相能。慶曆初，杜祁公、韓、富、范四人在朝，欲有所為。文忠為諫官，協佐之，而前日呂申公所用人多不然。於是諸人皆以朋黨罷去，而安道繼為中丞，頗彈擊以前事，二人遂交怨，蓋趣操各有主也。〔註152〕

歷史上朋黨相攻的情形屢見不鮮，但有別於因名與利的結合，慶曆時期形成的朋黨，其中實蘊含著價值的理念，所謂「趣操各有主」即是。試觀張方平的一則批判，其文云：

> 自設六科以來，士之翹俊者，皆爭論國政之長短。二公既罷，則輕銳之士稍稍得進，漸為奇論，以撼朝廷，朝廷往往為之動搖。廟堂之淺深，既可得而知，而好名喜事之人盛矣。許公雖復作相，然不能守其舊格，意雖不喜，而亦從風靡矣。其始也，范諷、孔道

〔註150〕宋祁：〈詳定貢舉條例奏〉，《全宋文》第 12 冊，頁 278。
〔註151〕歐陽脩：〈與荊南樂秀才書〉，《歐陽脩全集》，頁 661。
〔註152〕葉夢得：《避暑錄話》，收錄於朱易安、傅璇琮等主編《全宋筆記》第二編（鄭州：大象出版社，2006 年 1 月），頁 289。

> 輔、范仲淹三人，以才能爲之稱首。其後許公免相，晏元獻爲政，
> 富鄭公自西都留守入參知政事，深疾許公，乞多置諫官，以廣主
> 聽。上方嚮之，而晏公深爲之助，乃用歐陽脩、余靖、蔡襄、孫沔
> 等並爲諫官。諫官之勢，自此日橫。鄭公猶傾身下士以求譽，相帥
> 成風。上以謙虛爲賢，下以傲誕爲高，於是私說遂勝，而朝廷輕
> 矣。〔註153〕

「私說勝而朝廷輕」一語概括了當時之學與政的發展狀態。顯然，張方平站
在維護朝廷與既有制度的立場上認爲如是變化是不當的，因此對於促成變化
的關鍵人物，其中包含了范仲淹與歐陽脩，皆表現出不滿的態度。從表面上
來看，雙方衝突似乎屬於政治的層面，但張方平以不守「舊格」撰作「奇論」
來進行批判，則明顯已涉及到呈現價值思維之學術領域的問題。換言之，歐
陽脩與張方平在文章旨意上具有迥然不同的看法，則有關石介的衡定理當有
別。尤其，值得令人關注的是，此處「好名喜事」、「爲奇論」不守「舊格」
與「傲誕」等批判，正與張方平批判變體而歸罪石介的說法近似。依據史官
的記述，宋仁宗於慶曆四年十一月時下詔云：

> 至於屬文之人，類亡體要，詆斥前聖，放肆異言，以訕上爲能，以
> 行怪爲美，自今委中書、門下、御史臺采察以聞。〔註154〕

前此蘇舜欽（子美，1008～1048）有因鬻故紙會客一事遭劾，而賓客王益柔
（勝之，1015～1086）更有〈傲歌〉云：「醉臥北極遣帝扶，周公孔子驅爲
奴。」詔書的頒佈當是緣自於此，但是根據韓琦所云：「益柔少年狂語，何足
深治。……此其意有所在，不特爲〈傲歌〉可見也。」可知主導者——王拱
辰（君貺，1012～1085）、張方平、宋祁等人——乃意在抨擊范仲淹，是故小
題大作渲染其事，期能發揮以偏概全的效果而遂行其目的。〔註155〕順此，復
觀張方平在石介去太學兩年後仍追究其開啓「怪誕詆訕」之風的責任，則不
過是因其曾爲國子監直講的身份，所以將之標舉出來而移植了詔書的內容
來進行批判。此外，根據《宋名臣言行錄》所云：「初石介作詩譽公等而詆
竦，竦怨之，會介以書遺公責以伊周之事，竦遂教女奴習介書，改伊周爲伊
霍。」〔註156〕入罪之依據尚須僞作，則所謂「詆斥前聖」或有不然，況且多

〔註153〕蘇轍：《龍川別志》（北京：中華書局，1997年12月），頁82。

〔註154〕李燾：《續資治通鑑長編》（北京：中華書局，1979年8月），頁3718。

〔註155〕李燾：《續資治通鑑長編》，頁3715～3716。

〔註156〕朱子：《宋名臣言行錄》後集卷2，《四庫》第449冊，頁151。

爲學者所取用之蘇軾的提法：「迂闊矯誕」，其旨乃是責其缺乏施用之價值，兩者意蘊實不相合。因此，張方平的表述，當只是出於其自身視角之附會的說法而已。

此外，當依倚張方平的論述來進行太學新體的拆解時，往往受到如何闡釋石介作品之僻澀一面以及景祐由變體得高第者爲誰而困擾，但如同王應麟所云：「路授爲長賦，張方平擯斥而其文遂正；劉幾爲僻句，歐陽脩革去而其風復雅。」〔註157〕張方平與歐陽脩同因知貢舉，亦即擁有主文的權力，所以留下了具體可觀的成果。據此，欲追索景祐變體的問題，當時主文者的學術趨向應是關注之焦點。在景祐元年知貢舉者當中，李淑（獻臣，1002～1059）是一個值得探究的人物。除因其朋附呂夷簡（坦夫，997～1042）且歐陽脩亦表述其有寫作之才能外，更重要的即是其文章呈現出「奧澀」、「奇澀」的走向，而有「樊宗師體」的稱號。〔註158〕因此，若僅止於依言語修辭而論，則具左右當時文風而導向「澀」之一途，石介尚非首要人物。

跳脫究責式的思維，從具有價值的學術思維脈絡來看，有關「太學新體」與「太學體」的流弊，或可得以釐清。試觀李覯所云：

> 今之學者，誰不爲文？大抵摹勒孟子，劫掠昌黎，若爲文之道止此
> 而已，則但誦得古文十數篇，拆南補北，染舊作新，盡可爲名士矣。
> 何工拙之辨哉？覯之施爲，異於是矣。〔註159〕

文章撰寫於慶曆七年（1047），與張方平論述之時間相近，正可作爲參照資料。所謂「摹勒孟子，劫掠昌黎」，一方面即說明了當時形成以孟子、韓愈爲典範之古文寫作的風尚，另一方面則揭示了隨後產生之模仿、剪裁、剽竊的流弊。至於，處於太學體氛圍的蘇軾，其文云：

> 昔吾舉進士，試於禮部，歐陽文忠公見吾文，曰：「此我輩人也，吾
> 當避之。」方是時，士以剽裂爲文，聚而見訕，且訕公者所在成
> 市。〔註160〕

〔註157〕王應麟：〈宋朝登科記〉，《玉海》（合璧本）（臺北：大化書局，1977年12月），頁2232。

〔註158〕宋祁：《宋景文筆記》卷上，收錄於朱易安、傅璇琮等主編《全宋筆記》第一編（鄭州：大象出版社，2003年10月），頁47～48；魏泰：《東軒筆錄》（北京：中華書局，1997年12月），頁31～32；邵博：《邵氏聞見後錄》（北京：中華書局，1997年12月），頁136。

〔註159〕李覯：〈答黃著作書〉，《李覯集》，頁324。

〔註160〕蘇軾：〈太息一章送秦少章秀才〉，《蘇軾文集》，頁1979。

所謂「剽裂爲文」，意與「拆南補北，染舊作新」相近，皆是指透過剪裁陳言佳句的方式拼湊成文，雖看似工整，但實則缺乏內在的一貫性思維與整體性精神。從科舉制度的視角來說，設奇取譽、剽竊模仿的情形原就屢見不鮮，歐陽脩本身在詩文革新的過程中亦有所覺知，其言云：

孟、韓文雖高，不必似之也，取其自然耳。〔註161〕

「似」，是學習的一個重要過程，終究必須尋求蛻變始能成就，但浮巧之人往往藉此以爲魚目混珠的手法，歐陽脩深知其非，是故明示其中核心的精神——「自然」。據此而言，「太學新體」與「太學體」的出現，當只是如同《續資治通鑑長編》所述：「往時，開封舉人路授倡爲長賦幾千言，但爲浮辭，不求典要，當時能文者往往效之，得張方平擯斥而其文遂正。嘉祐初，劉幾輩喜爲怪僻，得歐陽脩革去而其風復雅。此但繫主司之風化耳。」〔註162〕是兩個在詩文革新的過程中分屬不同時期所產生的學術弊病。如是，既爲歧出，自不足以爲詩文革新的主要對象。

（三）彰顯主體之價值思維

石介雖然極力抨擊楊億與西崑體，但是從學術發展的脈絡來看，其中蘊含之「元和風尚」的體現，實際上正是走向宋學之視野開啓的一個重要環節，有關於此，第四章第二節已經有所論述，可參見之。據此，歐陽脩的學術思維，當是面對楊億與西崑體的不足，在融攝其成果下進一步完成斯文的革新與宋學精神的確立。試觀《湘山野錄》所述，文云：

石守道介康定中主盟上庠，酷憤時文之弊，力振古道。時庠序號爲全盛之際，仁宗孟夏鑾輿有玉津鏺麥之幸，道由上庠。守道前數日於首善堂出題曰「諸生請皇帝幸國學賦」，糊名定優劣。中有一賦云「今國家始建十親之宅，新封八大之王」。蓋是年造十王宮，封八大王元儼爲荊王之事也。守道晨興鳴鼓於堂，集諸生謂之曰：「此輩鼓篋游上庠，提筆場屋，稍或出落，尚騰謗有司，悲哉！吾道之衰也。如此是物宜遽去，不爾，則鼓其姓名，撻以懲其謬。」時引退者數十人。〔註163〕

由於石介具有強烈批判楊億學術的色彩，促使學者針對所云「時文之弊」的

〔註161〕歐陽脩：〈與曾子固書〉，《歐陽脩全集》，頁2590。
〔註162〕李燾：《續資治通鑑長編》，頁11261。
〔註163〕釋文瑩：《湘山野錄》，頁24。其中「諸生」爲「諸王」，從《四庫》「諸生」。

理會，容易局限在兩種不同之體製上進行別異，然而體製雖是順應表述之內
涵而生成，但所謂「古道」，當是著意於彰顯聖人之道的價值內涵，尤其是對
於處在多作古文具有兩漢之風的學術氛圍來說。憑藉引文的敘述，正可見石
介批判的焦點並不在寫作的體製上。試思：何以賦的表達存有問題呢？關鍵
當在「元儼爲荊王」一事上。元儼（985～1044）乃宋太宗之第八子，雖然宋
祁指出其「爲子孝，爲弟悌，爲叔父寵而虔，爲父義而有慈。」但是根據
《聞見錄》所述：「眞宗不豫大漸之夕……時仁宗幼冲八大王元儼者有威名以
問疾留禁中累日不肯出執政患之……。」而進封荊王的時間爲明道元年十一
月，距明道二年三月掌有實權之皇太后崩相隔不久，則其間是否存有可議之
事令人好奇。﹝註 164﹞然而對於石介而言，這是屬於君權的一部份，從尊王的
思維角度來看，其間並無可議之處，因此對於看似客觀描述的語言，仍視爲
「吾道之衰」的呈現，即是其中隱含擅自議論之「騰謗」的浮巧因子。由此
而言，類似《儒林公議》指石介有「喜議時事」的現象，即將其歸入「怪誕
詆訕」的行列，當如范仲淹被視爲「好奇邀名」一樣，徒見其外貌而未知所
持守。﹝註 165﹞換言之，即在可議與不可議之間，存有石介的價值思維。

　　相近的觀點，亦展現在歐陽脩的身上。如前文所引，歐陽脩所以黜去劉
幾與蕭稷，即因「天地軋、萬物茁、聖人發」與「主上收精藏明於冕旒之下」
的言語，除了剽裂古語外，主要即是蘊含了「刺」的問題。當然，這並不是
說，歐陽脩反對具有時代性與批判性的寫作方式，而是迥異於「輕薄子」的
好發議論，歐陽脩關注於文章表述中所呈現的主體及其價值思維。試觀《夢
溪筆談》之所述：

> 是時試「堯舜性仁賦」，有曰：「故得靜而延年，獨高五帝之壽；動
> 而有勇，形爲四罪之誅。」公大稱賞，擢爲第一人。及唱名，乃劉
> 輝，人有識之者曰：「此劉幾也，易名矣。」公愕然久之。因欲成就
> 其名，賦有「內積安行之德，蓋稟於天」，公以謂「積」近於學，改
> 爲「蘊」，人莫不以公爲知言。﹝註 166﹞

﹝註 164﹞宋祁：〈荊王墓誌銘〉，《全宋文》第 13 冊，頁 100～103；邵伯溫：《邵氏聞
　　　　見錄》（北京：中華書局，1997 年 12 月），頁 55；王稱：《東都事略》卷 15，
　　　　《四庫》第 382 冊，頁 119。
﹝註 165﹞田況：《儒林公議》，見《全宋筆記》第一編，頁 96；范仲淹：〈上資政晏侍
　　　　郎書〉，《范仲淹全集》，頁 230～236。
﹝註 166﹞沈括撰、胡道靜校注：《新校正夢溪筆談》，頁 98～99。另外，孫奕〈賦以

時間在嘉祐四年，主角依舊是歐陽脩與劉幾，但有別於嘉祐二年爲痛懲的對象，此時成爲稱賞的焦點。對於如此巨大的轉折，筆記中亦記載了諸如劉敞的質疑。然而，從改「積」爲「蘊」來看，歐陽脩當是根據創作中所呈現之主體有得的價值思維作爲評斷的依據。有關於此，除有人溯及其內涵至於范仲淹所作〈堯舜率天下以仁賦〉外，沈德潛即清楚表述此乃「道足於中」之「理勝」的展現，意有相通，足資參照。〔註167〕

由是而言，不論是歐陽脩，或者是石介，試圖彰顯的是一個具有主體精神的價值思維，因此對於剽裂、好刺之無本的輕薄士人亦一併斥退。

綜上所述，關於宋代詩文的革新，適切的理解當是：歐陽脩以去除「五代」〔註168〕卑弱之氣重契韓愈之價值的主體精神爲大變革，而慶曆與嘉祐時期的歧出則只是過程中的小修正。

二、歐陽脩的文學思維

以上，透過詩文革新的面向，已能初步理解歐陽脩等人在宋代學術的發展上所欲建構的價值精神。以下即進一步梳理相關的論述以展現其文學思維的內涵。

（一）文粹：理義高遠的粹美之文

韓琦爲歐陽脩作墓誌銘，於文中明白指出「自然」是其寫作之所以卓越與傳行的特色。確實，在歐陽脩的文學思維裡，「自然」是位居於核心的觀點，此由其對王安石提出的建議可見端倪。然而，類似《曲洧舊聞》所述：「舊說歐陽文忠公雖作一二字小簡，亦必屬稿，其不輕易如此。然今集中所見，乃明白平易，反若未嘗經意者，而自然爾雅，非常所及。」〔註169〕文章呈現之

一字見工夫〉亦有記述，見《示兒編》卷8，《四庫》第864冊，頁467～468。

〔註167〕吳曾在〈堯舜性仁賦〉中記述其作可溯及到范仲淹的「堯舜率天下以仁賦」，見《能改齋漫錄》（上海：上海古籍出版社，1979年11月），頁234；沈德潛：《御覽經史講義》卷29，《四庫》第723冊，頁743。

〔註168〕「五代」有兩個指涉，一爲唐之前的五代，一爲唐宋間的五代。雖是如此，但韓愈彰顯之主體的價值精神，正是兩者共同缺乏的，歐陽脩的重契精神，正可視爲是對革除五代之氣的完成。歐陽脩：〈蘇氏文集序〉，《歐陽脩全集》，頁614；范仲淹：〈尹師魯河南集序〉，《范仲淹全集》，頁183；宋祁：〈石少師行狀〉，《全宋文》第13冊，頁64。

〔註169〕朱弁：《曲洧舊聞》卷9，收錄於朱易安、傅璇琮等主編《全宋筆記》第三編（鄭州：大象出版社，2008年1月），頁80。

「明白平易」的面貌，讓「自然」的解讀偏向在文字修辭上，此或使人注意到王禹偁的學術價值，但卻失去了對歐陽脩之整體學術精神的掌握。

追根究底，將歐陽脩具有「平易」的一面凸顯出來，與「艱澀」的文風形成強烈的對比，有關「文」、「道」的認知，當是關鍵之所在。然而，將「文」、「道」視為兩極而以輕重取捨來進行衡定的觀點，誠如祝尚書所云：「歐陽脩以巨大的魄力，在擁護儒『道』的前提下，給『道』賦予嶄新的內涵，基本上解決了長期困擾古文運動的一個核心理論問題。」〔註170〕「文」與「道」不是彼此否定的關係，甚至「道」是「文」之完善的關鍵。確實，突破局限當有卓越的見識，這不是憑藉既有的思維模式即可輕易達成。況且，或有指稱歐陽脩用柳開體作〈醉翁亭記〉，柳開與穆修同以「斷散拙鄙為高」，而王禹偁對學古文於柳開的高弁感到讚賞，諸如此類，似乎就無法用「平易」與「艱澀」的劃分來合理詮釋。〔註171〕此外，一個值得深思的問題，語言乃是約定俗成的，在時移境遷下文字的解讀通常會有困難產生，則「平易」與「艱澀」如何評定呢？換言之，「艱澀」的語言，在具有共同認知的基礎上，彼此間的溝通是處於順暢的狀態，則實為「平易」的展現。因此，穿透語句而回歸到內在的精神來進行探究是必要的。

歐陽脩論文強調「自然」的觀點，主要可見的論述有：

> 所寄近著尤佳，論議正宜如此。然著撰苟多，他日更自精擇，少去
> 其繁，則峻潔矣。然不必勉強，勉強簡節之，則不流暢，須待自然
> 之至，其如常宜在心也。〔註172〕

與讚揚尹洙之文「簡而有法」〔註173〕的角度一貫，此處揭示文字當去繁就簡以展現「峻潔」的特色。然而，引令人注目的是，歐陽脩提出了「自然之至」的觀點。從對象來說，由於是論議的性質，自然涉及到價值的思維，而「常宜在心」一語，更說明了主體對於思維內涵的深切理會。由此而言，歐陽脩

〔註170〕祝尚書：〈重論歐陽脩的文道觀〉，《四川大學學報》（哲學社會科學版）1999年第 6 期，頁 76。

〔註171〕《愛日齋叢鈔》卷 4，《四庫》第 854 冊，頁 674；葉適：《習學記言》卷49，《四庫》第 849 冊，頁 794；脫脫等：《二十四史・宋史》卷 432，頁3266。

〔註172〕歐陽脩：〈與澠池徐宰書 5〉，《歐陽脩全集》，頁 2474。

〔註173〕歐陽脩：〈論尹師魯墓誌〉，《歐陽脩全集》，頁 1045。又，嘉祐二年在〈與澠池徐宰 6〉一文中提出「簡重嚴正」為「作文之體」的說法，意有相通，文見《歐陽脩全集》，頁 2475。

的「自然」，乃是內外相應之皆至於精的完美展現。又，其文云：

> 元結好奇之士也，其所居山水必自名之，惟恐不奇。而其文章用
> 意亦然，而氣力不足，故少遺韻。君子之欲著於不朽者，有諸其內
> 而見於外者，必得於自然。顏子蕭然臥於陋巷，人莫見其所爲，
> 而名高萬世，所謂得之自然也。結之汲汲於後世之名，亦已勞矣。
> 〔註174〕

歐陽脩以元結（次山，723～772）與顏子爲例，說明「得之自然」，是「有諸
其內而見於外」，能「著於不朽」之關鍵所在，若只是著力於外顯之奇特的
面貌，則在缺乏內在之氣力的情形下，亦將徒勞而無功。顯然，「自然」是指
由內而外、內外相應的完美呈現，並非僅是文字的明白平易而已。以代表
作品呈現的「文」與價值思維的「道」來表述，此即是「文」、「道」爲一的
展現。

　　當然，此時亦有圍繞於「文」、「道」所產生的爭辯。焦點的人物即是謝
伯初（景山，生卒不詳）與蔡襄兩人，而歐陽脩亦涉入其中。根據〈答謝景
山書〉與〈再答謝景山書〉兩篇文章的內容來看，蔡襄是主張「由道而學文」，
而謝伯初則是「主文辭」，兩人的爭議正是在「文」、「道」先後次序的問題上。
〔註175〕至於這樣的爭議內容，在當時確實有散播開來，而歐陽脩對此雖不見
意見的提出，但是肯定彼此對話的重要性。〔註176〕

　　雖然歐陽脩未對兩人爭議之內容提出看法，但是由其學術取向來看，顯
然與「由道而學文」的思維較爲切近。試觀歐陽脩之所云：

> 夫學者未始不爲道，而至者鮮焉。非道之於人遠也，學者有所溺焉
> 爾。蓋文之爲言，難工而可喜，易悅而自足。世之學者往往溺之，
> 一有工焉，則曰：「吾學足矣。」甚者至棄百事不關于心，曰：「吾
> 文士也，職於文而已。」此其所以至之鮮也。昔孔子老而歸魯，六
> 經之作，數年之頃爾。然讀《易》者如無《春秋》，讀《書》者如無

〔註174〕歐陽脩：〈唐元結陽華巖銘〉，《歐陽脩全集》，頁2239。另外，歐陽脩云：「余
　　　　嘗患文士不能有所發明以警未悟，而好爲新奇以自異，欲以怪而取名，如元
　　　　結之徒是也。」批判元結不能有所「發明」，正是從根本處論起。文見〈唐韋
　　　　維善政論〉，《歐陽脩全集》，頁2210。
〔註175〕蔡襄：〈答謝景山書〉，蔡襄著、陳慶元等校注：《蔡襄全集》（福州：福建人
　　　　民出版社，1999年7月），頁527～529；蔡襄：〈再答謝景山書〉，《蔡襄全
　　　　集》，頁529～531。前文作於景祐三年，後文作於景祐四年。
〔註176〕歐陽脩：〈與謝景山書〉，《歐陽脩全集》，頁1003。

《詩》，何其用功少而至於至也！聖人之文雖不可及，然大抵道勝者
文不難而自至也。故孟子皇皇不暇著書，荀卿蓋亦晚而有作。若子
雲、仲淹，方勉焉以模言語，此道未足而強言者也。後之惑者，徒
見前世之文傳，以為學者文而已，故愈力愈勤而愈不至。此足下所
謂終日不出於軒序，不能縱橫高下皆如意者，道未足也。若道之充
焉，雖行乎天地，入于淵泉，無不之也。……修學道而不至者，然
幸不甘於所悦而溺於所止……〔註177〕

「道」一直是儒者為學的課題，但是卻少有人能夠明道而有用。歐陽脩認為
造成如此的原因，即在於學者不僅溺於「文」之易悅而可喜，並且惑於文傳
是學於文的觀點。為了導正這種偏取「文」而割捨了「道」的局限，歐陽脩
提出了「道勝者文不難而自至」的觀點。顯然，這是以「道」為本的思維，
而異於「模言語」之「文」，則隨著「道」的充足同時展現出相應的價值。依
此，復觀一則歐陽脩關於「自然」的表述，其文云：

聞古人之於學也，講之深而信之篤，其充於中者足，而後發乎外者
大以光。譬夫金玉之有英華，非由磨飾染濯之所為，而由其質性堅
實，而光輝之發自然也。《易》之《大畜》曰：「剛健篤實，輝光日
新。」謂夫畜於其內者實，而後發為光輝者日益新而不竭也。故其
文曰「君子多識前言往行，以畜其德」，此之謂也。〔註178〕

歐陽脩以金玉為例，指出其有英華的外貌，根本的原因並非來自於磨飾染濯
的加工，而是原有「質性堅實」的內涵，因此耀人的光輝必須是來自於由內
而外的自然散發。有關於此，歐陽脩尚有云：「僕知道晚，三十年前尚好文
華，嗜酒歌呼，知以為樂而不知其非也。及後少識聖人之道，而悔其往咎，
則已布出而不可追矣。」〔註179〕當理會到「聖人之道」的意義，即能瞭解到
局限於外在呈現之「文」的崇尚，是錯誤的取向。依此而言，「自然」含括了
「充於中」而「發乎外」之順成的整體意蘊，此正是由「道」而有「文」的
思維方式。有關於「道」，歐陽脩有云：「僕少孤貧，貪祿仕以養親，不暇就
師窮經，以學聖人之遺業。」〔註180〕可見經學對於屬於價值內涵之「道」的
建構，具有關鍵性的地位。因此，歐陽脩在撰寫此文的景祐時期，正盡心於

〔註177〕歐陽脩：〈答吳充秀才書〉，《歐陽脩全集》，頁664。
〔註178〕歐陽脩：〈與樂秀才第一書〉，《歐陽脩全集》，頁1024。
〔註179〕歐陽脩：〈答孫正之侔第二書〉，《歐陽脩全集》，頁1005～1006。
〔註180〕歐陽脩：〈與荊南樂秀才書〉，《歐陽脩全集》，頁660。

經學的鑽研。當然，並不是只要觸及到經學，即能將之納入到「道」的範圍之中。所謂「講之深而信之篤」，就是一個重要的工夫，有關於此待後詳述之。是故，對於歐陽脩來說，「道」是根本，作爲呈現之「文」的精彩，乃是隨著「道」的充足而散發出燦爛的光輝。

歐陽脩這樣的文學思維，在當時並非卓然獨立的，如蘇舜欽即云：「文之生也害道德。」又云：「然上世非無文詞，道德勝而後振故也。後代非無道德，詭辯放淫而覆塞之也。」〔註181〕害道之「文」，當然需要細辨，不能籠統概括爲文學，因爲「道德勝而後振」的「文詞」呈現即是具有價值的作品。此處明顯可見「道勝」的觀點。同爲詩文革新之一員的梅堯臣，亦云：

> 前日在歐陽永叔坐中，已嘗覽足下之文，相與歎激理義之高遠。思二十年時所見文章，始去對偶，其用已焉乎哉，字之未能安，稍安則謂之能文，豈在識道理、要趨向耶？如足下今日之文，當其時可謂傑出矣。況今榜中有兄弟父子雄才奧學，若曾子固、蘇軾之徒，又不可擬議，是過於唐元和之人絕甚。〔註182〕

此段文字對於宋代古文發展的理解，當具重要的意義。從「相與歎激理義之高遠」一語，一方面可知梅堯臣與歐陽脩在文章的見解上有著相近的看法，另一方面明白揭示出兩人關注的焦點。當然，聚焦在「理義」上，是有一個發展的過程。梅堯臣指出一開始只是著重於寫作之文字的改變而已，經過了二十年的進展，文章才具有了「識道理、要趨向」的內涵。諸如曾鞏與蘇軾，即是在內涵的深化中，展現超越元和之人的學術成果。曾鞏即云：

> 蓋自先王之澤熄而詩亡，晚周以來，作者嗜文辭，抒情思而已，然亦往往有可采者。溶詩尤清約謹嚴，而違理者少，亦近世之能言者也。〔註183〕

詩是最富文學韻味的體例，但在曾鞏的思維裡，能夠超脫晚周後走向「嗜文辭，抒情思」的局限，展現「清約謹嚴」而不違於「理」的作品，才值得肯定。換言之，曾鞏關注於詩的呈現，是以「理」爲焦點，這與歐陽脩批判唐

〔註181〕蘇舜欽：〈上孫沖諫議書〉，蘇舜欽著；傅平驤、胡問濤校注：《蘇舜欽集編年校注》（成都：巴蜀書社，1991年3月），頁408～409。此文，作於景祐三年（1036）前後。

〔註182〕梅堯臣：〈答王補之書〉，《全宋文》第14冊，頁516。

〔註183〕曾鞏：〈鮑溶詩集目錄序〉，曾鞏撰；陳杏珍、晁繼周點校：《曾鞏集》（北京：中華書局，1984年11月），頁192。

代詩人「僻固而狹陋」的說法，意有相通。〔註184〕由是而言，衡定古文創作的價值，最終即轉向於內在之「理義」的關注。歐陽脩在〈梅聖俞詩集序〉中云：

> 予友梅聖俞……學乎六經仁義之說。其爲文章，簡古純粹，不求苟說於世，世之人徒知其詩而已。〔註185〕

以「簡古純粹」稱許梅堯臣的文章，從「學乎六經仁義之說」而言，此即是有「道」之「文」的展現。又於〈禮部唱和詩序〉一文中云：

> 嘉祐二年春，予幸得從五人者於尚書禮部，考天下所貢士，凡六千五百人。蓋絕不通人者五十日，乃於其間，時相與作爲古律長短歌詩雜言，庶幾所謂群居燕處言談之文，亦所以宣其底滯而忘其倦怠也。故其爲言易而近，擇而不精。然綢繆反復，若斷若續，而時發於奇怪，雜以詼嘲笑謔，及其至也，往往亦造於精微。夫君子之博取於人者，雖滑稽鄙俚猶或不遺，而況於詩乎。古者《詩》三百篇，其言無所不有，惟其肆而不放，樂而不流，以卒歸乎正，此所以爲貴也。〔註186〕

作品的體製不限於古文的範疇，包含了「古律長短歌詩雜言」等等，而值得注意的是歐陽脩將寫作蘊含的價值意義揭示了出來。所謂「造於精微」、「卒歸乎正」，即是認爲在透過文章來宣洩情感時，雖雜有奇怪、嘲謔的樣貌，但內在的意涵終究是展現出「肆而不放，樂而不流」之契合於儒家價值精神的一面。據此而言，在由「道」而「文」之尋求「自然」的文學思維底下，相應於內在理義之高遠，作品呈現出的即是一種「粹美」的特色。

（二）道純：深講篤信的純一之道

如前所述，歐陽脩的「文」，是隨著「道」的充足而有不同的展現。這不僅具體反應在自身的寫作上，並且反應在對他人作品的批判上。歐陽脩於慶曆四年（1044）有文云：

> 伏以貢舉之法，用之已久則弊，理當變更。然臣謂必先知致弊之因，

〔註184〕歐陽脩：〈梅聖俞墓誌銘〉，《歐陽脩全集》，頁497。
〔註185〕歐陽脩：〈梅聖俞詩集序〉，《歐陽脩全集》，頁612。
〔註186〕歐陽脩：〈禮部唱和詩序〉，《歐陽脩全集》，頁597。歐陽脩在〈蘇氏文集序〉中即將「古歌詩雜文」與聲偶撏裂的「時文」寫作對立起來，可見其文學思維並非僅僅局限在古文之中。文見《歐陽脩全集》，頁614。

> 方可言變法之利。今貢舉之失者，患在有司取人先詩賦而後策論，
> 使學者不根經術，不本道理，但能誦詩賦，節抄《六帖》、《初學記》
> 之類者，便可剿盜偶儷，以應試格。而童年、新學，全不曉事之人，
> 往往幸而中選。此舉子之弊也。〔註187〕

科舉考試定其高下的憑藉無非就是作品，而歐陽脩針對當時貢舉之法的反思，正可視爲是對當時創作取向的檢討。根據引文，可知當時寫作存在「剿盜偶儷」的現象，針對這樣的弊病，歐陽脩的思考，並不是從禁止或者是取代的角度，而是切入到「致弊之因」來探究，所謂「不根經術，不本道理」即是根本問題。顯然，漠視經學存在的價值及其內涵，已經浮上台面，並成爲文學發展的要素之一。

　　當然，歐陽脩對經學的重新關注，並不是簡單的再次接觸與標舉漢唐的經學成果。試觀其文所云：

> 臣伏見國家近年以來，更定貢舉之科，以爲取士之法，建立學校，
> 而勤養士之方。然士子文章未純，節行未篤，不稱朝廷勵賢興善之
> 意，所以化民成俗之風。臣愚以爲士之所本，在乎六經。而自暴秦
> 焚書，聖道中絕。漢興，收拾亡逸，所存無幾，或殘編斷簡出於屋
> 壁，而餘齡昏眊得其口傳。去聖既遠，莫可考證，偏學異說，因自
> 名家，然而授受相傳，尚有師法。暨晉、宋而下，師道漸亡，章句
> 之篇，家藏私畜，其後各爲箋傳，附著經文。其說存亡，以時好惡，
> 學者茫昧，莫知所歸。至唐太宗時，始詔名儒撰定九經之疏，號爲
> 正義，凡數百篇。自爾以來，著爲定論，凡不本正義者，謂之異端，
> 則學者之宗師，百世之取信也。然其所載既博，所擇不精，多引讖
> 緯之書，以相雜亂，怪奇詭僻，所謂非聖之書，異乎正義之名也。
> 臣欲乞特詔名儒學官，悉取九經之疏，刪去讖緯之文，使學者不爲
> 怪異之言惑亂，然後經義純一，無所駁雜。其用功至少，其爲益則
> 多。〔註188〕

文章撰寫於至和二年（1055），距離貢舉的更定大約已經過了十年的時間，但是「務通經術，多作古文」的結果，卻呈現出士人「文章未純，節行未篤」的狀況。有關於此，歐陽脩再次從經學的角度切入，以客觀的角度描述出六

〔註187〕歐陽脩：〈論更改貢舉事件箚子〉，《歐陽脩全集》，頁1590。
〔註188〕歐陽脩：〈論刪去九經正義中讖緯箚子〉，《歐陽脩全集》，頁1707。

經在暴秦焚書後亡逸散失的狀態，並指出至晉、宋以下，包含傳續的師道也不存在了，因此形成「學者茫昧，莫知所歸」的情形。雖然，至唐太宗時，撰定了九經之疏作爲學者的依歸，但是歐陽脩認爲由於其中參雜了「讖緯」的內容，所以造成士子被「怪奇詭僻」之說惑亂的情形。基於這樣的原因，歐陽脩提出了尋求「經義純一」的作法。由此可見，歐陽脩的經學已有不同的面貌。

　　然而，歐陽脩的不同，不僅不只是在讖緯的有無上，而且在觀點形成的時間上亦當往前推。歐陽脩在〈孫明復先生墓誌銘〉中指稱：「先生治《春秋》，不惑傳註，不爲曲說以亂經。其言簡易，明於諸侯大夫功罪，以考時之盛衰，而推見王道之治亂，得於經之本義爲多。」〔註189〕如是推許之原因，即是其經學取向與歐陽脩的觀點契合。試觀孫復所云：

> 噫，孔子既沒，七十子之徒繼往，六經之旨鬱而不章也久矣！加以秦火之後，破碎殘缺，多所亡散；漢魏而下，諸儒紛然四出，爭爲註解，俾我六經之旨益亂，而學者莫得其門而入。……國家以王弼、韓康伯之《易》，左氏、公羊、穀梁、杜預、何休、范宵之《春秋》，毛萇、鄭康成之《詩》，孔安國之《尚書》，鏤板藏於太學，頒於天下。又每歲禮闈設科取士，執爲準的。多士較藝之際，一有違戾於注說者，即皆駁放而斥逐之。……執事病註說之亂六經，六經之未明，復亦聞之矣。……執事盍宜上言天子，廣詔天下鴻儒碩老，置於太學，俾之講求微義，殫精極神，參之古今，覆其歸趣，取諸卓識絕見大出王、韓、左、穀、公、杜、何、毛、范、鄭、孔之右者，重爲註解，俾我六經，廓然瑩然，如揭日月於上，而學者庶乎得其門而入也。如是則虞夏商周之治，可不日而復矣，不其休哉！〔註190〕

文章約當景祐三年（1036）所作，孫復以爲孔子後六經之旨不彰，諸儒的註解只有使其更加顯得混亂不清，此不僅與前述歐陽脩的說法極爲近似，並且與景祐四年（1037）時歐陽脩所云：「予欲志鄭學之妄，益毛氏疎略而不至者，合之於經，故先明其統要十篇，庶不謂之蕪泥云爾。」〔註191〕在棄傳以

〔註189〕歐陽脩：〈孫明復先生墓誌銘〉，《歐陽脩全集》，頁458。
〔註190〕孫復：〈寄范天章書2〉，《全宋文》第10冊，頁247〜248。
〔註191〕歐陽脩：〈詩解統序〉，《歐陽脩全集》，頁884。

明經的思維上兩相契合，加上范仲淹亦有「病註說之亂六經」的觀點，則至晚在景祐時期已形成一股推動經學變革的思潮。此外，歐陽脩提出所謂：「《繫辭》非聖人之作」的說法，更將此風往前推進到對經典本身的檢視。〔註192〕有關此「風氣」，皮錫瑞即有深入的表述，不過或許是依據王應麟的說法，抑或是諸儒在慶曆時期後始位居顯要而有較大影響，因此將「慶曆」作爲變古風氣的標誌。〔註193〕

　　歐陽脩等人雖在經學上呈現出變古的現象，但這樣的變革應當視爲是一種儒家精神的回歸與價值內涵的開啓。以賈邊因與注疏異說而爲王旦所黜一事爲例，一方面說明了當時主文者的觀點仍謹守舊說，另一方面實亦指出了注疏的闡釋已無法讓儒者充分信服。究其原因，除了注疏的內容在闡釋上存有衝突之外，雕版印刷的廣泛運用，典籍書冊的流通無礙，使得儒者在思維上具有開闊的視野，應是變化的主要關鍵。當此轉變之時，如龍昌期（起之，生卒不詳）在祥符中即「別注」《易》、《詩》、《書》、《論語》、《孝經》、《陰符》、《道德經》等書，並獲得范雍（伯純，981～1046）的舉薦，雖一時未得進用，但隨著視野的開闊，仁宗朝時即因韓琦奏而爲國子四門助教，其後又因文彥博薦而授校書郎，可知這種趨向是漸受肯定的。〔註194〕然而，在強調變革風氣的同時，必須特別說明的是，在歐陽脩的視野中，這種變革是一種回歸，是歸向儒學之眞純的原本狀態。仍以龍昌期爲例，同爲經學變古風氣下的主要人物——歐陽脩與劉敞，即針對其學術提出激烈的批判而云：「異端害道，當伏少正卯之誅，不宜推獎。」〔註195〕具體的內容，劉敞有文云：「穿鑿臆說，詭僻不經，甚至毀訾周公，疑誤後學，難以示遠。」〔註196〕顯然，這並不是退回到反對孫復經典詮釋取向之楊安國（君倚，生卒不詳）的陣營，而是基於對聖人之道的明晰，展現出對儒家之價值體系的維護。〔註197〕

〔註192〕歐陽脩：〈易或問2〉，《歐陽脩全集》，頁302～303；歐陽脩：〈繫辭說〉，《歐陽脩全集》，頁1985。
〔註193〕皮錫瑞：《經學歷史》，頁237～238。
〔註194〕王闢之撰、呂友仁點校：《澠水燕談錄》（北京：中華書局，1997年12月），頁73；脫脫：《二十四史·宋史》卷299，頁2539。
〔註195〕李燾：《續資治通鑑長編》，頁4586。
〔註196〕劉敞：〈上仁宗論龍昌期學術乖僻疏〉，《全宋文》第30冊，頁86。
〔註197〕曾鞏：《隆平集》卷15：「上欲以爲侍講，而楊安國言其講說多異先儒，遂寢。」見《四庫》第371冊，頁149。

　　關於歐陽脩對儒家之價值體系的重構，主要是運用將經典放置到真實的場域中，透過彼此的講論，在事理的彰顯下，使駁雜之經義復歸於純一，從而契會聖人之意與志。歐陽脩云：「余嘗哀夫學者知守經以篤信，而不知偽說之亂經也。」〔註198〕篤守六經並無問題，問題的癥結乃是經的內容已夾雜了偽說的成分。當如何去偽還真呢？歐陽脩提出了三個重要的觀點：「簡要有理」、「切實明白」與「深講篤信」。

　　何謂「簡要有理」呢？即言簡意賅、理貫其中之意。歐陽脩認為六經簡直，雖不能盡述聖人之言與意，但實已充分展現其核心的價值內涵，因此當從經達理以去其惑。有關於此，歐陽脩不僅在〈六經簡要說〉〔註199〕一文中強調六經具有簡要的特色，並且在〈繫辭說〉一文中透過「書不盡言，言不盡意」的辨明，清楚地將簡要的內涵進行了說明。〈繫辭說〉云：

> 書不盡言，言不盡意。然自古聖賢之意，萬古得以推而求之者，豈非言之傳歟？聖人之意所以存者，得非書乎？然則書不盡言之煩，而盡其要；言不盡意之委曲，而盡其理。謂書不盡言，言不盡意者，非深明之論也。〔註200〕

針對「不盡」可能存有的解讀困境，歐陽脩提出了一番新的見解。歐陽脩將「不盡」導向於現象上的委曲繁複，而揭示屬於聖人之意的核心思維——「要」與「理」——已完盡存在於典籍之中。從這個角度來說，歐陽脩意在還原、回復聖人之道，而非另創新說，是故其有云：「經簡而直，傳新而奇，簡直無悅耳之言，而新奇多可喜之論，是以學者樂聞而易惑也。予非敢曰不惑，然信於孔子而篤者也。經之所書，予所信也；經所不言，予不知也。」〔註201〕不喜新奇之論，篤信而從經之所言，讓歐陽脩之經學變古的思維與傳統文化有了較好的銜接。歐陽脩云：

> 或問：「《繫辭》果非聖人之作，前世之大儒君子不論，何也？」曰：「何止乎《繫辭》。舜之塗廩、浚井，不載於六經，不道於孔子之徒，蓋俚巷人之語也。及其傳也久，孟子之徒道之。事固有出於繆妄之說。」……或者曰：「然則何以知非聖人之作也？」曰：「大儒君子之於學也，理達而已矣。中人已下，指其迹、提其耳而譬之，猶有

〔註198〕歐陽脩：〈廖氏文集序〉，《歐陽脩全集》，頁615。
〔註199〕歐陽脩：〈六經簡要說〉，《歐陽脩全集》，頁1986。
〔註200〕歐陽脩：〈繫辭說〉，《歐陽脩全集》，頁1985。
〔註201〕歐陽脩：〈春秋論上〉，《歐陽脩全集》，頁306。

惑焉者，溺於習聞之久，曲學之士喜爲奇說以取勝也。」……「……

孟子曰：『盡信書，不如無書』。孟子豈好非六經者，黜其雜亂之說，

所以尊經也。」〔註202〕

主張《繫辭》非聖人所作，雖然寓含著強烈的顛覆性，但是從推論「繆妄之說」的雜入，以及透過引述孟子而揭示「尊經」的意涵，可知歐陽脩乃是意欲經由「理」的角度來廓清經學的內涵，從而彰顯其眞實的價值，此與好奇立異的時風迥然有別。歐陽脩即云：「凡今治經者，莫不患聖人之意不明，而爲諸儒以自出之說汩之也。今於經外又自爲說，則是患沙渾水而投土益之也，不若沙土盡去，則水清而明矣。」〔註203〕回歸經典慎於述作之意清晰可見。由是而言，歐陽脩的變革，並非是以新代舊的方式，而是一種價值深化的努力。

何謂「切實明白」呢？即切於事實、皎然明白之意。如前所述，歐陽脩既以「理」作爲廓清經學的依據，則此可視爲是對「理」之內涵的闡釋。歐陽脩云：

某聞《傳》曰：「言之無文，行而不遠。」君子之所學也，言以載事，而文以飾言，事信言文，乃能表見於後世。《詩》、《書》、《易》、《春秋》，皆善載事而尤文者，故其傳尤遠。〔註204〕

從「君子之所學」到取經爲證，歐陽脩提出了「事信言文」的觀點，強調當兼備「載事」與「飾言」的兩個面向。此雖是講求兼取，但新納「載事」以發明《傳》之意，仍舊凸顯出歐陽脩著重於事實的一面。當然，「載事」的目的，即是爲了要依事見理。歐陽脩又云：

君子之於學也務爲道，爲道必求知古，知古明道，而後履之以身，施之於事，而又見於文章而發之，以信後世。其道，周公、孔子、孟軻之徒常履而行之者是也；其文章，則六經所載至今而取信者是也。其道易知而可法，其言易明而可行。及誕者言之，乃以混蒙虛無爲道，洪荒廣略爲古，其道難法，其言難行。……孔子之後，惟孟軻最知道，然其言不過於教人樹桑麻，畜雞豚，以謂養生送死爲王道之本。夫二《典》之文，豈不爲文？孟軻之言道，豈不爲道？

〔註202〕歐陽脩：〈易或問2〉，《歐陽脩全集》，頁302～303。

〔註203〕歐陽脩：〈答徐無黨第一書〉，《歐陽脩全集》，頁1011。

〔註204〕歐陽脩：〈代人上王樞密求先集序書〉，《歐陽脩全集》，頁984。

　　而其事乃世人之甚易知而近者，蓋切於事實而已。〔註205〕
這段論述是理解歐陽脩之道的重要依據，也是論者必然引用的資料。從論述
的脈絡來看，歐陽脩盡力於分辨孔孟之道與誕者之道的差異，「切於事實」即
是其掌握的核心觀點，可見當時對於聖人之道的理會確實存在著問題。如何
理會此間存在的問題呢？其結果將左右對歐陽脩之道的評價。一個問題的關
鍵，既是回應誕者務高的取向，則時間的掌握應是非常重要的。文章是歐陽脩
在明道二年（1033）所撰寫的，根據范仲淹在天聖五年（1027）的表述：「今
士林之間，患不稽古，委先王之典，宗叔世之文，詞多纖穢，士惟偷淺，言
不及道，心無存誠。」〔註206〕爲改變這種狀態，天聖七年（1029）仁宗下詔
更革，則「知古明道」此時成爲儒者盡心的焦點，乃是順理成章之事。據此，
是否可以將之視爲是稽古明道的兩種不同開展呢？試觀范仲淹於天聖八年
（1030）回應晏殊的論述：「若以某邀名爲過，則聖人崇名教而天下始勸。莊
叟云『爲善無近名』，乃道家自全之說，豈治天下者之意乎！」〔註207〕又於
〈帝王好尚論〉一文中云：「《老子》曰：『我無爲而民自化，我好靜而民自
正，我無欲而民自富，我無事而民自樸。』此則述古之風，以警多事之時
也。三代以還，異於太古。王天下者，身先教化，使民從善。」〔註208〕皆是
有意的要將老、莊之道家的思維從聖人之道中清理出來，尤其「三代」與「太
古」的劃分，正清楚的標誌出觀點的轉變。據此，復觀歐陽脩之所述：「今生
於孔子之絕後，而反欲求堯、舜之已前，世所謂務高言而鮮事實者也。」顯
然，此針對「三皇太古之道」的批判與范仲淹的論述，具有一致性。〔註209〕
換言之，范仲淹與歐陽脩此時乃是共同致力於儒道之分的課題。至於此課
題，則是延續著太宗以來儒道不分之駁雜的稽古思維，有關於此第五章第一
節已進行論述，可參閱。由是而言，歐陽脩乃是透過事理的掌握，彰顯聖人
之道易知可法、易明可行的本質，而在與清淨之道的分判中，推進了宋代儒
學的發展。

　　何謂「深講篤信」呢？即透過講論的方式獲得足以信守的價值內涵。雖
然歐陽脩認爲聖人著書易知可法，不窮遠之難明，但要能契會聖人之意，補

〔註205〕歐陽脩：〈與張秀才第二書〉，《歐陽脩全集》，頁978～979。
〔註206〕范仲淹：〈上執政書〉，《范仲淹全集》，頁219。
〔註207〕范仲淹：〈上資政晏侍郎書〉，《范仲淹全集》，頁232。
〔註208〕范仲淹：〈帝王好尚論〉，《范仲淹全集》，頁152。
〔註209〕歐陽脩：〈與張秀才第二書〉，《歐陽脩全集》，頁978。

正經典的疏略與謬妄，仍是必須憑藉明達之士所提供的善解。歐陽脩云：

> 世無孔子久矣，六經之旨失其傳，其有不可得而正者，自非孔子復出，無以得其眞也。……然而六經非一世之書也，其傳之繆非一日之失也，其所以刊正補緝亦非一人之能也。使學者各極其所見，而明者擇焉，十取其一，百取其十，雖未能復六經於無失，而卓如日月之明。然聚眾人之善以補緝之，庶幾不至於大繆，可以俟聖人之復生也。〔註210〕

透過匯聚眾人的見解擷取其善者來補緝六經的方式，雖不能盡復原貌，但確實能夠減少錯誤的產生。在這裡，歐陽脩展現了對於個體殊異性的關注，並重視其可能具有的卓越見識，當然典籍的普及是促成的重要因素。不過，雖然有藉於講論的方式，但是關注的焦點並非停留在客觀「事理」的討論，而是契入到能夠決斷取捨之具有價值主體性的「聖人之志」。歐陽脩云：

> 何謂本末？作此詩，述此事，善則美，惡則刺，所謂詩人之意者，本也。正其名，別其類，或繫於此，或繫於彼，所謂太師之職者，末也。察其美刺，知其善惡，以爲勸戒，所謂聖人之志者，本也。求詩人之意，達聖人之志者，經師之本也。講太師之職，因其失傳而妄自爲之說者，經師之末也。今夫學者，得其本而通其末，斯盡善矣。得其本而不通其末，闕其所疑，可也。……今夫學《詩》者，求詩人之意而已，太師之職有所不知，何害乎學《詩》也？若聖人之勸戒者，詩人之美刺是也，知詩人之意，則得聖人之志矣。〔註211〕

歐陽脩將《詩》的理解劃分成兩個部分：其一，是屬於「本」，也是學者必須盡心的方面，其中包括了「詩人之意」與「聖人之志」，此兩者雖是出自不同的個體，但前者因事之善惡而有美刺之呈現，後者因察知其善惡美刺而進一步賦予勸誡之意，在價值的思維上實有相通相容的關係。其次，是屬於「末」，所謂「正其名，別其類」，乃是傾向於事迹的考述與說明，因此若有不通可以擱置不論。顯然，歐陽脩在此揭示了內在價值思維的重要性。至於此價值的內涵，則與主體是合而爲一的。歐陽脩云：

> 夫世無師矣，學者當師經。師經必先求其意，意得則心定，心定則道純，道純則充於中者實，中充實則發爲文者輝光，施於事者果毅。

〔註210〕歐陽脩：〈答宋咸書〉，《歐陽脩全集》，頁 666～667。
〔註211〕歐陽脩：〈本末論〉，《歐陽脩全集》，頁 892～893。

> 三代、兩漢之學，不過此也。〔註212〕

學習是成就的重要方式，而在宋代由於延續唐代以來師道不振的問題加上思維視野的拓展，「人師」已是一個理想的稱謂，轉向於經的自學也就成爲了主要的途徑。當轉向於自學，隨之而來的即是「學什麼？」與「如何學？」的問題。歐陽脩在此即明確指出當學習儒家的經典，並且必須先尋求其中蘊含之「意」，也就是前文所述的「詩人之意」與「聖人之志」。當至於「意得」，即能夠在價值主體——「心定」、「道純」、「中充實」——的挺立下，使文章、行事如三代、兩漢一般的美好。換言之，「如何意得？」變成了最主要的課題。關於這個課題，歐陽脩用講修的工夫作初步的處理，而獲得的意涵終究是來自於客觀的議論，因此必須進一步在擇善的過程中產生內化的轉變，使價值與主體合而爲一。歐陽脩云：

> 聞古人之於學也，講之深而信之篤，其充於中者足，而後發乎外者大以光。……今之學者或不然，不務深講而篤信之，徒巧其詞以爲華，張其言以爲大。……夫欲充其中，由講之深，至其深，然後知自守。能如是矣，言出其口而皆文。〔註213〕

在深講到篤信、堅守之間，「心定」是一個關鍵。所謂「定」，即是理解者對於價值的內涵是否產生契會與認同而使主體產生安定的感受。由是而言，歐陽脩不僅彰顯價值內涵的重要性，並且是將其置於主體來看待。尤其，當面對經典，自覺於其中存有之意與志，則在整體性的觀照下，一種以心會心，主體與主體間的對話，即讓不傳之儒學精神得以再次朗現。

（三）作品中的主體精神

如上所述，歐陽脩的文學思維是以道爲本之文道一體的觀點，而道的內涵正彰顯著主體的精神。順是以觀歐陽脩的創作取向，將可看到兩大嶄新的變化。

首先，是多元呈現的特色。由於對於主體的重視，因此在價值的呈現上也就會理性的認知到個體的殊異性，並予以認取。歐陽脩云：

> 古人之學者非一家，其爲道雖同，言語文章未嘗相似。孔子之繫《易》，周公之作《書》，奚斯之作《頌》，其辭皆不同，而各自以爲經。子游、子夏、子張與顏回同一師，其爲人皆不同，各由其性而

〔註212〕歐陽脩：〈答祖擇之書〉，《歐陽脩全集》，頁1010。
〔註213〕歐陽脩：〈與樂秀才第一書〉，《歐陽脩全集》，頁1024。

就於道耳。今之學者或不然，不務深講而篤信之……又其爲辭不規
模於前人，則必屈曲變態以隨時俗之所好，鮮克自立。此其充於中
者不足，而莫自知其所守也。〔註214〕

歐陽脩以孔子繫《易》、周公作《書》、奚斯作《頌》爲例，指出即使在具有
相同價值內涵之「道」的狀態下，言語文章也會有不同的呈現，更何況是在
所得深淺不一的儒者身上，相異乃是理所當然的。換言之，歐陽脩對個體的
殊異性是理性面對且加以珍視的。然而，在破除規模前人求取一致性的方向
上，對於殊異性的珍視，卻不是一味追求變態之立異的展現，因爲此中實是
蘊含「各由其性而就於道」之「自立」的眞實價值。由是而言，從「自立」
所呈現出的語言文章，不因其所得之內涵的深淺，而減損其具有的價值。歐
陽脩云：

　　所寄文字，大佳。然作文之體，初欲奔馳，久當收節，使簡重嚴正，
　　或時肆放以自舒，勿爲一體，則盡善矣。〔註215〕

這是歐陽脩針對自立之人的寫作提出的建議。所謂「勿爲一體」，即是不該局
限在一個創作的格局當中，也就是呈現的型態應該隨著主體而自由變化。此
處雖然依舊將焦點鎖定在主體上，但是在強調多元面貌中，已蘊含了價值主
體的轉化，所謂「簡重嚴正」即是。換言之，同是「自立」之言，其間仍有
盡善與否的分辨。

　　其次，是蛻變的主體精神。隨著儒道之分的展開，不僅在政治方面有了
革新的具體作爲，在學術方面也呈現了嶄新的氣象，而這樣的變化，實是來
自於價值主體的蛻變。以「窮而後工」的觀點爲例，由於具有強烈的情感色
彩，使歷來的探究多聚焦在其連續性的面向，但從歐陽脩等人身上，卻可讓
人看到一種超克窮苦悲哀而至於明道達理的樂觀精神。歐陽脩云：

　　予聞世謂詩人少達而多窮，夫豈然哉？蓋世所傳詩者，多出於古窮
　　人之辭也。凡士之蘊其所有而不得施於世者，多喜自放於山巔水涯。
　　外見蟲魚草木風雲鳥獸之狀類，往往探其奇怪。內有憂思感憤之鬱
　　積，其興於怨刺，以道羈臣、寡婦之所歎，而寫人情之難言，蓋愈
　　窮則愈工。然則非詩之能窮人，殆窮者而後工也。〔註216〕

───────────

〔註214〕歐陽脩：〈與樂秀才第一書〉，《歐陽脩全集》，頁 1024。
〔註215〕歐陽脩：〈與澠池徐宰 6〉，《歐陽脩全集》，頁 2475。
〔註216〕歐陽脩：〈梅聖俞詩集序〉，《歐陽脩全集》，頁 612。

此處乃是針對詩人「少達而多窮」的觀點進行闡釋。歐陽脩認為這是來自於傳行的詩作多出自窮人之手所形成的印象，而根本的原因當是士人在面對不得施用於世時，多自放於山水之間，在內有深切難平的情感，外有怪奇動人的景色，兩相結合之下，所以能寫出令人讚賞的作品。然而，歐陽脩詮釋「窮者而後工」的意蘊，目的卻非只是站在「抒發」的角度說明愈是鬱積的情感將使作品愈顯可觀，而是另有所指。其文續云：

> 予友梅聖俞……學乎六經仁義之說。其為文章，簡古純粹，不求苟說於世，世之人徒知其詩而已。……昔王文康公嘗見而歎曰：「二百年無此作矣」！雖知之深，亦不果薦也。若使其幸得用於朝廷，作為雅頌，以歌詠大宋之功德，薦之清廟，而追商、周、魯《頌》之作者，豈不偉歟！奈何使其老不得志，而為窮者之詩，乃徒發於蟲魚物類、羈愁感歎之言？世徒喜其工，不知其窮之久而將老也，可不惜哉！〔註217〕

「二百年」的說法，正是意味著與韓愈學術的銜接。歐陽脩之所以擷取這段話，自然是要為其褒揚梅堯臣之文章的論述取得有力的佐證，但更值得令人關注的是在揭示「窮者而後工」的觀點後，相對於文章的肯定，對於為世俗所喜愛的「窮者之詩」，卻感到十分惋惜。由這樣的轉折，不難體會到歐陽脩的本意。試著參照另一篇有關的重要論述，歐陽脩於〈梅聖俞墓誌銘并序〉中云：

> 自其家世頗能詩，而從父詢以仕顯。至聖俞遂以詩聞。自武夫、貴戚、童兒、野叟，皆能道其名字，雖妄愚人不能知詩義者，直曰此世所貴也，吾能得之，用以自矜。故求者日踵門，而聖俞詩遂行天下。……聖俞為人仁厚樂易，未嘗忤於物，至其窮愁感憤，有所罵譏笑謔，一發於詩，然用以為歡，而不怨懟，可謂君子者也。〔註218〕

此處歐陽脩即明確揭示世俗對於梅堯臣之詩作的欣賞，不過是未知其所然的盲目推崇，所謂「不能知詩義」即是。由是而言，歐陽脩用「窮者而後工」來詮釋梅堯臣的詩作，其意必然與世俗所喜之「工」有所不同。在引文中，歐陽脩即從作者個人的修養切入，略述其詩作之呈現堪稱「君子」的原因。與此相關，歐陽脩云：

〔註217〕歐陽脩：〈梅聖俞詩集序〉，《歐陽脩全集》，頁612～613。
〔註218〕歐陽脩：〈梅聖俞墓誌銘〉，《歐陽脩全集》，頁497。

> 緣文尋意，益究益深。清池茂林，俯仰觴詠，它腸蘊此，欲寫未能。
> 聖俞所得，文出人外。〔註219〕

「緣文尋意，益究益深。」正是歐陽脩一直在強調的「詩人之意」與「聖人之志」，也就是屬於價值的思維內涵。至於這樣的內涵，是梅堯臣透過自身的修養而擁有的獨到見識，他人是無法將之展現出來的。顯然，當主體與價值有了緊密的結合，作者透過作品的呈現，就不僅是一種情緒的抒發，而是自身學道有成之「心定」的展現。順此以觀歐陽脩之所云：

> 余嘗論其詩曰：「世謂詩人少達而多窮，蓋非詩能窮人，殆窮者而後工也。」聖俞以爲知言。銘曰：「不戚其窮，不困其鳴。不躓于艱，不履于傾。養其和平，以發厥聲。」〔註220〕

梅聖俞以「知言」肯定歐陽脩的論斷，而歐陽脩所寫的銘文正清楚的指出：梅氏詩作的價值正是能夠在處於窮困的環境裡「養其和平」而爲寫作的內在根本。因此，在情感的抒發之外，「窮者而後工」一語更蘊含了主體蛻變的意義。

與此相關，如歐陽脩在〈南陽集跋〉一文中所云：

> 士之從宦，困於當時而文章顯於後世者多矣。其能不戚戚於窮厄而泰然自以爲樂者，既知有命，又知屈於當時者近，而伸於後世者遠也。余讀太傅趙公文，至於抑揚馳騁，辯博宏遠，可謂壯矣，豈止其詩清淑粹美之可喜也？公之盛德有後矣。然方其屈於一時，其所以自樂而忘憂者詩也，可以想見其人焉。〔註221〕

顯然，當儒者的視野獲得拓展，知道自身擁有一個傳世不朽的價值意義，自然能無視於現實的窮厄，而在詩文中展現出「樂而忘憂」的精神取向。這種「不戚戚於窮厄」的精神展現，不僅體現在歐陽脩的身上，如范仲淹亦云：

> 五代以還，斯文大剝，悲哀爲主，風流不歸。皇朝龍興，頌聲來復，大雅君子，當抗心於三代。然九州之廣，庠序未振，四始之奧，講議蓋寡。其或不知而作，影響前輩，因人之尚，忘己之實，吟詠性情而不顧其分，風賦比興而不觀其時。故有非窮途而悲，非亂世而怨，革車有寒苦之述，白社爲驕奢之語。學步不至，效顰則多。以

〔註219〕歐陽脩：〈與梅聖俞 4〉，《歐陽脩全集》，頁 2445。

〔註220〕歐陽脩：〈梅聖俞墓誌銘〉，《歐陽脩全集》，頁 498。

〔註221〕歐陽脩：〈南陽集跋〉，《歐陽脩全集》，頁 2581。

> 至靡靡增革，惛惛相濫。仰不主乎規諫，俯不主乎勸誡，抱鄭衛之
> 奏，責夔曠之賞，游西北之流，望江海之宗者有矣。……意必以淳，
> 語必以眞。……天下有道，無憤惋之作。〔註222〕

不論是在學術上或者是在政治上，變革「五代」回歸「三代」一直是宋代努
力的目標。然而，如何走向這個理想呢？其實宋初以來即長期處在努力釐
清的狀態中。從范仲淹的角度來說，五代以來斯文呈現出以「悲哀爲主」的
面貌，原因即是儒者缺乏對自身主體的肯認，在「忘己之實」而「效顰則
多」的狀態下造成如是的弊病。顯然，范仲淹已經突破了稽古的籠統思維而
瞭解到主體未立即是問題的關鍵。而這樣的主體，並不是「不顧其分」、「不
觀其時」肆意而爲的自我擴張，乃是體認內在價值，兼顧人我的理想人格，
所謂「先天下之憂而憂，後天下之樂而樂」正是其精神的體現。在此基礎
上，詩文就能夠跳脫虛假的弊端而展現出意淳語眞的面貌。由是可知，在強
調跳脫虛假的私人情緒而彰顯內在的價值主體，范仲淹與歐陽脩是有共通的
看法。

　　伴隨著這樣的觀點，通過以上的論述，可以發現一種來自於主體對於價
值的明晰所興起之「樂」的感受，是顯得特別而突出的。曾鞏即云：

> 滁州之西南，泉水之涯，歐陽公作州之二年，搆亭曰「豐樂」，自爲
> 記以見其名之意。既又直豐樂之東幾百步，得山之高，搆亭曰「醒
> 心」，使鞏記之。凡公與州賓客者遊焉，則必即豐樂以飲。或醉且勞
> 矣，則必即醒心而望。以見夫羣山之相環，雲烟之相滋，曠野之無
> 窮，草樹衆而泉石嘉，使目新乎其所睹，耳新乎其所聞，則其心灑
> 然而醒，更欲久而忘歸也。故即其事之所以然而爲名，取韓子退之
> 《北湖》之詩云。噫！其可謂善取樂於山泉之間，而名之以見其實，
> 又善者矣。雖然，公之樂，吾能言之。吾君優游而無爲於上，吾民
> 給足而無憾於下，天下之學者皆爲材且良，夷狄鳥獸草木之生者皆
> 得其宜，公樂也。一山之隅，一泉之旁，豈公樂哉？乃公所以寄意
> 於此也。若公之賢，韓子歿數百年，而始有之。〔註223〕

文章內容除了將歐陽脩作「豐樂」與「醒心」兩亭的用意作了簡單的交代，
更進一步闡釋其中蘊含的深意。雖然歐陽脩在作〈豐樂亭記〉中已云：「樂其

〔註222〕范仲淹：〈唐異詩序〉，《范仲淹全集》，頁186。
〔註223〕曾鞏：〈醒心亭記〉，《曾鞏集》，頁276。

地僻而事簡，又愛其俗之安閒。……又幸其民樂其歲物之豐成，而喜與予遊
也。因爲本其山川，道其風俗之美，使民之所以安此豐年之樂者，幸生無事
之時也。」〔註224〕將「樂」於國家在休養生息涵煦百年後呈現出年豐民安的
感受表述了出來，曾鞏再次鎖定於「樂」而加以闡明的原因，當是要凸顯其
中蘊含的價值意義。在「吾君優游而無爲於上，吾民給足而無憾於下，天下
之學者皆爲材且良，夷狄鳥獸草木之生者皆得其宜」的描繪中，讓人看到了
曾點所云：「浴乎沂，風乎舞雩，詠而歸。」〔註225〕的影子，這與程顥用「樂
而得其所」與「萬物莫不遂其性」的闡釋〔註226〕，意有相通。當然，其間對
於天道、天理的覺知是有所未透的，但並未減損歐陽脩與曾鞏在價值思維上
的體得。此外，相近的觀點亦可見在與蘇軾的連繫上，歐陽脩云：

> 讀軾書，不覺汗出，快哉快哉！老夫當避路，放他出一頭地也。可
> 喜可喜。……軾所言樂，乃某所得深者爾，不意後生達斯理也。
> 〔註227〕

論者多喜言歐陽脩與蘇軾在宋代文學上主盟的傳承關係，然其間具有之所以
然的連繫，似有未盡之處。確實，歐陽脩對於蘇軾是極爲肯定的，但這不僅
是局限在古文的寫作上，如〈蘇氏四六〉〔註228〕一文中亦以「委曲精盡」加
以褒揚。究其原因，「汗出」一語即透露了歐陽脩的思維角度，這是關注於價
值內涵之體悟的問題。歐陽脩從蘇軾的文章中所看到的「樂」，正是自身深講
篤信所得之「理」。由是而言，歐陽脩與蘇軾的連繫，甚至是曾鞏將之與韓愈
的連繫，彰顯主體對於價值的體悟，是一個重要的環節。

三、小　結

　　有別於前一節針對歐陽脩之於韓愈的角度所進行的論述，本節回到歐陽
脩身上，探究歐陽脩學術的整體性思維爲何？

　　顯然，當思維的視野不再忌諱「道」的存在，並以積極的態度來面對，
將可進一步發現在道勝文至的觀念裡，實蘊含著一個整體性的思維內涵。本

〔註224〕歐陽脩：〈豐樂亭記〉，《歐陽脩全集》，頁 575。

〔註225〕《論語集注》卷 6〈先進第十一〉，朱熹：《四書章句集注》（臺北：長安出版
　　　　社，1993 年 2 月），頁 130。

〔註226〕程顥、程頤：《河南程氏外書》卷第 3，《二程集》（北京：中華書局，2004
　　　　年 2 月），頁 369。

〔註227〕歐陽脩：〈與梅聖俞書 30〉，《歐陽脩全集》，頁 2459。

〔註228〕歐陽脩：〈蘇氏四六〉，《歐陽脩全集》，頁 1983。

文以「文粹」與「道純」兩部分，分別說明其作為「本」的思維內涵與作為「末」的理想呈現。由於是一體的關係，自難完全切割，因此在論述過程中難免會涉及到另一部份的觀點，但此正說明了「文」與「道」存在著不可否定的整體性。至於，這樣的整體性，即是延續著韓愈所開啓之主體性而續有發展。有關此點，從宋儒背棄悲戚的一面而展現「樂」的主體精神可見一斑。

　　此外，對應於歐陽脩學術精神的明晰，其所面對之詩文革新的時代課題，亦可釐清其中的糾葛。簡要言之，不論是太學新體，或者是太學體，都只是宋儒在回歸三代去除五代卑弱之氣的過程中，一種短暫的歧出現象，是剽竊模仿之俗儒所為，並無發展可言。換言之，從天聖到嘉祐，原本就是一個契接韓愈，彰顯價值與凸顯主體的完整區段。從這個角度來說，當錢穆云：「故苟為古文，則必奉韓柳為開山之祖師。明代前後七子，不明此義，意欲陵駕二公，再復秦漢之古，則誠無逃於妄庸之誚爾。」〔註229〕在「純文學的發展」視野外，為何宋代古文只能夠溯及到韓愈，此應是一個合宜的理解方式。

〔註229〕錢穆：〈雜論唐代古文運動〉，《中國學術思想史論叢（四）》（臺北：東大圖書股份有限公司，1991年4月），頁53。

第七章　從文道觀看王安石對韓學之詮釋及其思維內涵

　　韓愈學術的價值精神，經過了歐陽脩的重契之後，開啓了宋代展現主體之價值與精神的學術取向。此後，延續韓愈與歐陽脩的學術思維，而有進一步的開展，要屬王安石、蘇軾與二程。當然，精彩的學術內涵必然引起廣泛的迴響，是以形成了所謂的新學、蜀學與洛學。〔註1〕以下各章及分別進行討論。

　　王安石，字介甫，號半山，撫州臨川人，在慶曆二年時已進士及第，並且到了嘉祐年間開始享有盛名〔註2〕，尤其期間寫作的《淮南雜說》，不僅引起了廣泛的關注，更具有一家學術的雛形，顯示出在學術上獲得重視是要早於蘇軾與二程的。〔註3〕此外，王安石憑藉著神宗對他的信賴，成功的將自身

〔註1〕　島田虔次在〈宋學的展開〉中指出，從歐陽脩門下誕生的兩個門派——「新學」與「蜀學」，「與二程的『道學』三足鼎立，又彼此競爭，承接慶曆正學開創了時代學術史上一個全新的局面。」即以三者爲並世共存的學術走向。文收氏著、鄧紅譯《中國思想史研究》（上海：上海古籍出版社，2009 年 8 月），頁 257～258。然而，如錢穆將王安石置於初期宋學中，視爲二程前之「押陣大將」的說法，論者亦多有認可，詳見氏著〈初期宋學〉，《中國學術思想史論叢（五）》（臺北：東大圖書股份有限公司，1991 年 8 月），頁 5～13。

〔註2〕　張方平：「嘉祐初，王安石名始盛，黨友傾一時，其命相制曰：『生民以來數人而已。』造作言語，至以爲幾於聖人。」見張方平：〈文安先生墓表〉，《全宋文》第 19 冊，頁 629。

〔註3〕　王安石生平見脫脫等：《二十四史・宋史》卷 327，頁 2690～2692。至於《淮南雜說》的討論，鄧廣銘即認定在當時確實起了原道德之意，規性命之說的

的學術推行開來，並首先成爲了宋學的主流學術。因此，本章將先以王安石爲討論的對象。探究的內容，主要包含兩個面向：首先，是有關於如何理解韓愈之文與道的問題；其次，是相對於這樣的理解，王安石的學術開展出何種新的意蘊呢？以下詳述之。

第一節　直取韓心：王安石對韓愈文道觀的理解與轉化

　　韓愈學術經過了一段時間的沈寂之後，在始於天聖學風的改變下，再次躍上學術舞台，尤其透過歐陽脩的重契，展現了迥然不同的意蘊。然而，在歐陽脩之後，後起之秀並非僅僅承襲著所得的成果，滿足於歐陽脩重契精神下的學術「梳理」，積極而開放性的「發明」，正多元的呈現出宋學的精彩。

　　王安石之於韓愈，正是屬於諸多「發明」者之一，但是在既有的論述中，關於其殊異性的觀點，多有從對立性的角度特意加以凸顯的情形。其中錢鍾書的說法，影響力當是最大，其云：「荊公於退之學術文章以及立身行事，皆有貶詞，殆激於歐公、程子輩之尊崇，而故作別調，『拗相公』之本色然歟。」並以爲這種全面性的批判，是從王安石才開始的。〔註4〕顯然，即將王安石與韓愈在學術觀點上呈現的殊異性，解讀成自覺的求異，且意味著影響深遠。當然，不一樣的聲音也會跟著出現。〔註5〕不過，從王安石及其新學在宋代政治與學術上具有的地位，尤其在北宋所具有的控制力，依理推論，韓愈的學術價值當轉趨沈寂，或者至少當隨著政治的起伏而有盛衰的差異，但實際上伴隨「非韓不學」而將詩文革新推向成功之後，如同盡心於古文創作上的穩定發展，韓愈學術在宋代也呈現出持續不斷的影響。是故處在學韓風尚的時

　　　導向作用。文見氏著《北宋政治改革家王安石》（石家莊：河北教育出版社，2002 年 1 月），頁 24～25。
〔註 4〕錢鍾書：《談藝錄》（北京：生活‧讀書‧新知三聯書店，2001 年 1 月），頁188～192。
〔註 5〕壽湧於〈王安石文宗韓愈淵源考〉一文中即從構思立意與語言藝術論證「韓文爲王文的淵源」。文見《撫州師專學報》總第 43 期（1994 年 12 月），頁 18～22。傅明善〈荊公詆韓略論〉一文即從發展的角度說明王安石韓愈觀的變化。見《周口師範高等專科學校學報》第 19 卷第 3 期（2002 年 5 月），頁 1～5。

代裡，王安石究竟如何看待韓愈的學術價值，是理性的轉化呢？還是一味的拒斥呢？是值得深入探究的。以下即根據所得資料作仔細的梳理。

一、王安石對於韓愈的態度

　　有關王安石對於韓愈所持有之態度的討論，歷來多聚焦在兩首詩作上，其一是〈韓子〉，詩文為：

> 紛紛易盡百年身，舉世何人識道眞。力去陳言夸末俗，可憐無補費精神。〔註6〕

其次，即是〈奉酬永叔見贈〉，詩文為：

> 欲傳道義心猶在，強學文章力已窮。他日若能窺孟子，終身何敢望韓公。摳衣最出諸生後，倒屣嘗傾廣座中。祇恐虛名因此得，嘉篇爲貺豈宜蒙。〔註7〕

平易的用語，清楚地將王安石對於韓愈的觀點呈現了出來。然而，誠如王安石所云學者多不求「意」、「指」，因此在詮釋與理解上就產生一些糾葛。

　　以〈韓子〉來說，如《後山詩話》云：

> 荊公詩云：「力去陳言夸末俗，可憐無補費精神。」而公文體數變，暮年詩益工，用意益苦，故知言不可不慎也。〔註8〕

以「文體數變」來質疑王安石對韓愈的批判，間接地透露出關於〈韓子〉的解讀面向。《聞見後錄》亦云：

> 王荊公以「力去陳言夸末俗，可憐無補費精神」，薄韓退之矣。然「喜深將策試，驚密仰簷窺」；又「氣嚴當酒暖，灑急聽窗知」：皆退之雪詩也。荊公詠雪則云：「借問火城將策試，何如雲屋聽窗知。」全用退之句也。去古人陳言以爲非，用古人陳言乃爲是邪？〔註9〕

此處明顯指出王安石的態度是「薄韓退之」，不過從接續的論述來看，可知理解的層面同樣是界定在文學的呈現技巧上。另外，黃震（東發，1213～1280）云：

> 臨川王氏嘗爲詩以譏昌黎曰：「紛紛易盡百年身，舉世無人識道眞。

〔註6〕 王安石：〈韓子〉，《王臨川全集》（臺北：世界書局，1988 年 10 月），頁 193。

〔註7〕 王安石：〈奉酬永叔見贈〉，《王臨川全集》，頁 116。

〔註8〕 陳師道：《後山詩話》，何文煥輯：《歷代詩話》（北京：中華書局，2001 年 11 月），頁 304。

〔註9〕 邵博：《邵氏聞見後錄》（北京：中華書局，1997 年 12 月），頁 145。

力去陳言誇末俗，可憐無補費精神。」然世未有以其言爲然者也。⋯⋯
今臨川譏其無補枉費精神者，蓋其溺於異端之學所見然也，不足疵
昌黎也。且王氏雖習異端，初未嘗槁馘山林恪守朴陋，求其所謂道
之眞者，亦不過費竭精神從事文墨，正欲學爲昌黎而特未至耳，奈
何身自爲之而反以譏人邪？〔註10〕

黃震的看法顯得特別而且相對深入。他分別從學術思想與寫作呈現兩個面向
來進行論述，前者認爲王安石的學術思維乃是「溺於異端之學」，因此對於韓
愈所進行的批判根本無法產生實質效應，後者則主客易位，直接質疑王安石
是「學爲昌黎而特未至」，才是流於「從事文墨」的寫作呈現。這樣的闡釋，
展現了重構韓愈學術價值之積極的一面。然而，或許是黃震是右翼朱子學，
本與王安石的學術有所扞格，是以仍流於表面的解讀，認爲〈韓子〉的寫作
只是「意」在譏諷而已。此外，黃震也指出王安石的看法並未獲得宋人的認
同。綜上所述，可知學者乃是將〈韓子〉理解爲王安石對於韓愈之不滿的表
述，同時亦是屬於言行不一的展現。

其次，就〈奉酬永叔見贈〉來說，《避暑錄話》云：

王荆公初未識歐文忠公，曾子固力薦之，公願得游其門，而荆公終
不肯自通。至和初，爲羣牧判官，文忠還朝始見知，遂有「翰林風
月三千首，吏部文章二百年」之句。然荆公猶以爲非知己也，故酬
之曰：「他日倘能窺孟子，此身安敢望韓公」，自期以孟子而處公以
韓愈，公亦不以爲歉。〔註11〕

葉夢得清楚的記述了兩人在詩文酬贈上的經過，而「自期以孟子而處公以爲
韓愈」的闡釋，亦有助於詩文的理解，但是詩作中經由比興手法所撐開的想
像空間，通常在融入解讀者的視野後，就產生了詮釋的異變。此處，「公亦不
以爲歉」一語，似乎就蘊含了葉夢得的理解。何以如此說呢？在回答這個問
題前，試觀與其相關的論述。如《能改齋漫錄》指出：

韓子蒼言：歐陽文忠公寄荆公詩云：「翰林風月三千首，吏部文章二
百年。」吏部，蓋謂南史：「謝朓于宋明帝朝，爲尚書吏部郎，長五
言詩。」沈約嘗云：「二百年來，無此詩」也。文忠之意，直使謝朓

〔註10〕 黃震：《黃氏日抄》卷59，《景印文淵閣四庫全書》第708冊（臺北：臺灣商
務印書館，1986年3月），頁486～487。以下引書以《四庫》簡稱之。

〔註11〕 葉夢得：《避暑錄話》，見朱易安、傅璇琮等主編《全宋筆記》第二編（鄭州：
大象出版社，2006年1月），頁274。

事。而荊公答之曰：「他日若能窺孟子，終身安敢望韓公。」則荊公
之意，竟指吏部為退之矣。〔註12〕

又，《猗覺寮雜記》則云：

> 歐陽永叔贈介甫云：「翰林風月三千首，吏部文章二百年。」介甫答
> 云：「他日若能窺孟子，終身何敢望韓公。」議者謂介甫怒永叔以退
> 之相比，介甫不知二百事乃南史謝朓吏部也，沈約見其詩云：「二百
> 年來無此詩。」以介甫為誤。以余考之，歐公必不以謝比介甫，介
> 甫不應誤以謝為韓也。孫樵與高錫望書曰：「唐朝以文索士，二百年
> 間，作者數十輩，獨高韓吏部。」歐公用此耳，介甫未嘗誤認事也，
> 見孫樵集。〔註13〕

參照兩則論述，可知討論的焦點，乃是鎖定歐陽脩所謂的「吏部」，這可以說
是衍生出的子議題，要進行分辨其實是極其簡易的，不僅歐陽脩的文章中即
存有「韓氏之文沒而不見者二百年，而後大施於今。」〔註14〕的用語，從宋
人作詩特重傳意的角度來說，「吏部」若為謝朓（玄暉，464～499），尚有深
意否？則答案將不辨自明。之所以會產生如是疑義，要之，目的即是為了貶
低王安石。試觀歐陽脩所作〈贈王介甫〉，詩云：

> 翰林風月三千首，吏部文章二百年。老去自憐心尚在，後來誰與子
> 爭先。朱門歌舞爭新態，綠綺塵埃試拂弦。常恨聞名不相識，相逢
> 尊酒盍留連。〔註15〕

從整首詩所呈現的詩意，讓人感受到的是歐陽脩的誠摯企盼與期許。面對長
輩如是的態度，王安石應該如何表達呢？葛立方指出：

> 歐公贈介甫詩云：「翰林風月三千首，吏部文章二百年。」可謂極其
> 褒美。世傳介甫猶以歐公不以孔孟許之為恨，故作報詩云：「他日若
> 能窺孟子，終身何敢望韓公。」恐未必然也。嘗讀曾子固集，見子
> 固與介甫書云：「歐公更欲足下少開廓其文，勿謂造語及模擬前人。
> 孟韓文雖高，不必似之，但取其自然。」蓋荊公之文，因子固而受

〔註12〕吳曾：〈吏部文章二百年〉，《能改齋漫錄》（上海：上海古籍出版社，1979年
　　　　11月），頁61。
〔註13〕朱翌：《猗覺寮雜記》卷上，《四庫》第850冊，頁454。
〔註14〕歐陽修：〈記舊本韓文後〉，《歐陽修全集》（北京：中華書局，2009年1月），
　　　　頁1057。
〔註15〕歐陽脩：〈贈王介甫〉，《歐陽修全集》，頁813。

於歐公者甚多，則知介甫歸附歐公，非一日也。葉少蘊以謂荊公自
期於孟子，而處歐公以韓愈，恐未必然爾。〔註16〕

所謂「世傳」，其中當然就包括了如《能改齋漫錄》所述「荊公不以退之為
是」的說法。〔註17〕針對這樣的流俗傳說——王安石非禮回應歐陽脩的「褒
美」與對韓愈輕蔑，引文中兩處「恐未必然」的用語，充分顯示出葛立方的
質疑，不過卻也沒有提出合宜的解釋以澄清似是而非的言論。〔註18〕怎麼理
解才顯得妥當呢？試著由一個成功的對話來進行思考，則在歐陽脩的期許與
王安石的明志間所以造成之對話的不協調現象，關鍵即在於對韓愈與孟子的
角色是如何認定的。

　　將關注的焦點鎖定在韓愈與孟子身上，重新對王安石〈奉酬永叔見贈〉
一詩進行理解，可以發現當調整對韓愈與孟子在價值上的認定，詩意就會產生
了變化。換言之，改變孟子優於韓愈的既有思維，以韓愈優於，或者是不亞
於孟子的角度來進行理解，則王安石的詩就不會顯得如此突兀了。如是，有待
澄清的問題將是：當時的孟子與韓愈，兩者的價值與地位究竟如何呢？

　　孟子在儒學的發展史上地位產生重大的變化乃是從韓愈開始，而在宋代
獲得了貞定，其中得以成就的重要推手當然就是王安石了。至於韓愈，從宋
初以來，在稽古思維的趨向底下，就一直備受關注，雖然受到西崑體的影響，
一度遭受挫折，不過在化顯為隱的情形下，經由「元和風尚」的思維明晰，
最終成就了歐陽脩等人之學術精神的重契，從而展現其不可撼動的價值與地
位。將兩個學術發展的趨勢結合來看，可以發現亟待澄清的時間點，正是處
於兩者交錯難分軒輊的時候。依據孫覺（莘老，1028～1090）的表述：「自慶
曆以來三十餘年之間，朝廷以古文相尚。」〔註19〕合之以陳舜俞（令舉，？
～1074）的敘述：「當是時，天下之士學為古文，慕韓退之，排佛而尊孔子，
東南有章表民、黃聲隅、李泰伯，尤為雄傑，學者宗之。」〔註20〕則年近四
十之李覯的說法當極具參考價值，其云：「今之學者，誰不為文？大抵摹勒孟

〔註16〕葛立方：《韻語陽秋》卷18，《歷代詩話》，頁630。

〔註17〕吳曾：〈荊公不以退之為是〉，《能改齋漫錄》，頁278～279。

〔註18〕對此郭重陽即認同葛立方而辨析葉夢得之說的不實，不過論述僅至推翻王安
　　　　石狂妄之說與宋人視孟韓無高下之分而已。文見〈荊公自比孟子考〉，《才智》
　　　　2008年第23期，頁184。

〔註19〕孫覺：〈婺源縣建學記〉，《全宋文》第37冊，頁30。

〔註20〕陳舜俞：〈明教大師行業記〉，《全宋文》第36冊，頁98。

子，劫掠昌黎。若爲文之道止此而已，則但誦得古文十數篇，拆南補北，染舊作新，盡可爲名士矣。何工拙之辨哉？觀之施爲，異於是矣。」〔註21〕由是可知，慶曆之後以韓愈爲宗的取向顯得特別的鮮明，而孟子也同樣具有不可漠視的地位，因此才會造成學者流於「摹勒孟子，劫掠昌黎」之形似追求的兩大弊病。舉例來說，尹洙——深爲歐陽脩推崇的古文作家——在〈送李侍禁序〉中即具體揭示學孟、韓文以至聖人之道的思維。〔註22〕王安石對此應是有所認可的，其詩云：「少時已感韓子詩，東西南北俱欲往。」〔註23〕又云：「揚雄尙漢儒，韓愈眞秦俠。」〔註24〕都可看到對於韓愈的肯定，至於有詩云：「韓公既去豈能追，孟子有來還不拒。」〔註25〕合之以曾鞏傳達的建議——「孟、韓文雖高，不必似之，但取其自然。」——來看，正可說明王安石對於韓愈與孟子實有其共許的一面。

　　很清楚地，在當時具有卓越見識的儒者眼中，韓愈與孟子是緊緊相繫的一組概念，具有近似的價值意蘊，並不存在對立思維下之抑揚取捨的問題。假使定要加以進行區別，則其間存在的或許可以視爲是主從的關係：以韓愈爲主，而孟子爲輔。如柳開即云：「先生于時作文章，諷頌規戒，答論問說，淳然一歸于夫子之旨而言之，過於孟子與揚子雲遠矣。」〔註26〕韓愈顯然比孟子具有更加重要的價值與地位，當然柳開的學術是有階段性的轉進，但是依據其弟子張景所云：「先生生于晉末，長于宋初。拯五代之橫流，扶百世之大教，續韓、孟而助周、孔，非先生孰能哉！」〔註27〕韓愈依然佔有重要地位，尤其此間呈現出一個令人關注的現象，即是：有別於隱含傳承之意，依據時間先後爲稱的「孟、韓」用語，此時採用「韓、孟」的連稱，當存有時代的殊異性見識。此後諸如石介云：「吾常思得韓、孟大賢人出，爲薙去其荊棘，逐去其狐狸，道大闢而無荒磧，人由之直之於聖，不由徑曲小道。」〔註28〕又云：「余不敢厠吏部於二大聖人之間，若箕子、孟軻，則余不敢後吏

〔註21〕李覯：〈答黃著作書〉，《李覯集》（臺北：漢京文化事業有限公司，1983 年 10月），頁 324。

〔註22〕尹洙：〈送李侍禁序〉，《全宋文》第 14 冊，頁 365。

〔註23〕王安石：〈寄正之〉，《王臨川全集》，頁 36～37。

〔註24〕王安石：〈再用前韻寄蔡天啓〉，《王臨川全集》，頁 8。

〔註25〕王安石：〈秋懷〉，《王臨川全集》，頁 63。

〔註26〕柳開：〈昌黎集後序〉，《全宋文》第 3 冊，頁 651～652。

〔註27〕張景：〈河東先生集序〉，《全宋文》第 7 冊，頁 311。

〔註28〕石介：〈與裴員外書〉，《徂徠石先生文集》（北京：中華書局，1984 年 7 月），

部。」〔註29〕又云：「上宗周、孔，下擬韓、孟。」〔註30〕即將「韓、孟」連稱的意蘊清楚地表述了出來；天聖八年時，文彥博亦有云：「夫子之德之尊，韓、孟之言詳矣。」〔註31〕也是運用了「韓、孟」的稱述方式；蘇轍於策問中亦有云：「夫韓、孟之賢不過於孔子，而楊朱、浮屠之害無異於老子。或釋而不問，或排而不置，其說安定在？」〔註32〕「韓、孟」的連稱，與蘇洵並取的稱述──「孟、韓之溫淳」〔註33〕，呈現出兩種不同的面貌。此外，韓琦於策問云：「孔子沒，能傳其道者，孟、荀、揚、王、韓五賢而已矣。其著書立言，與六經相左右，執卷者皆知之矣。……文公去聖最遠，卓然奮起，與四賢者并驅而爭先，排斥佛老，而躬踐其言，後世無加焉。五賢之事業，於孔子之道，固其先後。子大夫明乎先聖之術，願次其優劣，著之於篇，毋讓。」〔註34〕將五賢的優劣作爲學術論述的議題，可見當時儒者對於五賢之價值地位的貞定尚未取得共識，然而所謂「與四賢者并驅而爭先」與「後世無加」的提點，似乎暗示著策問者的思維取向。至於，企圖爲佛教開拓生存空間的釋契嵩，則在與章表民的文章中指出：「苟發之未已，將大發之，掀天地，揭日月，則韓也、孟也，不謂無其徒矣。」〔註35〕當在不同領域之論述者的言論中，看到了近似的用語，雖然這樣的借用應當失去原有的價值精神，但此處卻正好得以印證當時的認知狀態。由是而言，可知在慶曆到嘉祐年間，韓愈是比孟子較受儒者所尊崇的。尤其，當被譽爲「今之韓愈」的歐陽脩，在學術上展現巨大影響力的時刻，正是在嘉祐時期，則孟子要躍居至韓愈之上，應是仁宗以後的事了。

綜上所述，可知韓愈在當時的評價應是高過於孟子，但其間並不存在抑

頁 191。

〔註29〕 石介：〈讀原道〉，《徂徠石先生文集》，頁 78。

〔註30〕 石介：〈泰山書院記〉，《徂徠石先生文集》，頁 224。

〔註31〕 文彥博：〈絳州翼城縣新修至聖文宣王廟碑記〉，《全宋文》第 16 冊，頁 55～56。

〔註32〕 蘇轍：〈私試進士策問二十八首〉，蘇轍著；陳宏天、高秀芳校點：《蘇轍集》（北京：中華書局，1990 年 8 月），頁 285。

〔註33〕 蘇洵：〈上田樞密書〉，曾棗莊、金成禮箋註：《嘉祐集箋註》（上海：上海古籍出版社，2001 年 4 月），頁 319。蘇洵於文甚推孟、韓，故由此而入，進而可能影響到蘇軾與蘇轍。見〈上歐陽内翰第一書〉（《嘉祐集箋註》，頁 329～330）與〈上張侍郎第一書〉（《嘉祐集箋註》，頁 346）。

〔註34〕 韓琦：〈策問〉，《全宋文》第 20 冊，頁 342。

〔註35〕 釋契嵩：〈與章表民祕書書〉，《全宋文》第 18 冊，頁 527。

揚對立的區分意識，而是被視爲具有共同的思維趨向來進行理解，王安石當亦秉持這樣的觀點。依此，復觀王安石的詩，所謂「韓公」應是一語之雙關，一方面指韓愈，另一方面也是指歐陽脩。由於孟子未有凌駕韓愈的價值地位，則所謂「他日若能窺孟子，終身何敢望韓公」一語，對於一個「後來」的王安石來說，這樣的陳述應無失當。至於，「道義」與「文章」的區分，看似帶有取捨抑揚的意味，實則可以從兩個面向來看，一是順勢表達自我洞悉內在的價值乃在於道義而非徒具形式之文章的「似之」而已，一是指出自身仍保有傳承聖人之道的志向，但若要達到具有價值的文章呈現，則謙遜的表示出恐怕力有未逮之意。〔註36〕總之，「文章」與「道義」並非是截然二分的去取關係，這由王安石賦予「文」的特殊意涵就可以看到，此點容後再述。順此，有關〈韓子〉的解讀，試著由涵攝的角度來進行思考，王安石應是看到了韓愈踐行聖人之道的努力，只是在「舉世何人識道眞」的孤寂當中，以「力去陳言」的方式展現出異於流俗之特立的自我，最終並未取得具體的成效。換言之，以惋惜之意來解讀似乎比譏諷來得恰當。

　　由上所述，可知學者或囿於宋代以後孟子的崇高地位，或囿於對於王安石的既有偏見，因此在詮釋與理解上就產生了一些扞格。如同王安石所主張的，必須追尋其中存在的「意」，乃能適切掌握其中的內涵。對於韓愈，王安石的表述，同樣具有深刻的意蘊，即使是批判性語言，也並非只是純粹的譏諷與否定而已，更何況其間尚有正面的評價。以下即具體針對王安石涉及韓愈的論述進行解析。

二、王安石對於韓愈學術之關注的面向

　　審視王安石的詩文，其中提及韓愈的作品，約略有十九篇〔註37〕，爲數不算多，但是涉及到的觀點，卻與王安石之學術的核心思想有著緊密的關聯。因此，透過對於這些作品的具體分析，不僅可以看到王安石關注韓愈的面向，更可以瞭解到王安石學術的思維取向。

〔註36〕 吳小林對此的解讀即是：「在表面的自謙中，實際以孟子、韓愈自期。他不但肯定孟、韓的『道』，而且仰慕孟、韓的『文』。」文見〈論王安石的散文美學思想〉，《江西社會科學》1994 年第 12 期，頁 115。

〔註37〕 現今討論各時代有關韓愈的理解，通常會取用吳文治所編的《韓愈資料彙編》，大體而言資料的蒐集確實非常豐富，但是尚有些許遺漏的地方。以王安石的部分來說，只蒐錄了七則。見《韓愈資料彙編》（北京：中華書局，2004 年 1 月），頁 126～130。

（一）「文」的觀點

透過對於韓愈的論述，可以看到王安石有關對於「文」的界定，其呈現的內涵主要有兩個：一是，「文道相濟」的思維；二是，「文有本意」的思維。

首先，就「文道相濟」的思維來說，王安石云：

> 數日前辱示樂安公詩石本及足下所撰〈復鑑湖記〉，啓封緩讀，心目開滌，詞簡而精，義深而明，不候按圖而盡越絕之形勝，不候入國而熟賢牧之愛民，非夫誠發乎文，文貫乎道，仁思義色，表裏相濟者，其孰能至於此哉？……某幸觀樂安、足下之所著，譬由笙磬之音，圭璋之器，有節奏焉，有法度焉，雖庸耳必知雅正之可貴、溫潤之可寶也。仲尼曰：「有德必有言。」「德不孤，必有鄰。」其斯之謂乎？昔昌黎爲唐儒宗，得子壻李漢，然後其文益振，其道益大。〔註38〕

論述雖然不是爲了闡釋韓愈的文學思維，但是透過以韓愈與李漢爲喻的陳述方式，可知王安石是認可他們在「文」與「道」方面所展現出的取向。不過，在「有德必有言」之文道爲一的大方向下，王安石仍然有其特殊的見解。經由引文的論述，可知「文貫乎道」是王安石的核心觀念，雖然用語與李漢所云：「文者，貫道之器也。」〔註39〕近似，但立足點卻是具有顯著的差異，一個是由道而有文的整體性，另一個是因文而使道的整體性得以展現，尤其「誠發乎文」一語，將主體性納入視野之中，與韓愈「修其辭以明其道」的思維更顯貼近，而「表裏相濟」一語，將「文」與「道」視爲共成的兩大要素，亦可見其不偏廢的整體性觀點。

其次，就「文有本意」的思維來說，王安石云：

> 嘗謂文者，禮教治政云爾。其書諸策而傳之人，大體歸然而已。而曰：「言之不文，行之不遠」云者，徒謂「辭之不可以已也」，非聖人作文之本意也。自孔子之死久，韓子作，望聖人於百千年中，卓然也。獨子厚名與韓並。子厚非韓比也，然其文卒配韓以傳，亦豪傑可畏者也。韓子嘗語人以文矣，曰云云，子厚亦曰云云。疑二子

〔註38〕王安石：〈上邵學士書〉，李之亮箋注《王荊公文集箋注》（成都：巴蜀書社，2005 年 4 月），頁 1327。

〔註39〕李漢：〈唐吏部侍郎昌黎先生韓愈文集序〉，見姚鉉編：《唐文粹》（臺北：臺灣商務印書館股份有限公司，1968 年 6 月），頁 1450。

> 者，徒語人以其辭耳，作文之本意，不如是其已也。孟子曰：「君子
> 欲其自得之也。自得之，則居之安；居之安，則資之深；資之深，
> 則取諸左右逢其原。」孟子之云爾，非直施於文而已，然亦可託以
> 爲作文之本意。且所謂文者，務爲有補於世而已矣。所謂辭者，猶
> 器之有刻鏤繪畫也。誠使巧且華，不必適用；誠使適用，亦不必巧
> 且華。要之以適用爲本，以刻鏤繪畫爲之容而已。不適用，非所以
> 爲器也。不爲之容，其亦若是乎否也？然容亦未可已也，勿先之，
> 其可也。〔註40〕

此篇文章是探究王安石文學思維的重要資料，因爲他在這裡非常清楚地將文學的內涵揭示了出來。然而，即使再簡明的語言，經過了再次的理解與詮釋，總會發生一些變化。這是詮釋的局限，卻也是它可貴的地方。所以可貴，即是經由再次的理解與詮釋，不僅可能涵攝了原有的精神內涵，更有機會進一步展現其未明或未形的意義。以此篇文章來說，論者多將關注的焦點鎖定在「禮教治政」上，透過與「用」的結合來論斷王安石的文學觀。不可否認，王安石的論述，確實呈現了這樣的一個解讀面向。但是否適切呢？試著重新拆解王安石的論述，可見：「禮教治政」與「有補於世」前後雖有著明確的相應關係，但是「且」字的用語是耐人尋味的，尤其在經過反覆的辨明之後思維的核心乃是收束在孟子的說法，也就是所謂的「作文之本意」。由是而言，王安石的表述實是具有兩層的思維，一是具體說明文學的呈現擁有「禮教治政」與「有補於世」的性質和作用，一是闡發其中蘊含的價值根本——「自得」。有「意」則有「用」，有「用」則「意」在其中，此兩者是表裡相濟的關係。順此，當王安石稱「自孔子之死久，韓子作，望聖人於百千年中，卓然也。」可知所謂「徒語人以其辭耳」，並非是批判韓愈的不足，而是如同辨別聖人之言一樣，要告知學者當如何看待始是適切的理解。顯然，王安石是從順成的角度來進行調適與理解。因此，對於王安石來說，韓愈確實具有重要的意義。

（二）主體的思維

與韓愈強調「有得」之「能自樹立」的價值精神相應〔註41〕，如上所述，諸如「誠發乎文，文貫乎道」與孟子之「自得」，都蘊含著對於主體性的關注。

〔註40〕 王安石：〈上人書〉，《王荊公文集箋注》，頁 1362～1363。
〔註41〕 韓愈：〈答劉正夫書〉，《韓昌黎文集校注》，頁 207。

除此之外，王安石亦有云：

> 今先生過引孟子、柳宗元之說以自辭。孟子謂「人之患在好為人師」者，謂無諸中而為有之者，豈先生謂哉！彼宗元惡知道？韓退之毋為師，其孰能為師？天下士將惡乎師哉？夫謗與譽，非君子所恤也，適於義而已矣。不曰適於義，而唯謗之恤，是薄世終無君子……。〔註42〕

顯然，王安石是不認同柳宗元的，所以才會直接採用否定的語言來進行表述。相反地，對於孟子，王安石即透過文「意」的闡發，化解在表象上存有的疑慮，重新明晰其思維的內涵。由是，當論及韓愈，肯定其足以為「人師」，代表了對於「有諸其中」的認可，尤其君子適於義的說法，正與韓愈的觀點兩相契合。〔註43〕又，王安石有云：

> 時然而然，眾人也；已然而然，君子也。已然而然，非私已也，聖人之道在焉爾。……時乎楊、墨，已不然者，孟軻氏而已。時乎釋、老，已不然者，韓愈氏而已。如孟、韓者，可謂術素脩而志素定也，不以時勝道也，……嗚呼！予觀今之世，圓冠峩如，大裙襜如，坐而堯言，起而舜趨，不以孟、韓之心為心者，果異眾人乎？予官於揚，得友曰孫正之。正之行古之道，又善為古文，予知其能以孟、韓之心為心而不已者也。〔註44〕

王安石在此雖採用「孟、韓」的稱述方式，與當時「韓、孟」的稱法存有差異，但從論述的內容來看，以韓愈之於釋、老，視同孟子之於楊、墨，皆是屬於「術素脩而志素定」的君子，可知其中並未具有優劣抑揚的含意。由是，王安石透過孟子與韓愈所看到的是「已然而然」之自我主體的彰顯，而這個主體，是「聖人之道在焉」的主體。換言之，所謂「以孟、韓之心為心」，就是要凸顯出價值之主體性的重要，當然這與二程的關懷是有所區別的。

（三）「道」的內涵

除了上述兩個面向之外，另一個與之緊密相關，且是宋儒探究的核心焦

〔註42〕王安石：〈請杜醇先生入縣學書 2〉，《王荊公文集箋注》，頁 1375～1376。
〔註43〕韓愈：〈答尉遲生書〉：「夫所謂文者，必有諸其中，是故君子慎其實。」見《韓昌黎文集校注》，頁 145。至於〈伯夷頌〉有謂：「士之特立獨行適于義而已，不顧人之是非、皆豪傑之士，信道篤而自知明者也。」見《韓昌黎文集校注》，頁 65。
〔註44〕王安石：〈送孫正之序〉，《王荊公文集箋注》，頁 1633～1634。

點──「道」，也可以在有關韓愈的表述中窺見王安石的思維內涵。依據王安石的論述，可以看到這部分是有很明顯的針對性與批判性。王安石云：

> 語道之全，則無不在也，無不爲也，學者所不能據也，而不可以不心存焉。道之在我者爲德，德可據也。以德愛者爲仁，仁譬則左也，義譬則右也。德以仁爲主，故君子在仁義之間，所當依者仁而已。……韓文公知「道有君子有小人，德有凶有吉」，而不知仁義之無以異於道德，此爲不知道德也。……言各有所當，非相違也。〔註45〕

針對韓愈在〈原道〉中的表述，析分儒家的道德與老子的差異在於是否「合」仁義而言之，王安石認爲這種將道德與仁義分開來論述的觀點就是「不知道德」的表現。王安石認爲「道」雖然具有廣闊深厚的意蘊，是人所不能據守的，但與「道」同質相應，落在人身上的「德」，則是人可以據守的，而作爲「德」的具體內涵，即是儒家的「仁」與「義」，因此道德與仁義在本質上是相通，並無所謂「虛位」與「定名」的差異。尤其，在此觀點下，王安石指出各家的說法都有其的當之處，並沒有實質上的相互違逆，這顯示出他在衡量各家說法時所採取之獨特的理解角度──透過詮釋的方式以統攝眾說。由此可見，王安石的體認與韓愈只是處於價值的分判是存有明顯的進展，尤其在「道」的思維上，已呈現出對形而上的覺知，所謂「無不在」、「無不爲」與「不能據」即是。又，王安石云：

> 孔子曰：「性相近也，習相遠也」。吾是以與孔子也。韓子之言性也，吾不有取焉。〔註46〕

這是進入到主體的討論，可以清楚看到王安石對於性的看法是以孔子爲依歸，而不認爲韓愈之綜合諸家的論述是合於孔子的旨意，因此明示不取其言性的觀點。爲什麼韓愈的論述，王安石認爲不合於孔子的旨意呢？王安石對此有深入的闡釋，其云：

> 古之善言性者，莫如仲尼，仲尼，聖之粹者也。仲尼而下，莫如子思，子思，學仲尼者也。其次莫如孟軻，孟軻學子思者也。仲尼之言，載於《論語》。子思、孟軻之言，著於《中庸》而明於七篇。然而世之學者，見一聖二賢性善之說，終不能一而信之者何也？豈非惑於《語》所謂「上智下愚」之說與？噫，以一聖二賢之心而求之，

〔註45〕 王安石：〈答韓求仁書〉，《王荊公文集箋注》，頁1211～1212。
〔註46〕 王安石：〈性說〉，《王荊公文集箋注》，頁1091。

則性歸於善而已矣。其所謂愚智不移者，才也，非性也。性者，五
常之謂也；才者，智愚昏明之品也。欲明其才品，則孔子所謂「上
智與下愚不移」之說是也。欲明其性，則孔子所謂「性相近習相遠」、
《中庸》所謂「率性之謂道」、孟軻所謂「人無有不善」之說是也。
夫有性有才之分，何也？曰：性者，生之質也，五常是也，雖上智
與下愚，均有之矣。……揚雄、韓愈惑乎上智下愚之說，混才與性
而言之。〔註47〕

對於韓愈來說，揚雄關於性的觀點是具有藉鑑的作用，兩人觀點自有近似的
質素，王安石將兩者相提並論，應是合情合理的。然而，王安石確有真切的
認知，以爲兩人論性都是有所未明，所以才會受到「上智下愚之說」的牽引
而陷入到「混才與性」的謬誤當中。什麼是「混才與性」呢？王安石認爲孔
子的表述是有才、性的區別，當然承繼聖學的賢者——子思與孟子，也是持
有相同的見解。以性來說，王安石認爲即是孔子表述的「性相近習相遠」，意
指「生之質」，是任何人都必然存有的。以才而言，王安石認爲即是孔子表述
的「上智與下愚不移」，是指人具有小大、愚智、昏明的差異性。兩者的關係
是，性爲本源，才職具現，因此之所以有善惡的區別，乃是取決於才是否能
夠將性完善的具現出來。顯然，在王安石的思維裡，性與才分屬於兩個層次，
而揚雄與韓愈是從一個層次來進行思維。因爲是在同一個層次上思考，由王
安石的角度來說，當然就認爲有渾同不分的盲點存在。與此相關的論述，王
安石尚有云：

吾所安者，孔子之言而已。夫太極者，五行之所由生，而五行非太
極也。性者，五常之太極也，而五常不可以謂之性。此吾所以異於
韓子。且韓子以仁、義、禮、智、信五者謂之性，而曰天下之性惡
焉而已矣。五者之謂性而惡焉者，豈五者之謂哉？孟子言人之性善，
荀子言人之性惡。夫太極生五行，然後利害生焉，而太極不可以利
害言也。性生乎情，有情然後善惡形焉，而性不可以善惡言也。此
吾所以異於二子。……且諸子之所言，皆吾所謂情也、習也，非性
也。揚子之言爲似矣，猶未出乎以習而言性也。〔註48〕

〔註47〕王安石：〈性論〉，《全宋文》第33冊，頁21～22。文章輯自《聖宋文選》卷
20。
〔註48〕王安石：〈原性〉，《王荊公文集箋注》，頁1089。

「以習而言性」一語的含意，與「混才與性」是相通同的。不過，這一段文字與前面所引資料，顯然存在著矛盾與衝突，包括：「五常不可以謂之性」與「性者，五常之謂也」，以及對於孟子之看法的問題。〔註49〕如何理解呢？依前文所述，性與才是分屬於兩個層次，而善惡是在有「情」與「習」的狀態下才能夠顯現出來，這與才就同屬於一個層次的思維，因此作為善的「五常」，就不等於是性，在這裡王安石透過太極與五行間的關係，再一次清楚的將此思維模式展示出來。換言之，性是形而上之未有分別的本源，而善惡、五常是形而下的具體展現。然而，此形而上的本源，在王安石的思維裡，經由必然的具現，是有一個趨向，所謂「歸於善而已」即是。也就是說，當謂「五常不可以謂之性」，乃是指明其不可渾同的兩層性，而所謂「性者，五常之謂也」，是揭示其具現下的必然歸趨。由是而言，矛盾與衝突的產生，乃是起於未解其「意」之蘊含著不同指涉。至於對於孟子的看法方面，依據這個思維的模式來說，孟子的說法確實存有以善言性的扞格，但是仍無害於其間存有契合於孔子的觀點，畢竟王安石開宗明義已揭示了「吾所安者，孔子之言而已。」的認知。

　　以上由道德到才性的討論，可以看到王安石在走向主體的思維上是如此的深入。除此之外，與「性」緊密相關之「命」的議題，在有關韓愈的表述中也能看到其特殊的見解。王安石云：

> 足下詩有「歎蒼生垂淚」之說。夫君子之於學也，固有志於天下矣。然先吾身而後吾人，吾身治矣，而人之治不治，係吾得志與否耳。身猶屬於命，天下之治，其可以不屬於命乎？……而或以為君子之學，汲汲以憂世者，惑也。惑於此而進退之行不得於孔子者，有之矣，故有孔子不暇暖席之說。韓子亦以為言。吾獨以聖人之心，未始有憂。……孔子所以極其說於知命不憂者，欲人知治亂有命，而進不可以苟，則先王之道得伸也。……世有能論知命之說，而不能重進退者有矣。由知及之，仁不能守之也……。〔註50〕

詩文有「歎蒼生垂淚」一語，雖然體現了儒家悲閔的一面，不過王安石認為視「君子之學」為「汲汲以憂世」的觀點是盲目的，因為君子之學固然有志

〔註49〕　鄧克銘即認為〈性論〉與〈原性〉、〈性說〉、〈性情〉等文旨不合，是否為王安石定見存有疑義，文見氏著《宋代理概念之開展》（臺北：文津出版社有限公司，1993年6月），頁43。

〔註50〕　王安石：〈與王逢原書1〉，《王荊公文集箋注》，頁1296～1297。

於天下之治，但先吾身而後吾人，必先在知「天授諸人」之命後，始能使「侯奉上，卿奉官，士奉制，沒而後止」之達到「悉以禮義上下」的狀態〔註51〕，所以孔子才會極其說於「知命不憂」的觀點，這突破「命受分定」說的局限，而將「命」由「天」轉向到「人」的詮釋變化。〔註52〕由是而言，韓愈在〈爭臣論〉中的表述，就與王安石之「聖人之心，未始有憂」的觀點存在了差異性，但如同對《詩》中仍存有憂世之說的認知，以爲「孔子固有取而不爲也」，王安石並不因此而否定韓愈的價值。

此外，尚有兩篇與道有關而涉及到韓愈之識見的討論，其內容分別爲：

> 韓氏作〈讀墨〉，而又謂子夏之後，流而爲莊周，則莊、墨皆學聖人而失其源者也。〔註53〕

> 事有出於千世之前，聖賢辯之甚詳而明，然後世不深考之，因以偏見獨識，遂以爲說，既失其本，而學士大夫共守之不爲變者，蓋有之矣，伯夷是已。……故孔、孟皆以伯夷遭紂之惡，不念以怨，不忍事之，以求其仁，餓而避，不自降辱，以待天下之清，而號爲聖人耳。然則司馬遷以爲武王伐紂，伯夷叩馬而諫，天下宗周而恥之，義不食周粟，而爲〈采薇之歌〉。韓子因之，亦爲之頌，以爲微二子，亂臣賊子接迹於後世。是大不然也。〔註54〕

前者藉由韓愈的見解，闡釋了「莊、墨」與聖人之道間的關係，顯示了王安石對於韓愈在「道」之分辨上的肯定。至於後者，旨在辨明伯夷一事所蘊含的意義，顯然王安石認爲韓愈沿襲了司馬遷的謬誤，致使失去「本」在求「仁」的意旨而流爲「偏見獨識」的闡釋，即使是這樣的闡釋仍導向於正面的思維，在理有不存的狀態下，亦難見其眞切的價值。兩者取捨明顯不同，不過在王安石透過韓愈以展現觀點之時，本身所呈現出之具有一家的思維系統性則是一致的。

綜上所述，可知王安石並未苛求韓愈從而全盤否定其價值，雖然論辯中時有觀點的歧異，但在整體上對於韓愈學術的走向抱持著肯定的態度，應是

〔註51〕王安石：〈性命論〉，《王荊公文集箋注》，頁2172。

〔註52〕王安石：〈對難〉，《王荊公文集箋注》，頁1095～1096。有關「命」的討論，如文中所云，尚可參見〈楊孟〉一文，《王荊公文集箋注》，頁978～980。

〔註53〕王安石：〈答陳柅書〉，《王荊公文集箋注》，頁1383。

〔註54〕王安石：〈伯夷〉，《王荊公文集箋注》，頁964～965。

無庸置疑的。尤其，當王安石學術的核心觀點與韓愈的思維具有緊密的關係時，理性看待兩者間具有的連繫性關係，就顯得更加的重要。

三、意義的展開方式：以心求心

經由以上的討論，可以看到隨著關注議題的轉移，有關韓愈的討論也呈現出不同的樣貌，相對於歐陽脩來說，不僅探討的內容顯得新穎而深入，並且在詮釋的視野上呈現出巨大的轉變。大體而言，王安石這種思維的取向，即是站在尋求最為精深之義理的角度，採取「以心求心」的方式，將不同的論述呈現，融攝到自身的理論當中。因此，對於韓愈，在既推尊又批判的態度下，王安石可以說是以「直取韓心」的方式，將之涵納到自身所得的精義之中。

儒學傳道的統緒雖然由韓愈揭示開來，不過宋初以來儒者的反覆稱述確是具有形塑的作用。然而，真能銜接上韓愈所開啟的價值意義，則不得不待歐陽脩等人之重契。但是一個有趣的現象，或許是豪傑之士自有異於流俗，傳道統緒的說法，反而少有呈現於眾人的論述之中。從學術發展的角度來說，由於學術的視野不再局限於既有成果的貞定與重述，而是走向「所以然」的理性探尋，這意味著思維有了深入與突破的進展。承此思維趨向，王安石展開了自成一家的系統論述。王安石云：

> 先王所謂道德者，性命之理而已。其度數在乎俎豆、鐘鼓、管絃之間，而常患乎難知，故為之官師，為之學，以聚天下之士，期命辯說，誦歌絃舞，使之深知其意。〔註55〕

「道德」是作為一個儒者一生所要持續不斷地踐行的課題。面對此課題，王安石進行了理性的探問，揭開了與歐陽脩不同的思維取逕。王安石認為「道德」，就是所謂的「性命之理」，其意蘊就隱含在俎豆、鐘鼓、管絃之間。換言之，王安石在肯定具體踐行層面的價值，諸如俎豆、鐘鼓、管絃等，進一步指出「深知」其中所蘊含之「意」實是更為關鍵的問題。從這個角度來說，王安石對於韓愈的關注，主要的議題圍繞在「性命之理」的探究上，即可想見兩人學術的緊密相關性。

王安石既以「性命之理」為關注的核心，最終是如何建構起來的呢？如其所云「吾所安者，孔子之言而已。」與所有的儒者一樣，毫無例外的亦是

〔註55〕王安石：〈虔州學記〉，《王荊公文集箋注》，頁1556。

以孔子爲依歸，不過其中卻是蘊含著詮釋的變化。王安石云：

> 夫天下之事，其爲變豈一乎哉？固有迹同而實異者矣。今之人認認
> 然求合於其迹，而不知權時之變，是則所同者古人之迹，而所異者
> 其實也。事同於古人之迹而異於其實，則其爲天下之害莫大矣，此
> 聖人所以貴乎權時之變者也。……使孔子蔽於制禮之文而不達於制
> 禮之意，則豈所謂孔子哉？〔註56〕

考量到時空變異的因素，王安石將事情劃分成迹／外表與實／本質的來看，
認爲外在的事物隨時而變，適當的作爲／迹，就當依其本質／實而有相應的
轉變，這就是聖人所以貴「權時之變」的原因。即是基於此時變的看法，王
安石就將思維的焦點就鎖定在「實」的掌握上。如何進行掌握呢？王安石認
爲當穿透「文」而通達其「意」，「意」即是此「實」之所在。引文中王安石
即透過孔子，揭示不蔽於「文」而直取其「意」的重要性。其他，諸如：

> 臣以謂今之失，患在不法先王之政者，以謂當法其意而已。〔註57〕

> 予悲夫《洪範》者，武王之所以虛心而問，與箕子之所以悉意而言，
> 爲傳注者汩之，以至於今冥冥也，於是爲作傳以通其意。〔註58〕

> 嗚呼，禮樂之意不傳久矣！天下之言養生修性者，歸於浮屠、老子
> 而已。浮屠、老子之說行，而天下爲禮樂者，獨以順流俗而已。
> 〔註59〕

> 夫儒者之言善也，然未嘗求莊子之意也；好莊子之言者固知讀莊子
> 之書也，然亦未嘗求莊子之意也。〔註60〕

不論是在政事、經學、禮樂等方面，甚至是面對異於儒學的走向，諸如莊子，
都可見到王安石以「意」作爲關注焦點的現象，並且展現出自成一系的解讀
方式。王安石這種求「意」的取向，所以能夠滿足於「性命之理」的明晰，
關鍵當即是在其切入的方式，王安石云：

> 嗚呼！予觀今之世，圓冠戴如，大裙襜如，坐而堯言，起而舜趨，
> 不以孟、韓之心爲心者，果異眾人乎？予官於揚，得友曰孫正之。

〔註56〕 王安石：〈非禮之禮〉，《王荆公文集箋注》，頁 1059～1060。
〔註57〕 王安石：〈上仁宗皇帝言事書〉，《王荆公文集箋注》，頁 22。
〔註58〕 王安石：〈書《洪範傳》後〉，《王荆公文集箋注》，頁 1196。
〔註59〕 王安石：〈禮樂論〉，《王荆公文集箋注》，頁 1037。
〔註60〕 王安石：〈莊周上〉，《王荆公文集箋注》，頁 1084。

　　　　正之行古之道，又善爲古文。予知其能以孟、韓之心爲心而不已者

　　　　也。〔註61〕

這是王安石在慶曆二年時所寫的文章，根據內容所述「圓冠裳如，大裾襜
如，坐而堯言，起而舜趨」的風氣，可見當時學趨古道的大方向已然成形。
不過，這同時也令王安石感到不安，原因是：王安石認爲當時的學者缺乏了
「以孟、韓之心爲心」的思維。依據此對比的論述，初步的解讀，可以獲知
的是缺乏精神的形似，並未眞有異乎眾人的價值。除此之外，尚有更深一層
的意義。試觀王安石所云：

　　　　先王之道德，出於性命之理，而性命之理出於人心。《詩》、《書》能
　　　　循而達之，非能奪其所有而予之以其所無也。經雖亡，出於人心者
　　　　猶在，則亦安能使人舍己之昭昭，而從我於聲昏哉？〔註62〕

《詩》《書》雖是具有引導世人價值實踐的作用，但「道德」原出於「性命之
理」，而「性命之理」又出自「人心」，則價值意義本是內具，聖人只是能將
人皆有之之「昭昭」的價值內涵作一充分的展現而已。毫無疑義，王安石在
此揭示了主體的價值。順此，所謂「以孟、韓之心爲心」，呈現出的是有關兩
個價值主體之間的相契問題。換言之，王安石關注的面向已不再只是屬於外
在事物的價值問題，而是深入到主客一體的角度來進行思考。這是透過孟子
所體悟到的，也是經由韓愈所理會得的。

四、小　結

　　學術文化的深厚內涵，是必須憑藉長期以來文化工作者的不斷投入與不
斷詮釋。然而，伴隨著意義的深化，附會與扭曲的解讀也同時產生。之所以
如此，個人對時代產生的影響，應該是重要的因素之一。因爲影響愈大，不
論是推崇的角度，或者是對立的角度，總會形成一種過度詮釋的現象。在時
移境遷之後，對於這些現象的解讀，也就往往形成很大的困擾。王安石之於
韓愈，應該就有如是現象。

　　透過本文的討論，可以瞭解到王安石對於韓愈的態度，並不是刻意的貶
斥、非難，而是在肯定之中，進行深入的理解與詮釋。顯然，之所以會有如
是認定，王安石的變法牽引起朋黨之爭而造成儒者間的彼此攻訐，應是主要

〔註61〕王安石：〈送孫正之序〉，《王荊公文集箋注》，頁 1634。
〔註62〕王安石：〈虔州學記〉，《王荊公文集箋注》，頁 1557。

的因素之一。不過，透過當時同尊孟、韓的語境分析，可以瞭解到王安石的眞實態度。

瞭解到王安石的態度之後，進一步深入其對韓愈學術的理解與批判，可見在「直取韓心」的思維底下，王安石是涵納了韓愈的學術而又展現出自有所得的觀點。

第二節　精理成文：論王安石的文道觀

經過了上一節的討論，瞭解到王安石對於韓愈的態度以及觀點上的差異，本節則轉由王安石的思維體系爲主，試圖描繪出其文道觀的整體面貌。

在一般的理解中，對於王安石之文學觀點的界定，由於其自身具有之強烈的政治形象，加上所謂「文者，禮教治政云爾。」〔註63〕之淺白易懂的語言表述，當「政治家文論」的理解角度被提出之後，就成爲普遍性的說法。然而，一方面當一個對象的意義被界定後，往往也是宣告其學問之生命的死亡，另一方面解讀雖是可以貼近對象的意義，但也只不過是諸多面向之一而已，並不能與對象本身的意義劃上等號。因此，論者若不復深究其中之意蘊，透過不同的角度來重新闡釋王安石的文學思維，則近乎標籤式的說法，將使其一家的思維內涵在漠視中走向沈寂。

包弼德有云：「道是一種精神風格（mental style）——即指導古人如何『應物』的價值觀——而不是經書直接講出的行爲之理和規則。」這是在韓愈之後，整個在對「道」之理解上的重大轉變。〔註64〕以王安石而言，自然是承繼了這樣的思維取向。此外，余英時以「重建秩序」爲宋代儒學的主要關懷，而王安石是將其導入「外王」與「內聖」並重——「道治合一」——的關鍵人物，其中所謂的「道」，正納入了「道德性命」的嶄新視域。〔註65〕由是，當「道」的內涵產生了質變，不再只是外在政教的規範性層次，而深入到人之生命的價值層面，則與之相關的概念，自當以相應的感動來進行理會。

〔註63〕王安石：〈上人書〉，李之亮箋注《王荊公文集箋注》（成都：巴蜀書社，2005年4月），頁1362。

〔註64〕包弼德著；劉寧譯：《斯文：唐宋思想的轉型》（南京：江蘇人民出版社，2001年1月），頁130～132。

〔註65〕余英時：《朱熹的歷史世界：宋代士大夫政治文化的研究》（北京：生活‧讀書‧新知三聯書店，2004年8月），頁56～57。

因此，本文認為基於王安石在文道的觀點上具有一體的思維取向，而「道」為左右「文」之呈現形態的樞紐，則掌握其「道」的獨特意蘊，從而依此以觀其「文」的思維，當可獲得不同的成果。

一、「文」成於「理」

來自於傳統文學受制於政教之觀念的不良感受，加上王安石論述語言的平易與鮮明，讓人在解讀他的文學思想時，自然而然地就滑落了其中蘊含的新意。就王安石的學術價值而言，作為宋學主流學術的一支，必然具有一家之學的特質，則作為價值觀之表述媒介的文學，不當未有新意而只是傳統的復歸而已。因此，留意王安石文學思維中未經關注的環節，闡發其蘊含的意義，是重新理會其思維內涵的必然取逕。

文與道的觀點，對於斷定宋儒的文學取向至為重要，但是論者針對王安石文學思維的判定，通常偏取文的角度，而失於論之太快。王安石云：

> 嘗謂文者，禮教治政云爾。其書諸策而傳之人，大體歸然而已。而曰：「言之不文，行之不遠」云者，徒謂「辭之不可以已也」，非聖人作文之本意也。自孔子之死久，韓子作，望聖人於百千年中，卓然也。獨子厚名與韓並。子厚非韓比也，然其文卒配韓以傳，亦豪傑可畏者也。韓子嘗語人以文矣，曰云云，子厚亦曰云云。疑二子者，徒語人以其辭耳，作文之本意，不如是其已也。孟子曰：「君子欲其自得之也。自得之，則居之安；居之安，則資之深；資之深，則取諸左右逢其原。」孟子之云爾，非直施於文而已，然亦可託以為作文之本意。且所謂文者，務為有補於世而已矣。所謂辭者，猶器之有刻鏤繪畫也。誠使巧且華，不必適用；誠使適用，亦不必巧且華。要之以適用為本，以刻鏤繪畫為之容而已。不適用，非所以為器也。不為之容，其亦若是乎？否也。然容亦未可已也，勿先之，其可也。〔註66〕

與此相關，尚有一篇論述，其內容相當具有參照的價值，文云：

> 治教政令，聖人之所謂文也。書之策，引而被之天下之民，一也。聖人之於道也，蓋心得之，作而為治教政令也，則有本末先後，權勢制義，而一之於極。其書之策也，則道其然而已矣。彼陋者不然，一適焉，一否焉，非流焉則泥，非過焉則不至。甚者置其本，求之

〔註66〕王安石：〈上人書〉，《王荊公文集箋注》，頁 1362～1363。

末，當後者反先之，無一焉不悖於極。彼其於道也，非心得之也，
其書之策也，獨能不悖耶？故書之策而善，引而被之天下之民反不
善焉，無矣。二帝、三王，引而被之天下之民而善者也；孔子、孟
子，書之策而善者也，皆聖人也，易地則皆然。某生十二年而學，
學十四年矣。聖人之所謂文者，私有意焉，書之策則未也。間或悱
然動於事而出於詞，以警戒其躬，若施於友朋，褊迫陋庳，非敢謂
之文也。〔註 67〕

兩篇文章都是以「文」作爲闡述的主題，藉此當可初步瞭解到王安石的文學
觀點。透過引文清楚的陳述，可知王安石認爲在聖人的觀點中，成爲「文」
是有要求存在的，具體而言，就是能展現「治教政令」的作用與價值。尤
其，文中所謂「務爲有補於世」的用語，正使「用」的一面成爲聚焦之所
在。然而，仔細理會王安石的論述，可以發現「治教政令」雖是「文」的最
終呈現，不過構成「治教政令」的內涵實有其獨特的意蘊。換言之，此時引
人關注的的議題應當是：王安石之「治教政令」的內涵是什麼呢？依據引文
的陳述，可知有兩個構成「文」的要素：其一，是「辭」；其次，是「意」。
關於「辭」，王安石將之視爲相應如實的展現，雖然不是左右「文」之所以爲
「文」的關鍵，卻也不是可以隨意輕忽的，所謂「勿先之」正是指出該有的
適切態度。至於「意」，顯然王安石認爲這才是「文」的核心價值，所以才會
指出當關注「聖人作文之本意」。舉例來說，王安石即提到依據「文」與「意」
的掌握來分辨是否是杜甫的詩作。〔註 68〕那什麼是聖人作文的「本意」呢？
透過王安石藉由引述孟子──「聖人」〔註 69〕──的語言來進行解答，可知
作文之「本意」與「自得」的概念有著近似之處，而具體的內涵即是指心得
聖人之道，此處就將理會的主體與汲取的價值同時凸顯了出來，其中「心得」
的主體性，尤其具有重要的地位。由是可知，在王安石所謂「治教政令」之
「文」的現象裡，存有著其獨特的關懷面向。王安石即云：

或曰：法令誥戒不足以爲教乎？曰：法令誥戒，文也，吾云爾者，
本也，失其本而求之文，吾不知其可也。〔註 70〕

〔註 67〕王安石：〈與祖擇之書〉，《王荊公文集箋注》，頁 1367。
〔註 68〕王安石：《《老杜詩後集》序〉，《王荊公文集箋注》，頁 1619。
〔註 69〕王安石於〈答龔深父書〉一文中有云：「孟軻，聖人也。」見《王荊公文集箋
注》，頁 1216。
〔註 70〕王安石：〈原教〉，《王荊公文集箋注》，頁 1103。

「法令誥戒」的指涉與「治教政令」近似，同樣是被視為堪稱為「文」的呈現，但很清楚地王安石指出「文」中之「本」才是關注的焦點，因為有了「本」，才能發揮走向「善」的作用。因此，當我們在解讀王安石的思維時，若將視野局限在「治教政令」上，似乎正犯了所謂「置其本，求之末」的缺失，而失去其中存有的精神與意義。

　　王安石既然以「自得」作為「文」之「本意」的詮解，在強烈地自我色彩下，關於「文」的具體表現，理當具有自成一家的獨特見解，而對於不同的文章呈現，自有批判性之語言的表出。詳細論述，如王安石云：

> 數日前辱示樂安公詩石本及足下所撰〈復鑑湖記〉，啟封緩讀，心目開滌。詞簡而精，義深而明，不候按圖而盡越絕之形勝，不候入國而熟賢牧之愛民，非夫誠發乎文，文貫乎道，仁恩義色，表裏相濟者，其孰能至於此哉？……某嘗患近世之文，辭弗顧於理，理弗顧於事，以襞積故實為有學，以雕繪語句為精新，譬之擷奇花之英，積而玩之，雖光華馨采，鮮縟可愛，求其根柢濟用，則蔑如也。某幸觀樂安、足下之所著，譬由笙磬之音，圭璋之器，有節奏焉，有法度焉，雖庸耳必知雅正之可貴、溫潤之可寶也。〔註71〕

在這裡，不僅可以看到王安石對於「近世之文」的批判，同時也可理解到有關文章呈現之具體要求的內涵。總體而言，王安石表達了對於雅正與溫潤之風的肯定，因為這就是合於「誠發乎文，文貫乎道」的寫作呈現。至於如何能夠展現雅正與溫潤之風呢？王安石以「節奏」與「法度」為喻，意指其中具有深刻的內涵。這個內涵，包括了語言文字的「辭」、價值思維的「理」與真實切近的「事」，三者必須是一體的存在。關於「近世之文」，王安石就認為不是專注於「事」／「襞積故實」，就是一意於「辭」／「雕繪語句」，缺乏「辭」、「理」、「事」的一體呈現，所以才會失去「用」的價值。順此論述，當可發現：除了三位一體之外，「理」實具有特殊的地位，這與宋儒的思維取向正相契合。此外，王安石透過詩與記來進行論述，可知這樣的觀點並非僅是針對某種文體而已，應是對整體文學的關照。這種看法，尚可見於序文的寫作中，其言云：

> 刑部張君詩若干篇，明而不華，喜諷道而不刻切，其唐人善詩者之徒歟！君并楊、劉生，楊、劉以其文詞染當世，學者迷其端原，靡

〔註71〕王安石：〈上邵學士書〉，《王荊公文集箋注》，頁1327。

靡然窮日力以摹之，粉墨青朱，顚錯叢庬，無文章黼黻之序，其屬
情藉事，不可考據也。方此時，自守不污者少矣。君詩獨不然，其
自守不污者耶？子夏曰：「詩者，志之所之也。」觀君之志，然則其
行亦自守不污者邪，豈唯其言而已！〔註72〕

「明而不華」與「詞簡而精，義深而明」的說法，在語言與意義的要求上呈
現出一致性，而批判模仿楊、劉的時文寫作，明確指出文辭與用事上的不可
取，並揭示「端原」的重要性，呈現出的正是辭、理、事三位一體的思維。
由此可知，王安石確實有一個獨特地文學的思維模式。若進一步追問這個思
維模式的關懷面向，藉由王安石重提言行的議題，可知試圖開展孔孟以後不
傳之「斯文」的價值，這個理想是鮮明的。相關論述，足資論證者，有：

以言取人，未免之失也，取焉而又不得其所謂言，是失之失也，況
又重以有司好惡之不可常哉！〔註73〕

蓋自秦、漢以來，所謂能文者，不過如此。竊以爲士之所尚者志，
志之所貴者道。不苟合乎聖人，則皆不足以爲道。〔註74〕

竊以經術造士，實始盛王之時；僞說誣民，是爲衰世之俗。蓋上無
躬教立道之明辟，則下有私學亂治之姦氓。然孔氏以羈臣而興未喪
之文，孟子以游士而承既沒之聖，異端雖作，精義尚存。逮更煨燼
之災，遂失源流之正。章句之文勝質，傳注之博溺心，此淫辭詖行
之所由昌，而妙道至言之所爲隱。〔註75〕

「以言取人」確實存在著盲點，不過隨著科舉制度的確立，重新審視與建構
斯文的價值內涵是有必要的，這不只在王安石身上可以看到，也普遍呈現在
宋儒的學術關懷裡。雖然在宋朝，儒者成爲了治國的重要角色，講求治理的
才能當然是主要的要求之一，但士人的節行則一直是被關注的焦點。順此傾
向，文章的呈現就不只是藝能高下的問題，其中更有探知個人道德的需求，
具體的變化即是轉爲對「道藝」的關注，因此文如其人的議題就成爲儒者思
索的重心。如何開啓文如其人的可能呢？對於寫作者來說，王安石認爲評述
者是否能夠「知言」是很重要的。當然，所以「知言」可以產生作用，必然

〔註72〕王安石：〈張刑部詩序〉，《王荊公文集箋注》，頁 1631。
〔註73〕王安石：〈進說〉，《王荊公文集箋注》，頁 1107。
〔註74〕王安石：〈答黎檢正書〉，《王荊公文集箋注》，頁 1312～1313。
〔註75〕王安石：〈除左僕射謝表〉，《王荊公文集箋注》，頁 777。

需要有其憑藉的基礎。關於這個基礎，首先，是「文」的呈現不能是秦漢以來的創作方向，而必須是合於聖人之道的言志展現〔註76〕；其次，即是在王安石的思維架構下，人人具有一個共通的價值內涵，只要能夠盡心學習，就能夠達到善的一致性，這是賦予人以能知的能力。至於，對於閱讀者來說，當文章具有如是的內涵時，引而被之天下自然足以產生使人成善的作用，這也就是王安石所以視爲是「治教政令」的理由。根據這個角度，對於孔、孟「未喪之文」與「精義尚存」蘊含「經術造士」的作用，而此後的學術，包括章句與傳注，都是失去源流之價值意蘊的分判，應是可以理會的。

綜上所述，可知王安石對於「文」的思維，並不是回歸於政教傳統的觀點，其「治教政令」的用語蘊含著比字面更爲深厚的意義，這是建立在具有「本意」之「自得」的基礎上所形成的具有呈現。顯然這樣的轉變是巨大的，不論是在思維的方向上，或者是整體內涵的呈現，都是一個嶄新的呈現。順此，或許對於王安石在政治革新上的詮釋，將學術思維的轉變納入其中，可能會有不同的看法。

二、王安石面對的時代課題

再進一步探究左右「文」之意義的「道」的內涵前，尚有一個質素是王安石認爲它最終決定了「文」的呈現，這個質素就是「時」。以結構性來呈現，它們本末始終的關係就是：由「道」而「時」，依「時」而「文」。因此，探究王安石有關「時」的思維與內容是有必要的。

王安石對於「時」的特殊性解讀，對於「文」與「道」各產生了正面與負面的作用，以下將針對兩個問題進行討論，其一，是相對於「文」與「道」，王安石如何看待「時」的問題？其次，是王安石所面對之「時」的問題爲何？

有關第一個問題，王安石透過「權時之變」的思維掌握，不僅突破了泥古不通的思維局限，開啓了「道」的價值思維，並且在「文」的呈現上，賦予新變的理論基礎，不過其間也蘊含了一些問題。王安石云：

> 聖賢之言行，有所同，而有所不必同，不可以一端求也。同者道也，
> 不同者迹也，知所同而不知所不同，非君子也。夫君子豈固欲爲此

〔註76〕王安石云：「讀其文章，庶幾得其志之所存。」想要透過文章以獲得作者所志之道的內涵，這樣的說法普遍存在王安石的論述當中，文見〈答王景山書〉，《王荊公文集箋注》，頁1386。

不同哉？蓋時不同，則言行不得無不同，唯其不同，是所以同也。
如時不同而固欲爲之同，則是所同者迹也，所不同者道也。迹同於
聖人而道不同，則其爲小人也孰禦哉？世之士不知道之不可一迹也
久矣。聖賢之宗於道，猶水之宗於海也。水之流，一曲焉，一直焉，
未嘗同也；至其宗於海，則同矣。聖賢之言行，一伸焉，一屈焉，
未嘗同也；至其宗於道，則同矣。故水因地而曲直，故能宗於海；
聖賢因時而屈伸，故能宗於道。……如聖賢之道皆出於一，而無權
時之變，則又何聖賢之足稱乎？……使揚子寧不至於耽祿於弊時
哉？蓋於時爲不可去，必去，則揚子之所知亦已小矣。〔註77〕

宋人由於商品經濟與雕版印刷術的進展，使儒者在典籍的獲取上顯得相對容
易，認知的視野於是有了拓展，在博學通達成爲學術呈現的特色之一的情形
下，透過經典的記述，發現聖賢的言行各有不同的呈現而難以整合時，試圖
尋找合宜的解讀方式，就成爲儒者的關注焦點。王安石在此提出的看法，也
可以說是爲了化解這樣的理解衝突。王安石云「世之士不知道之不可一迹也
久矣」，明確指出了長期以來之所以造成理解的衝突，根本的原因就在於士人
都是站在同一個角度與基礎來看待聖賢的言行，因此王安石提出了「道」、「迹」
兩分的思維。王安石認爲作爲聖賢，他們確實具有一致性，不過這樣的共同
取向是展現在屬於價值思維層面的「道」，而具體呈現的「迹」，也就是聖賢
的言行，在「時」有不同的狀態下，必然要有相應的變化，如果不能隨時而
變，反而失去了作爲聖賢的價值精神與意義。關於這個道理，王安石除了具
體透過「水之宗於海」與聖賢之「宗於道」爲例，說明曲直、屈伸未嘗相同，
不過這是因地與因時而有的相應變化，最終的歸趨則未嘗有別之外，也透過
揚雄爲例，說明其進退實與聖賢之意吻合。相近的論述，尚有云：

夫天下之事，其爲變豈一乎哉？固有迹同而實異者矣。今之人認認
然求合於其迹，而不知權時之變，是則所同者古人之迹，而所異者
其實也。事同於古人之迹而異於其實，則其爲天下之害莫大矣，此
聖人所以貴乎權時之變者也。……使孔子蔽於制禮之文，而不達於
制禮之意，則豈所謂孔子哉？〔註78〕

在這裡，王安石轉以「迹」、「實」與「文」、「意」來說，其實表述的仍是「迹」、

〔註77〕王安石：〈禄隱〉，《王荊公文集箋注》，頁 1098～1099。
〔註78〕王安石：〈非禮之禮〉，《王荊公文集箋注》，頁 1059～1060。

「道」兩分思維，而考量的基礎也是所謂「權時之變」的觀點。透過這樣的論述，可以發現：「權時之變」的思維，成爲王安石詮釋、整合不同學術間差異的主要憑藉，也是其「道」與其「文」之建構的關鍵。然而，必須留意的是，關於「迹」、「道」或者「文」、「意」兩分的思維，這是從穿透現象達到理會價值意涵來說，若是就當下的呈現，如前所述，「文」與「意」是本末始終爲一的關係。

有關第二問題，王安石既然透過「時」掌握了適切理解「道」與看待「文」的方式，隨著當時的時代變化，「文」也會在根本於「道」的基礎上產生相應的變化。以當時的時代課題來說，尋求自立而轉向內在的思維是一個主要的趨向。王安石云：

> 方今亂俗不在於佛，乃在於學士大夫沉沒利欲，以言相尚，不知自治而已。〔註79〕

與一般理解宋儒以佛老爲面對的主要課題不同，在王安石的視野中，不知「自治」才是當時最爲根本的問題。與此指涉相近，王安石亦有批判云：「夫天下之人非不勇爲聖人之道，爲聖人之道者，時務速售諸人，以爲進取之階。」這純粹只是「學術淺而道不明」的呈現。〔註80〕或許有人會提出質疑，認爲這是因爲王安石的思維是三教合一的取向，但是依據王安石的表述，實質上當非如此。其言：

> 某以謂期於正己而不期於正物，而使萬物自正焉，是無治人之道也。無治人之道者，是老、莊之爲也。所謂大人者，豈老、莊之爲哉？……揚子曰：「先自治而後治人之謂大器。」揚子所謂大器，蓋孟子之謂大人也。物正焉者，使物取正乎我而後能正，非使之自正也。……孟子所謂「武王一怒而安天下之民」。不期於正物而使物自正，則一人橫行於天下，武王無爲怒也。〔註81〕

顯然在這裡王安石已經明確表述出與老莊學術的不同取向，同時也可以看到有關「自治」的積極性主張。王安石認爲物之所以能正，並非可以憑藉自身的能力，而是必須透過能「自治」之主體的介入，始能使其爲善，而具體的佐證就是透過對於孟子論述武王怒而安民一事的詮釋。這是王安石的新見，

〔註79〕王安石：〈答曾子固書〉，《王荊公文集箋注》，頁1264。
〔註80〕王安石：〈禮樂論〉，《王荊公文集箋注》，頁1038。
〔註81〕王安石：〈答王深父書1〉，《王荊公文集箋注》，頁1221。

雖然壓抑了客體的價值空間，但也因此凸顯了「自治」的意義。然而，什麼是「自治」呢？與文學思維有什麼關係呢？試觀王安石所云：

> 來喻所云「漱六藝之芳潤，以求眞澹」，此極至之論。然恐亦須先識得古今體製，雅俗向背，仍更洗滌得盡腸胃間夙生葷血脂膏，然後此語方有所措。如其未然，竊恐穢濁爲主，芳潤入不得也。近世詩人正緣不曾透得此關，而規規於近局，故其所就皆不滿人意。〔註82〕

透過與人對話的表述，可知王安石對於「近世詩人」的寫作呈現是不滿意的，問題的癥結在哪裡呢？所謂「洗滌得盡腸胃間夙生葷血脂膏」而尋求「芳潤」得入，正指向於「自治」的問題。由此可知，「自治」與文學的呈現也存在著緊密的關係。至於，有關「自治」的內涵，王安石云：

> 先王所謂道德者，性命之理而已。其度數在乎俎豆、鐘鼓、管絃之間，而常患乎難知，故爲之官師，爲之學，以聚天下之士，期命辯說，誦歌絃舞，使之深知其意。……先王之道德，出於性命之理，而性命之理出於人心。《詩》、《書》能循而達之，非能奪其所有而予之以其所無也。〔註83〕

有別於從踐行的角度來衡量是否具有道德，王安石將視野鎖定在價值的思維層次，認爲堯、舜、三代所以聚士命說以求深知的「意」，乃是隱含在禮制、文化中的「性命之理」，這才是學者應當關注的焦點。換言之，單是具有知所循守的實踐性，並不足以稱爲道德，能夠對「性命之理」有透徹的理解，才是眞正的具有道德。顯然，這是由「行」轉向「知」的思維變化，因此「自治」也就成了是對明晰「性命之理」的要求。至於作爲聖人之文的《詩》與《書》，從蘊含「性命之理」的角度來說，當然提供了使學者能夠「循而達之」的作用，由此間接的也說明了王安石認爲「文」當有的意蘊。

王安石除了從人的角度，提出「不知自治」爲問題的核心而將之導向「性命之理」的明晰之外，另一個重要的面向就是「不知法度」的問題。王安石云：

> 今朝廷法嚴令具，無所不有，而臣以謂無法度者，何哉？方今之法度，多不合乎先王之政故也。……然臣以謂今之失，患在不法先王之政者，以謂當法其意而已。夫二帝、三王，相去蓋千有餘載，一

〔註82〕王安石：〈報翟仲至帖〉，《王荊公文集箋注》，頁2227。

〔註83〕王安石：〈虔州學記〉，《王荊公文集箋注》，頁1556～1557。

> 治一亂，其盛衰之時具矣。其所遭之變，所遇之勢，亦各不同，其
> 施設之方亦皆殊，而其爲天下國家之意，本末先後未嘗不同也。臣
> 故曰：當法其意而已。法其意，則吾所改易更革，不至乎傾駭天下
> 之耳目，囂天下之口，而固已合乎先王之政矣。〔註84〕

對於宋初以來國家制度的更革，至此呈現出「法嚴令具，無所不有」的現象，王安石認爲其實這些施設，由於不合於先王之政，才會使得國家處於內憂外患風俗日壞的狀態。何以不合於先王之政呢？王安石同樣以「道」、「迹」兩分的思維，提出在不同治亂興衰的現象背後，存在著本末先後未嘗不同的一致性內涵——「意」。能效法先王之政的「意」，就能使國家安寧，蠻夷順服，而至於堯、舜、三代之盛。由是可知，面對時代的課題，王安石普遍運用穿透現象的本質思維，尋求一個合道而適於時變的方式來解決問題。王安石云：

> 予悲夫《洪範》者，武王之所以虛心而問，與箕子之所以悉意而言，
> 爲傳注者汩之，以至於今冥冥也，於是爲作傳以通其意。〔註85〕

在這裡可以看到王安石對於傳注之學的看法，顯然對於失去「意」的學術鑽研進行了批判，所以才會自行「作傳以通其意」。「意」是經典的價值所在，參照前文所述，憑藉《詩》《書》以通達「性命之理」，「意」與「性命之理」實有共通的意涵。由是可知，不論是人的面向，或者是法度的面向，王安石的終極關懷，是有一個共同的歸趨。

三、「道」在「精理」

根據以上的論述，作爲王安石思維核心的「道」，其內涵可以從兩個相關的概念來進行理解，一個是「性命之理」，另一個是「意」，而共同的歸趨是在求其「精」。以下即分別論述之。

（一）性命之理

有關「性命之理」的內涵，主要是由四個概念來構成，分別是性、情、命與才。

1.性：歸於善

要瞭解王安石對於性的看法，所作〈性論〉、〈原性〉、〈性說〉、〈揚孟〉、

〔註84〕王安石：〈上仁宗皇帝言事書〉，《王荊公文集箋注》，頁21～22。
〔註85〕王安石：〈書《洪範傳》後〉，《王荊公文集箋注》，頁1196。

〈性情〉、〈再答龔深父論語孟子書〉、〈禮樂論〉諸篇論述，乃是重要的參考依據。透過這些論述，可以發現雖然王安石賦予了性以形而上的地位，但是與形而下的區隔則似乎顯得模糊。試觀其所云：

> 夫太極者，五行之所由生，而五行非太極也。性者，五常之太極也，而五常不可以謂之性。……夫太極生五行，然後利害生焉，而太極不可以利害言也。性生乎情，有情然後善惡形焉，而性不可以善惡言也。〔註86〕

太極與性相當，而五行與五常相當。五行雖由太極變化而生成，但五行不等同於太極，兩者分屬於形而上與形而下的不同層次，所以五行有利害之分，太極卻不可以用利害來衡定。同理，人間五常的倫理道德面向，雖然出於性，但五常與性也是具有兩層的關係，所以五常是善，性則不能用善惡來貞定。由此論述，王安石是清晰的將性的內涵表述出來。然而，王安石卻有文云：「性者，五常之謂也。」〔註87〕從文辭上看，確實存有矛盾。不過，若順著王安石的思維脈絡與論述架構，可以發現兩者論述具有一致的思維趨向。首先，以論述的架構來說，內容都是以辨明才與性的內涵爲焦點，而觀點的闡述都是以孔子之「性相近習相遠」與「上智與下愚不移」的說法爲依歸。其次，從思維的脈絡來說，王安石雖然將性界定爲「不可以善惡言」之形而上的主體，但是當至於形而下時，展現出來的卻是導向於「善」。如所謂：「以一聖二賢之心而求之，則性歸於善而已矣。」〔註88〕既言「歸」，則原非有善惡之分。是以其言云：「道有君子有小人，德有吉有凶，則命有順有逆，性有善有惡，固其理，又何足以疑？」〔註89〕這是取用韓愈的說法，但顯然「有善有惡」非指本有，而是最終的歸向。又云：「孟子之所謂性者，正性也；揚子之所謂性者，兼性之不正者言之也。」〔註90〕雖言性有「正」與「不正」，其實這依然是指最終歸向而言，試觀其所云：「禮樂者，先王所以養人之神，正人氣而歸正性也。」〔註91〕禮樂是使人之性歸於「正」。由是可知，王安石關於「性」的界定一直未有轉變，只是在文辭的用語上易使人造成混淆的情形。

〔註86〕王安石：〈原性〉，《王荊公文集箋注》，頁1089。
〔註87〕王安石：〈性論〉，《全宋文》第33冊，頁21。
〔註88〕王安石：〈性論〉，《全宋文》第33冊，頁21。
〔註89〕王安石：〈再答龔深父《論語》、《孟子》書〉，《王荊公文集箋注》，頁1217。
〔註90〕王安石：〈揚孟〉，《王荊公文集箋注》，頁979。
〔註91〕王安石：〈禮樂論〉，《王荊公文集箋注》，頁1032。

2. 情：性之用

性雖然是「歸於善」，但是終歸是「不可以善惡言」，那麼王安石究竟如何安置善惡的問題呢？王安石提出了「情生於性」〔註92〕的看法，「情」即是安置之處。詳細的內涵，如其所云：

> 性情一也。世有論者曰「性善情惡」，是徒識性情之名而不知性情之實也。喜、怒、哀、樂、好、惡、欲未發於外而存於心，性也；喜、怒、哀、樂、好、惡、欲發於外而見於行，情也。性者情之本，情者性之用，故吾曰性情一也。彼曰性善，無它，是嘗讀孟子之書，而未嘗求孟子之意耳。彼曰情惡，無它，是有見於天下之以此七者而入於惡，而不知七者之出於性耳。故此七者，人生而有之，接於物而後動焉。動而當於理，則聖也、賢也；不當於理，則小人也。彼徒有見於情之發於外者為外物之所累，而遂入於惡也，因曰情惡也，害性者情也。是曾不察於情之發於外而為外物之所感，而遂入於善者乎？蓋君子養性之善，故情亦善；小人養性之惡，故情亦惡。故君子之所以為君子，莫非情也；小人之所以為小人，莫非情也。……如其廢情，則性雖善，何以自明哉？誠如今論者之說，無情者善，則是若木石者尚矣。是以知性情之相須，猶弓矢之相待而用，若夫善惡，則猶中與不中也。曰：「然則性有惡乎？」曰：「孟子曰：『養其大體為大人，養其小體為小人。』揚子曰：『人之性善惡混。』是知性可以為惡也。」〔註93〕

很清楚，王安石的論述是針對「性善情惡」、「無情者善」的觀點而來。王安石從喜、怒、哀、樂、好、惡、欲的已發與未發來劃分情與性區別，但這樣的區分，並非意味著兩者是對立的不同，由於七者是出於性，所以和性一樣沒有善惡可言，而情是七者的發用，所以依理而言情也並非有本質上的善惡。之所以有善惡，王安石認為這是因為受到「外物之所感」，此時當作為一個君子能「養性之善」，則其「情亦善」，而小人則是「養性之惡」，故其「情亦惡」。由此可知，性與情有著一致性的關係。因此，王安石指出：從本質上來說，性情是一；從體用來說，則性情是相須。此外，此處所謂「性可以為惡」的說法，亦可見王安石的獨特見解。

〔註92〕王安石：〈性命論〉，《王荊公文集箋注》，頁2172。
〔註93〕王安石：〈性情〉，《王荊公文集箋注》，頁1062～1063。

3. 命：知性而後語命

命與性有什麼關係呢？王安石云：「外物不足以動心而樂者，可謂知性矣，然後用舍之際，始可以語命。」〔註94〕能「知性」而後才能「語命」，可知「命」與「性」是具有緊密的相關。王安石如何界定「命」呢？王安石云：

> 天授諸人則曰命，人受諸天則曰性。性命之理，甚遠且異也，故曰保合太和，各正性命。是聖人必用其道，以正天下之命也。然命有貴賤乎？曰：有。有壽短乎？曰：有。故賢者貴，不賢者賤，其貴賤之命正也。抑貴無功而賤碩德，命其正乎？無憾而壽，以辜而短，其壽短之命正也，抑壽偷容而短非死，命其正乎？故命行則正矣，不行則不正。〔註95〕

「命」是來自於天的授予，是指有關貴賤與壽短方面的問題，這和作爲人之內在價值的根源——「性」，是有所不同的。不過，雖然是屬於兩個不同的面向，但是王安石認爲「命」與「性」一樣，有其兩面性，就是「正」與「不正」，當「命」與「性」呈現一致性，得謂之「正」，而「命」與「性」相違時，則謂之「不正」，這是取決於與「性」的歸向是否具有相應的結果來進行論斷。有關於此，王安石亦有透過揚孟的論述來闡發「正命」與「命之不正」的觀點。〔註96〕由此而言，在王安石的觀念裡，「命」本身也是沒有正不正的問題，只是從所謂「命行則正矣，不行則不正」來說，在正與不正的分辨當中，可以獲知王安石的態度，乃是希望一個人的貴賤與壽短，能與其善惡的作爲，具有一致性的呈現。王安石云：

> 予爲〈揚孟論〉以辨言性命者之失，而有難予者曰：……所謂命者，蓋以謂命之於天云耳。……彼人之所爲，可強以爲之命哉？曰：……是以聖人不言命，教人以盡乎人事而已。嗚呼，又豈唯貴賤禍福哉！凡人之聖賢不肖，莫非命矣！……則聖賢之所以爲聖賢，君子雖不謂之命，而孟子固曰命也已；不肖之所以爲不肖，何以異於此哉？〔註97〕

透過引文中的對話，可以知道王安石有關「性命」的闡釋與當時的認知是有所不同的。雙方看法的巨大差異，呈現在對於命的界定與適用範圍。關於將

〔註94〕王安石：〈祭先師文〉，《王荊公文集箋注》，頁 2234。

〔註95〕王安石：〈性命論〉，《王荊公文集箋注》，頁 2171。

〔註96〕王安石：〈揚孟〉，《王荊公文集箋注》，頁 978～980。

〔註97〕王安石：〈對難〉，《王荊公文集箋注》，頁 1095～1096。

命的界定，一切歸諸於天而視爲不可知的局限，王安石則不僅納入了「人之所爲」的面向，並且將之視爲意義的樞紐，所謂「聖人不言命，教人以盡乎人事而已。」即是。至於適用的範圍，除了外在的禍福與貴賤外，王安石也將所以爲聖賢與不肖納入其中，這是依循孟子的觀點而有推論，當然從重視「人」的思維脈絡來看，這代表的只是理性認知「命」所給予的限制而已。由是以觀王安石對於「命授分定」說的批判而指出「命非聖人不行」的積極面向，其言云：

> 振古，聖人行於上者也。所謂君子知命，則侯奉上，卿奉官，士奉制，沒而後止。夫然，貴賤壽短，未始不悉以禮義上下也。〔註98〕

這就是王安石認定之有別於「漢唐之治」的「堯舜之治」。由於「聖人行於上」，所以「貴賤壽短」與「禮義」相合，這是「知命」，也是「正命」的呈現。

也就是在這種強調人具有使「性」與「命」相合的思維取向下，主體的價值受到凸顯與肯定，使得士人的心態也有了相應的轉變。王安石云：「吾獨以聖人之心，未始有憂。……孔子所以極其說於知命不憂者，欲人知治亂有命，而進不可以苟，則先王之道得伸也。」〔註99〕又云：「以容於吾君爲悅者，則以不容爲戚；安吾社稷爲悅，則以不安爲戚。吾身之不容，與社稷之不安，亦有命也，而以爲吾戚，此乃所謂不知命也。夫天民者，達可行於天下而後行之者也。彼非以達可行於天下爲悅者也。則其窮而不行也，豈以爲戚哉？視吾之窮達，而無悅戚於吾心，不知命者，其何能如此？」〔註100〕很清楚，由於「知命」，所以對於外在的局限，君子不僅能夠以「不憂」與「無戚」的心來面對，並且能夠更加珍視自我有得的價值內涵。

4. 才：依卒命之

與上述三者具有緊密關係的「才」，王安石也顯示出了自我的獨特理會。王安石云：

> 才者，智愚昏明之品也。欲明其才品，則孔子所謂「上智與下愚不移」之說是也。……性者，生之質也，五常是也，雖上智與下愚，均有之矣。蓋上智得之之全，而下愚得之之微也。……謂其才之有

〔註98〕王安石：〈性命論〉，《王莉公文集箋注》，頁2172。

〔註99〕王安石：〈與王逢原書1〉，《王莉公文集箋注》，頁1296～1297。

〔註100〕王安石：〈答王深父書1〉，《王莉公文集箋注》，頁1220。

小大，而識之有昏明也。至小者不可強而爲大，至昏者不可強而爲
明，非謂其性之異也。夫性猶水也，江河之與畎澮，小大雖異，而
其趨於下同也。性猶木也，梗楠之與樗櫟，長短雖異，而其漸於上
同也。智而至於極上，愚而至於極下，其昏明雖異，然其於惻隱、
羞惡、是非、辭讓之端，則同矣。〔註101〕

如其所云，這是依歸於孔子的詮釋。王安石認爲人的「智愚昏明」，就是屬於
「才」的部分。當其「才」大，爲上智之時，就能將人人均有之歸於善的性，
全盡地展現出來；當其「才」小，爲下愚之時，則僅能微顯此歸於善的性。
換言之，不論「才」是明智是昏愚，歸於善乃是必然的趨向。由此可知，王安
石在看到了人的客觀限制外，對於人具有的價值性是有更深的肯定。王安
石云：

然則孔子所謂「中人以上可以語上，中人以下不可以語上」，「惟上
智與下愚不移」，何說也？曰：習於善而已矣，所謂上智者；習於惡
而已矣，所謂下愚者；一習於善，一習於惡，所謂中人者。上智
也、下愚也、中人也，其卒也命之而已矣。有人於此，未始爲不善
也，謂之上智可也；其卒也去而爲不善，然後謂之中人可也。有人
於此，未始爲善也，謂之下愚可也；其卒也去而爲善，然後謂之中
人可也。惟其不移，然後謂之上智；惟其不移，然後謂之下愚。皆
於其卒也命之，夫非生而不可移也。〔註102〕

這是王安石的獨特解會。近似於「命」的理解方式，作爲客觀存在的限制，
王安石透過將「生而不可移」與「其卒也命之」的詮釋轉換，成功的開啓了
人具有無限發展的可能。

（二）精義無二

透過以上的論述，可以瞭解到王安石對於「性命之理」的看法，簡要來
說，就是人人皆有歸於善的本質，而養成是關鍵之所在。如何全盡一個人的
本質呢？明道窮理就是重要的工夫，而與前文提到的「意」有著共通的意
蘊。有關於此，王安石論述雖多，其中最是全面而深入的闡釋莫過於〈禮樂
論〉一文，其言云：

生與性之相因循，志之與氣相爲表裏也。生渾則蔽性，性渾則蔽生，

〔註101〕王安石：〈性論〉，《全宋文》第 33 冊，頁 21〜22。
〔註102〕王安石：〈性說〉，《王荊公文集箋注》，頁 1091〜1092。

> 猶志一則動氣，氣一則動志也。先王知其然，是故體天下之性而爲
> 之禮，和天下之性而爲之樂。禮者，天下之中經；樂者，天下之中
> 和。禮樂者，先王所以養人之神，正人氣而歸正性也。是故大禮之
> 極，簡而無文；大樂之極，易而希聲。簡易者，先王建禮樂之本意
> 也。〔註103〕

生性相因循，志氣爲表裏，這與情性是一、性命相合、才性相須的觀點相
通，由是而將焦點導向人的養成。關於「正人氣而歸正性」的養成方式，王
安石認爲這是先王在能「知」的基礎上，透過「體天下之性」與「和天下之
性」的工夫，將之作成禮樂，而「簡易」是其「本意」。關於這個簡易的本
意，王安石透過非禮勿視、非禮勿聽、非禮勿言、非禮勿動的闡釋，指出聖
人有別於世人的外求，乃是內求而樂得其性。由於內求，因此其中具有「所
以」不足干、不足亂、不足易的價值內涵，所謂「其所由來蓋微矣」即是。
因爲是「微」，故雖取至近，也只有顏子可以契接這樣的價值精神。由是，王
安石才感嘆云：「嗚呼！禮樂之意不傳久矣。」當然，王安石一有如此的表
述，其中所隱含之意，自然是自身對於此不傳的意蘊，有了充分的掌握。王
安石云：

> 故古之人言道者，莫先於天地；言天地者，莫先乎身；言身者，莫
> 先乎性；言性者，莫先乎精。精者。天之所以高，地之所以厚，聖
> 人所以配之。〔註104〕

在這裡，王安石清楚地表述了對於「道」的探究應當如何著手。王安石列出
的先後順序爲：精→性→身→天地→道，由「精」而至於「道」，中間實存有
遠近不同的層次，而「精」代表了最是切近於生命的價值，這符合於孔子「切
問而進思」的觀點。

除此之外，王安石云：

> 《易》曰：「擬之而後言，議之而後動，擬議以成其變化。」變化之
> 應，天人之極致也。是以《書》言天人之道，莫大於《洪範》，《洪
> 範》之言天人之道，莫大於貌、言、視、聽、思。大哉，聖人獨見
> 之理，傳心之言乎儲精晦息而通神明。君子之所不至者三：不失色
> 於人，不失口於人，不失足於人。不失色者，容貌精也；不失口者，

〔註103〕王安石：〈禮樂論〉，《王荊公文集箋注》，頁1032。
〔註104〕王安石：〈禮樂論〉，《王荊公文集箋注》，頁1038。

> 語默精也；不失足者，行止精也。君子之道也，語其大則天地不足
> 容也，語其小則不見秋毫之末，語其強則天下莫能敵也，語其約則
> 不能致傳記。〔註105〕

尋求「天人之道」的內涵，切近之處的「貌、言、視、聽、思」具有關鍵的
意義。所以是關鍵，即在「不失色」、「不失口」、「不失足」之符合外在規範
的現象下，其中蘊含著一個契接極致之整體性的價值精神，所以王安石將之
表述爲容貌、語默與行止之「精」。這樣的思維，在〈致一論〉一文中有更加
深入的闡述，試觀其所云：

> 故《易》曰：「精義入神以致用，利用安身以崇德」，此道之序也。……
> 嗚呼！語道之序，則先精義而後崇德，及喻人以修之之道，則先崇
> 德而後精義。蓋道之序則自精而至粗，學之之道則自粗而至精，此
> 不易之理也。夫不能精天下之義，則不能入神矣；不能入神，則天
> 下之義，亦不可得而精也。猶之人身之於崇德也，身不安則不能崇
> 德矣；不能崇德，則身豈能安乎？凡此，宜若一而必兩言之者，語
> 其序而已也。〔註106〕

王安石借用《易》的論述來闡發自身之所得。王安石認爲《易》的說法，由
精義而入神，入神而致用／利用，利用而安身，安身而崇德，是在呈現「道
之序」，然而這樣的序，雖有精粗之別，但以其不可割裂實質上乃是一體的
關係，是「若一」的展現。因此，對於王安石來說，「精義」即是全然盡心之
所在。

如何是「精義」呢？王安石云：

> 萬物莫不有至理焉，能精其理，則聖人也。精其理之道，在乎致其
> 一而已。致其一，則天下之物，可以不思而得也。《易》曰：「一致
> 而百慮」，言百慮之歸乎一也。……天下之理皆致乎一，則莫能以惑
> 其心也。故孔子取《損》之辭，以明致一之道曰：「三人行，則損一
> 人；一人行，則得其友也。」夫危以動、懼以語者，豈有他哉，不
> 能致一以精天下之理故也。〔註107〕

「精義」是需要有工夫的，「致一」就是它的工夫。所謂「致一」，就是能夠

〔註105〕王安石：〈禮樂論〉，《王荊公文集箋注》，頁 1035。
〔註106〕王安石：〈致一論〉，《王荊公文集箋注》，頁 1043～1045。
〔註107〕王安石：〈致一論〉，《王荊公文集箋注》，頁 1043～1044。

尋求天下萬事萬物中所具有的極致、至當的「至理」。此至當的「理」，具有整體與涵攝的兩面特性，所以不僅能「不思而得」天下萬物之理，而且是「百慮」之所匯歸。是故，當至當之「理」學有所得時，其心智就不會受到迷惑，反之，就會有「危以動、懼以語」的情形。關於如何「致一」，王安石仍然透過孔子的用語來進行闡釋，認為辨析兩端之是非而取其至當即是。在這裡，可以看到王安石已將不同的思維納入視野之中，且視為是必要的作法，這與宋儒轉向「友道」的趨向是相合的，雖然在王安石的學術架構底下，不同的觀點並未產生衝擊性的效果。由是觀之，可知王安石的「精義」，乃在尋求一個至善的「理」，以作為應變的依據。據此，若對王安石的思維作一鮮明的界定，以其強烈之尋求「精義」的色彩，可以謂之為立足於「至理」的學術思維。

　　這種尋求極致之價值內涵的趨向，在與各學術的辨析中，多有呈現。包括持以肯定態度方面的揚、孟，即從「各有所當」的角度，重新詮釋其論述的內涵而將之收攝於自身的思維體系之中；至於，呈現不同學術取向的莊周、老子、墨子等，亦從「心」、「意」的角度，釐清其間之是非與取捨，進而正視其價值之所在。王安石云：

> 然世之不見全經久矣，讀經而已，則不足以知經。故某自百家諸子之書，至於《難經》、《素問》、《本草》、諸小說無所不讀，農夫、女工無所不問，然後於經為能知其大體而無疑。蓋後世學者，與先王之時異矣，不如是不足以盡聖人故也。揚雄雖為不好非聖人之書，然於墨、晏、鄒、莊、申、韓，亦何所不讀？彼致其知而後讀，以有所去取，故異學不能亂也。惟其不能亂，故能有所去取者，所以明吾道而已。〔註108〕

經學一直是儒者求道的重要依據，但在宋代，掀起了一股對於經典反思的風潮，當然這不是簡單的質疑或否定，而是為了確保明道的可能。王安石也是如此，不過除了理性思考經典的內涵外，在積極彰顯經典意蘊的過程中，廣泛納入了所謂「非聖人之書」的質素，顯得特殊，也引起了爭議。或許在學術間的交涉過程中，易有相互浸染的可能，不過由王安石的初心本意來說，所謂「去取」，應該只是扮演佐證或依附自身學術體系的效果，這從「致其知而後讀」的接觸時機，以及「異學不能亂」的自信有得，即可窺知。

〔註108〕王安石：〈答曾子固書〉，《王荊公文集箋注》，頁1264。

四、與蘇軾及二程的對話

　　王安石、蘇軾與二程同時並存，又皆是盡心於儒學的佼佼者，以漢唐重視文本的角度來說，相互唱和應是必然的，但是在宋代顯然就不是如此，因爲這是一個重視主體的時代，各自擁有理解與詮釋的視野，尤其是對卓越的儒者來說，自得是學術的核心精神，是故多元而不同的學術面貌即是此時的特色。

　　在重視自我、彰顯主體下，對於價值的明晰，並非以閉門造車的方式進行，彼此的對話，以求印證、契會、有得，是此時重要方式。因此，二程與蘇軾對於王安石的不同見解自然深具意義。

　　首先，就蘇軾而言。大體來說，蘇軾對於王安石的批判有兩個方面，其一，是針對學術內涵的質疑；其次，是抹煞個體性的批判。蘇軾云：

> 歐陽子沒十有餘年，士始爲新學，以佛老之似，亂周孔之眞，識者憂之。〔註109〕

「新學」一語自是指向於王安石的學術。透過此文可知，在蘇軾的理解中，王安石的學術與歐陽脩的取向是完全不同的，因爲其中夾雜了佛老的學術觀點。依據歐陽脩對佛老的批判來說，當王安石碰觸了佛老的學說，自然令人憂心。不過，從論者對於蘇軾學術的解讀，多以其涵納三教而推崇之來說，此間學術界限的把捉，應是詮釋落差之所在。又，有言云：

> 道原要刻印七史，固善。方《新學經解》紛然，日夜摹刻不暇，何力於此！近見京師經義題：「國異政，家殊俗。」國何以言異？家何以言殊？又有「其善喪厥善」，「其」、「厥」不同，何也？又説《易‧觀》卦本是老鸛，《詩‧大小雅》本是老鴉。似此類甚眾，大可痛駭。〔註110〕

顯然，蘇軾對於王安石的解經，包括文字的訓讀與義理的內涵，皆有不同的看法，可見王安石所見得的「精義」、「至理」，並無法取得他人的認同。蘇軾云：「新說方熾，古學崩壞，言之傷心。」〔註111〕以對立之兩方來進行表述，可見彼此間的分歧。以上，是對於學術內容的批判。

〔註109〕蘇軾：〈六一居士集敘〉，孔凡禮點校《蘇軾文集》（北京：中華書局，2008年7月），頁316。

〔註110〕蘇軾：〈答劉道原〉，《全宋文》第44冊，頁55。此文輯自《邵氏聞見後錄》卷20。

〔註111〕蘇軾：〈與朱振1〉（惠州），《蘇軾文集》，頁1767。

至於，批判抹煞個體性的部分，蘇軾云：

> 古之人道其聰明，廣其聞見，所以學也，正志完氣，所以言也。王氏之學，正如脫墼，案其形模而出之，不待修飾而成器耳，求為桓璧彝器，其可乎？〔註112〕

「正志完氣」是經過引導後個體充分展現其價值，而這樣的引導是順其個體的殊性促進其發展，並非是外在的強加繩削以求共同認知下的完美。蘇軾認為王安石的思維就是抹煞了殊性的價值，以一定的標準，尋求一致的表現，這是無法取得真實的、令人可喜的成果。又云：

> 文字之衰，未有如今日者也。其源實出於王氏。王氏之文，未必不善也，而患在於好使人同己。自孔子不能使人同，顏淵之仁，子路之勇，不能以相移。而王氏欲以其學同天下！地之美者，同於生物，不同於所生。惟荒瘠斥鹵之地，彌望皆黃茅白葦，此則王氏之同也。〔註113〕

蘇軾的思維是理性的，所以並非完全否定王安石的價值。從一家之言來說，王安石彰顯其個體性是具有價值的，但欲將此移植到他人身上，蘇軾就認為這是背離了生命之真實。

其次，就二程而言。程頤云：「荊公與先生雖道不同，而嘗謂先生忠信。先生每與論事，心平氣和，荊公多為之動。」〔註114〕彼此之間對道之理會的不同，是有清楚的覺知。而程顥云：「為我盡達諸介甫，我亦未敢自以為是。如有說，願往復。此天下公理，無彼我。果能明辨，不有益於介甫，則必有益於我。」〔註115〕則兩造間的對話是真實存在的。

二程對於王安石的意見，亦可從兩方面來說，雖然其中與蘇軾相近，對於「專一」有所批判，但關注的是令人「不致思」的弊病，可見焦點乃是指向於「理」的層面。二程云：

> 《易》有百餘家，難為徧觀。如素未讀，不曉文義，且須看王弼、胡先生、荊公三家。理會得文義，且要熟讀，然後卻有用心處。〔註116〕

〔註112〕蘇軾：〈送人序〉，《蘇軾文集》，頁325。
〔註113〕蘇軾：〈答張文潛縣丞書〉，《蘇軾文集》，頁1427。
〔註114〕程顥、程頤：《河南程氏文集》卷第11，《二程集》（北京：中華書局，2004年2月），頁634。
〔註115〕程顥、程頤：《河南程氏遺書》卷第1，《二程集》，頁9。
〔註116〕程顥、程頤：《河南程氏遺書》卷第19，《二程集》，頁248。

二程對於王安石的「博學多聞」〔註117〕是加以肯定的，但是對於其所得之「理」是有意見的，其言云：

> 介父之學，大抵支離。伯淳嘗與楊時讀了數篇，其後盡能推類以通之。

「支離」是二程對於王安石學術批判的重要面向之一。所謂「支離」，即是缺乏內化的踐行性。此處點出其理可「推類以通之」，也是這個道理。〔註118〕關於內化與踐行性，如二程云：

> 介甫之言道，以文焉耳矣。言道如此，己則不能然，是己與道二也。
>
> 夫有道者不矜於文學之門，啓口容聲，皆至德也。〔註119〕

「己與道二」就是所謂內化的問題，當然沒有通過具體的踐行，應是重要的因素。二程云：

> 先生嘗語王介甫曰：「公之談道，正如說十三級塔上相輪，對望而談曰，相輪者如此如此，極是分明。如某則戇直，不能如此，直入塔中，上尋相輪，辛勤登攀，邐迤而上，直至十三級時，雖猶未見相輪，能如公之言，然某卻實在塔中，去相輪漸近，要之須可以至也。至相輪中坐時，依舊見公對塔談說此相輪如此如此。」介甫只是說道，云我知有個道，如此如此。只他說道時，已與道離。他不知道，只說道時，便不是道也。〔註120〕

在二程的眼中，王安石對於「道」的闡釋，就如同說十三級塔上相輪一樣，是「對望而談」之缺乏踐行性的推論，或許能夠「極是分明」的進行客觀之描繪，但是不過是取其形似，眞實的價值內涵實未能有所契會，這就是二程對王安石學術的主要批判之一。

〔註117〕 程顥、程頤：《河南程氏遺書》卷第2上，《二程集》，頁17。

〔註118〕 從二程的角度來說，王安石之所得只是透過聰明才智的推論梳理，並未眞實的體契，因此不是眞實的價值。如二程云：「『剛毅木訥』，質之近乎仁也；『力行』學之近乎仁也。若夫至仁，則天地爲一身，而天地之間，品物萬形爲四肢百體。夫人豈有視四肢百體而不愛者哉？聖人，仁之至也，獨能體是心而已，曷嘗支離多端而求之自外乎？故『能近取譬』者，仲尼所以示子貢以爲仁之方也。」（《二程集》，頁74）又云：「劉子文之學甚支離，只立名做法語，便不是了。」（《二程集》，頁403）從這些關於支離的論述，可知二程認爲自我的眞實契悟，不外求，始能有眞實意義。

〔註119〕 程顥、程頤：《河南程氏粹言》卷第1，《二程集》，頁1176。

〔註120〕 程顥、程頤：《河南程氏遺書》卷第1，《二程集》，頁5〜6。

和「支離」一樣，指向於「理」的質疑，二程逕行否定王安石養成之心意。程頤云：

> 王介甫為舍人時，有《雜說》行於時，其粹處有曰：「莫大之惡，成於斯須不忍。」又曰：「道義重，不輕王公；志意足，不驕富貴。」有何不可？伊川嘗曰：「若使介甫只做到給事中，誰看得破？」〔註121〕

這雖是肯定了王安石當時的處事態度與內在思維，但是「誰看得破」一語，實亦說明了其內在養成的不足。程頤云：

> 王荊公云：「九三知九五之位可至而至之。」大煞害事。使人臣常懷此心，大亂之道，亦自不識湯、武。〔註122〕

當然這樣的質疑是必須依據當時的環境來理會，否則未存尊君之「敬」意，何需如是批判？

　　經由以上的論述，可知同樣是對於王安石學術的批判，但在各自主體之價值契會的不同下，質疑的面向也形成差異。如果從與客體關係來進行分析，王安石是通過涵納客體的視野中取得絕對的「至理」，蘇軾則是從人情之所安的角度，從與客體的共構取得「情理」的內涵，至於二程，則是透過客體再回向主體，取得內外如一之普遍性的「天理」。要言之，各家的思維是一個類似於染色體的型態，在排列組合的不同下，展現出不同的面貌，但復歸於儒學的價值精神則是具有一致性。從多元發展的角度來說，過程的多元是必然，王安石最大的敗筆應即是在權勢的獲得下，省略了努力對話的過程，因而即使自身所得的「理」是絕對的，在未能被充分理解下，亦不過是偏見獨識而已。

五、小　結

　　王安石的文論，一直被視為是政治家求用的文論，是政教傳統的回歸，但是經由本文的重新梳理，可以瞭解到王安石對於「文」的界定，在「自得」與「本意」的凸顯中，實蘊含著主體之價值內涵的體會，因此不可局限在文是禮樂治政的詞彙上來進行解讀。

　　同樣的局限也出現在價值方面之「道」的解讀上，當然「致一」是王安

〔註121〕程顥、程頤：《河南程氏外書》卷第12，《二程集》，頁434。
〔註122〕程顥、程頤：《河南程氏遺書》卷第19，《二程集》，頁248。

石尋求的理想，但是如何至於「致一」？這卻不是簡單的用權勢、制度可以輕易達成。當然，客觀的環境給予了王安石這樣的機緣，賦予其便於「致一」的權力，不過實未能漠視其內在價值的個體契會。換言之，「致一」的努力，是相應於「精義」的追求，在所得之價值內涵，透過對話的過程，貞定爲絕對的「至理」，則在推己及人之正其人的思維下，達成致一的理想。

因此，從整體上來說，王安石的文道觀，是一種彰顯主體所得價值內涵的思維，依其理會，那是一種「精理成文」的展現。

第八章 從文道觀看蘇軾對韓學之詮釋及其思維內涵

　　《韻語陽秋》云：「王介甫、蘇子瞻皆爲歐陽文忠公所收，公一見二人，便知其他日不在人下。〈贈介甫詩〉云：『老去自憐心尚在，後來誰與子爭先。』子瞻登乙科，以書謝歐公，歐公語梅聖俞曰：『老夫當避此人放出一頭地。』當是時，二人俱未有聲，而公知之於未遇之時，如此所以爲一世文宗也與？」〔註1〕緊接在歐陽脩之後，能夠將宋學推進到另一個嶄新的階段，除了王安石具有這樣的材識之外，同時受到歐陽脩賞識的蘇軾，也是關鍵的儒者之一。

　　蘇軾，字子瞻，眉州眉山人。嘉祐二年，試禮部，歐陽脩欲革時文之弊，得其所作〈刑賞忠厚論〉，驚喜而擢爲第二。熙寧四年，王安石欲變科舉，興學校，詔兩制、三館議，時蘇軾上議，而王安石創行新法，蘇軾又上書論其不便。蘇軾與弟轍，師父洵爲文，既而得之於天。其體渾涵光芒，雄視百代，有文章以來，蓋亦鮮矣。〔註2〕

　　提到蘇軾，直覺的判斷，多以爲他就是一位傑出的文學家，尤其當與韓愈產生連結時，浮現的就是有關「古文」方面的成就，文學家的色彩因此顯得更加的鮮明。然而，如同對歐陽脩與王安石在學術上所具有的意義，尚友韓愈，也讓蘇軾有著不同的體會與啓發，從而展現自成一家的學術特質。因

〔註1〕 葛立方：《韻語陽秋》卷18，何文煥輯：《歷代詩話》（北京：中華書局，2001年11月），頁629。

〔註2〕 脫脫等：《二十四史・宋史》卷338（北京：中華書局，1997年11月），頁2755～2760。

此，本章即透過兩方面的討論，探究韓愈與蘇軾在學術上的連繫性關係。其一，即是關於蘇軾是如何看待韓愈之文與道的問題；其次，則是如何理解蘇軾的文道觀。

第一節　奇險蕩佚：蘇軾對韓愈文道觀的理解與轉化

學術的研究，除了還原了事物的眞相、釐清了問題的根源，藉此所獲得的啓發，應是具有更加眞切的意義。由是，在研究的過程中，透過嶄新的視野以進行客觀的審視，成為一種必然且慣性的作為。然而，這樣的審視，由於採取的是一種以今律古、主客相對的思維模式，事物的變化成為了一場精彩的表演，雖是看清此間變化的軌跡，卻失去了內在的精神與生命。

當宋代的儒者，呈現出「複合」型態的身份時，代表他們的視野更加的寬廣，學術的內涵更形豐富，想要透過是非有無之截然不同的簡單劃分來進行剖析，應該是不適切的方式。順此，歷來的研究，多從文道關係的角度，根據輕重的評斷來衡定其價值與意義，當是存有問題的，則如何看待一個具有卓越見識的士人──蘇軾，推進由韓愈而至歐陽脩所開展的學術走向呢？〔註3〕

文與道，對於宋儒而言，確實是學術的關注焦點，與自成一家的時代精神也有著緊密的關係，藉此以觀蘇軾與韓愈的關係，應是一個適切的視角。然而，當韓愈指出欲「修辭明道」〔註4〕時，已經算是一個文道並重的儒者，而蘇軾在提出了詩文「歸合於大道」〔註5〕的觀點上，同樣呈現出文與道的緊密契合，則仍要從中衡定出文與道之孰輕孰重的差異來彰顯兩人之差異，不僅過於強求，並且難以在其相關論述中取得有力的佐證。因此，在同是文道並重的認知下，本文嘗試透過具體探究蘇軾對於韓愈在文與道的觀點上所呈現之一體的相應理解，企圖掌握蘇軾對於學術關注的核心思維，從而明晰其

〔註3〕包弼德即認為蘇軾是「韓愈這個傳統上最後一位偉大的文士，身處思想論爭的中心。」並不同於「文」的角度而提出「蘇軾的道：盡個性而求整體」的解讀方式，深具啓發。文見氏著、劉寧譯：《斯文：唐宋思想的轉型》（南京：江蘇人民出版社，2001年1月），頁266～313。

〔註4〕韓愈：〈爭臣論〉，《韓昌黎文集校注》（上海：上海古籍出版社，1987年6月），頁113。

〔註5〕蘇軾：〈答陳師仲主簿書〉，孔凡禮點校《蘇軾文集》（北京：中華書局，2008年7月），頁1428。

學術對於韓愈所存有的進展。

一、蘇軾眼中的韓愈

　　關於蘇軾對於韓愈的看法〔註6〕，吳文治所作《韓愈資料彙編》雖然彙整了許多的資料，不過透過《全宋文》的檢閱，可以發現尚有一些重要的資料。〔註7〕透過這些資料，可以瞭解到在蘇軾的眼中韓愈具有何種形象。蘇軾云：

> 匹夫而爲百世師，一言而爲天下法。……自東漢以來，道喪文弊，異端並起，歷唐貞觀、開元之盛，輔以房、杜、姚、宋而不能救。獨韓文公起布衣，談笑而麾之，天下靡然從公，復歸於正，蓋三百年於此矣。文起八代之衰，而道濟天下之溺，忠犯人主之怒，而勇奪三軍之帥。豈非參天地，關盛衰，浩然而獨存者乎！蓋嘗論天人之辨，以謂人無所不至，惟天不容僞。智可以欺王公，不可以欺豚魚。力可以得天下，不可以得匹夫匹婦之心。故公之精誠，能開衡山之雲，而不能回憲宗之惑。能馴鱷魚之暴，而不能弭皇甫鎛、李逢吉之謗。能信於南海之民，廟食百世，而不能使其身一日安於朝廷之上。蓋公之所能者，天也。所不能者，人也。〔註8〕

「匹夫而爲百世師，一言而爲天下法。」一語道盡韓愈，身爲儒者，擁有不能以貴賤論的崇高地位與價值，這是蘇軾的卓越見識，也是表述韓愈之意義最爲眞切的言語。〔註9〕從這個角度來說，蘇軾對於韓愈的認知，當是既深入又貼切的。蘇軾究竟如何看待韓愈的學術呢？根據兩句後的全篇論述，可以發現關注的核心乃是鎖定在價值的思維層面。朱子即有云：「向嘗聞東坡作〈韓文公廟碑〉，一日思得頗久。忽得兩句云『匹夫而爲百世師，一言而爲天下法』，遂掃將去。」〔註10〕而《說郛》則指出了解讀者讚許這是「工于說道

〔註6〕孫民分別從人、文、學三個面向進行解讀，最後認爲蘇軾的看法是鞭辟入裡的全面評價了韓愈。雖是，關於蘇軾與韓愈的思維核心與價值精神並未深論，猶有不足。文見〈關於蘇軾論韓愈〉，《樂山師範學院學報》第21卷第2期（2006年2月），頁1～3。

〔註7〕吳文治編：《韓愈資料彙編》（北京：中華書局，2004年1月）。

〔註8〕蘇軾：〈潮州韓文公廟碑〉，《蘇軾文集》，頁508～509。

〔註9〕洪邁於〈論韓公文〉云：「及東坡之碑一出，而後眾說盡廢。」見《容齋隨筆》（上海：上海古籍出版社，1978年7月），頁108。

〔註10〕朱熹：《朱子全書·朱子語類》卷139（上海：上海古籍出版社；合肥：安徽

義」〔註11〕的呈現。關於這個價值，蘇軾用「參天地，關盛衰，浩然而獨存」
來表述，既有高深的內涵，又兼有實用的意義，尤其彰顯個體特立的一面。
換言之，若說這是從「道」的角度來展現韓愈的價值，應是近實的表述。然
而，仔細審視蘇軾的論述，其實具有一個非常顯著的現象，諸如「道喪文弊」
與「文起八代之衰，而道濟天下之溺」的表述，「文」與「道」呈現出相應的
型態，不僅意味著兩者原不存有對立或者是衝突的關係，並且隱含其間具有
緊密的相關性。

　　試觀蘇軾另一篇相關且重要的論述，其言云：

> 自漢以來，道術不出於孔氏，而亂天下者多矣。晉以老莊亡，梁以
> 佛亡，莫或正之。五百餘年而後得韓愈，學者以愈配孟子，蓋庶幾
> 焉。愈之後三百有餘年而後得歐陽子，其學推韓愈、孟子以達於孔
> 氏，著禮樂仁義之實，以合於大道。其言簡而明，信而通，引物連
> 類，折之於至理，以服人心，故天下翕然師尊之。自歐陽子之存，
> 世之不說者，譁而攻之，能折困其身，而不能屈其言。士無賢不肖
> 不謀而同曰：「歐陽子，今之韓愈也。」宋興七十餘年，民不知
> 兵，富而教之，至天聖、景祐極矣，而斯文終有愧於古。士亦因陋
> 守舊，論卑而氣弱。自歐陽子出，天下爭自濯磨，以通經學古爲高，
> 以救時行道爲賢，以犯顏納說爲忠。長育成就，至嘉祐末，號稱多
> 士。……予得其詩文七百六十六篇於其子棐，乃次而論之曰：「歐陽
> 子論大道似韓愈，論事似陸贄，記事似司馬遷，詩賦似李白。此非
> 余言也，天下之言也。」〔註12〕

有關這篇文章的寫作，朱熹是有意見的，不過其中自有蘇軾本身的思維脈
絡。〔註13〕根據引文的論述，可以掌握到的觀點，包括：其一，從「學推韓
愈、孟子以達於孔氏」來說，韓愈學術的價值，是被置於聖人之道的脈絡下
來進行理解。其二，關於此道，蘇軾以爲並非空言而有實用，能救正天下之

　　　教育出版社，2002 年 12 月），頁 4306。

〔註11〕陶宗儀：〈歐蘇之文〉，《說郛》卷 22 上，見《景印文淵閣四庫全書》第 877
　　　冊（臺北：臺灣商務印書館，1986 年 3 月），頁 271。以下引書以《四庫》簡
　　　稱之。

〔註12〕蘇軾：〈六一居士集敘〉，《蘇軾文集》，頁 316。

〔註13〕朱熹：「東坡〈歐陽公文集敘〉只恁地文章儘好，但要說道理，便看不得，首
　　　尾皆不相應。起頭甚麼樣大，末後卻說詩賦似李白，記事似司馬遷。」文見
　　　《朱子全書‧朱子語類》卷 139，頁 4305。

喪亂，孔、孟是如此，承繼的韓愈與歐陽脩也是如此。其三，「斯文」是「大道」的展現。雖然歐陽脩的詩文，蘇軾透過各種面向來揭示其卓越的成就，但是從貫穿全文的論述脈絡來看，「論大道似韓愈」一語才是其中關鍵，這也是歐陽脩改變宋初以來論卑氣弱的現象，而回歸「斯文」所當有的展現。由是而言，在蘇軾的眼中，韓愈是一個能夠承繼且充分體現聖人之道的儒者，這樣的推崇與肯定，應是默契得韓愈「修辭明道」之文道一體的思維與精神。〔註14〕

蘇軾針對宋代學術的演變指出：

> 自昔五代之餘，文教衰落，風俗靡靡，日以塗地。聖上慨然太息，思有以澄其源，疏其流，明詔天下，曉諭厥旨。於是招來雄俊魁偉敦厚朴直之士，罷去浮巧輕媚叢錯采繡之文，將以追兩漢之餘，而漸復三代之故。士大夫不深明天子之心，用意過當，求深者或至於迂，務奇者怪僻而不可讀，餘風未殄，新弊復作。大者鏤之金石，以傳久遠；小者轉相摹寫，號稱古文。紛紛肆行，莫之或禁。蓋唐之古文，自韓愈始。其後學韓而不至者爲皇甫湜。學皇甫湜而不至者爲孫樵。自樵以降，無足觀矣。伏惟內翰執事，天之所付以收拾先王之遺文，天下之所待以覺悟學者。〔註15〕

文章與風俗的緊密關係，一直存在於儒者的觀念裡，想要透過學術的轉變來一新天下之風俗的思維，已見在范仲淹與石介等人的論述中。蘇軾認爲當時所要面對的課題，即是由「五代」所帶來的影響。因爲它不僅在價值觀上造成了重大的影響，並且具體的反應在文學的呈現上，所以才會成爲宋儒亟欲解決的問題。「罷去浮巧輕媚叢錯采繡之文」是當時革新學術的重要舉措，然而「用意過當」的結果，卻走向了求深、務奇的「新弊」，不僅無法救正五代餘風，甚至在新舊交侵裡產生了更大的傷害。究其緣由，蘇軾藉由韓愈古文的寫作爲例，指出學有「不至」，即是問題的癥結所在。何謂「不至」？蘇軾用「覺悟」來說明歐陽脩扮演的角色，可見所以「用意過當」之意，在於指出學者專注於形式的追求，一意追復三代、兩漢之風的結果，才會導致迂、僻之形近而謬的狀態產生。蘇軾即有提及「須多讀書史，務令文字華實相副，

〔註14〕韓愈：〈爭臣論〉，《韓昌黎文集校注》（上海：上海古籍出版社，1987年6月），頁113。

〔註15〕蘇軾：〈謝歐陽內翰書〉，《蘇軾文集》，頁1423～1424。

期於適用乃佳」而「熟看前、後《漢史》及韓、柳文」就是一個良好的養成途徑，這就是文道爲一，共存並進的思維。〔註16〕

綜上所述，韓愈既然開啓了透過文來展現價值觀的新視野，作爲宋代韓愈的歐陽脩也重契了此思維精神，那麼身爲後學的蘇軾是否關閉的這道門呢？透過蘇軾的具體論述，可以清楚看到，關於這樣的取向，蘇軾是有所深切的體認，因此才能化成簡明精要的語言，眞實而貼切的將之表述出來。換言之，試圖從「文」、「道」輕重的角度來進行思考，當與蘇軾的學術思維有所扞格。

二、關於韓愈之「文」的理解

蘇軾雖然認取了韓愈所開啓之文與道的視野，也極爲推崇其學術的價值與地位，但在學術具有生命特質的角度上，隨著蘇軾之個體性的展現，關於文、道的觀點，也就因其視野的不同而有了一些轉變。

蘇軾怎麼理解韓愈的「文」呢？試觀其所云：

> 然世之蓄軾詩文者多矣，率眞僞相半，又多爲俗子所改竄，讀之使人不平。然亦不足怪。識眞者少，蓋從古所病。梁蕭統集《文選》，世以爲工。以軾觀之，拙於文而陋於識者，莫統若也。宋玉賦〈高唐〉、〈神女〉，其初略陳所夢之因，如子虛、亡是公等相與問答，皆賦矣。而統謂之敍，此與兒童之見何異。……李太白、韓退之、白樂天詩文，皆爲庸俗所亂，可爲太息。今足下所示二十卷，無一篇僞者，又少謬誤。及所示書詞，清婉雅奧，有作者風氣，知足下致力於斯文久矣。……然幼子過文益奇，在海外孤寂無聊，過時出一篇見娛，則爲數日喜，寢食有味。以此知文章如金玉珠貝，未易鄙棄也。〔註17〕

由於傳播造成的眞僞問題，間接與詩文之優劣高下產生了連繫，讓宋儒尋求洞悉事物之內蘊的思維得到了加強，由是亦可見學術的思維是具有整體性。〔註18〕在此，蘇軾即提出了「識眞」的觀點，並以蕭統爲例，針對其「拙於

〔註16〕 蘇軾：〈與姪孫元老2〉，《蘇軾文集》，頁1842。

〔註17〕 蘇軾：〈答劉沔都曹書〉，《蘇軾文集》，頁1429～1430。

〔註18〕 宋代在經學上所以走向變古，即是爲了釐清經典之間存在的問題，而雕版印刷的普遍運用，讓士人有了廣泛性的知識接觸，但隨之而來的版本問題，也促使了尋求辨別能力的養成。

文而陋於識」的缺失進行批判。藉此，我們可以獲知蘇軾所關注的面向，所謂「有作者風氣」即是此「眞」，而「識」就是洞悉風氣的能力。另外，透過引文，亦可瞭解到在蘇軾的視野下「斯文」的呈現，是使人有「清婉雅奧」，抑或是「奇」的感受。以上可以說是蘇軾關注「文」的兩個主要面向，以下即依此作進一步討論。

　　首先，就詩文的呈現來說，蘇軾對於韓愈的評價是眞實、奇麗。關於眞實的一面，如：

> 韓退之〈青龍寺〉詩，終篇言赤色，莫曉其故。嘗見小說，鄭虔寓青龍寺，貧無紙，取柿葉學書。九月柿葉赤而實紅，則退之詩乃寓此也。〔註19〕

> 退之詩云：「我生之辰，月宿南斗。」乃知退之得磨蝎爲身宮。而僕乃以磨蝎爲命，平生多得謗譽，殆是同病也。〔註20〕

> 吾平生遭口語無數，蓋生時與韓退之相似，吾命在斗、牛間，而退之身宮亦在焉。故其詩曰：「我生之辰，月宿南斗。」且曰：「無善聲以聞，無惡聲以揚。」今謗我者，或云死，或云仙。退之之言，良非虛耳。〔註21〕

> 謫居黃州五年，今日離泗州北行。岸上，聞騾馱鐸聲空籠，意亦欣然，蓋不聞此聲久矣。韓退之詩云：「照壁喜見蝎。」此語眞不虛也。然吾方上書求居常州，豈魚鳥之性，終安於江湖耶？〔註22〕

在第一則的論述中，蘇軾透過對「終篇言赤色」之疑惑的釐清，指出韓愈作詩具有近實描繪的一面。不過，此種描繪並不只是呈現眞實的一面而已，蘇軾即深切感受到其中蘊含的意義。誠如蘇軾所云「蓋生時與韓退之相似」，因爲人生經歷的雷同，使得對於韓愈寓情於景的寫作，有著深得我心的感動，這由「殆是同病」、「非虛」、「不虛」等用語，就可看得到。

　　除了眞實，關於奇麗，蘇軾云：

> 「昵昵兒女語，恩怨相爾汝。劃然變軒昂，勇士赴敵場。」此退之〈聽穎師琴〉詩也。歐陽文忠公嘗問僕：「琴詩何者最佳？」余以此

〔註19〕蘇軾：〈書退之詩〉，《蘇軾文集》，頁2099。
〔註20〕蘇軾：〈書退之詩〉，《蘇軾文集》，頁2122。
〔註21〕蘇軾：〈書謗〉，《蘇軾文集》，頁2274。
〔註22〕蘇軾：〈泗岸喜題〉，《蘇軾文集》，頁2261。

答之。公言此詩固奇麗，然自是聽琵琶詩，非琴詩。〔註23〕

在這裡，「奇麗」的評價雖然似是出自於歐陽脩，不過在蘇軾針對詩文的評論中，多可見到此觀點的運用。關於這個面向，容後再述。在此，我們可以看到的是，「奇麗」與前文提及之關於「幼子過文益奇」所顯示出的欣喜，兩者顯示出傾向於「奇」的詩文表現。不過，這樣的肯定終非究竟義，蘇軾云：

> 柳子厚詩在陶淵明下，韋蘇州上。退之豪放奇險則過之，而溫麗靖深不及也。所貴乎枯澹者，謂其外枯而中膏，似澹而實美，淵明、子厚之流是也。若中邊皆枯澹，亦何足道。佛云：「如人食蜜，中邊皆甜。」人食五味，知其甘苦者皆是，能分別其中邊者，百無一二也。〔註24〕

蘇軾在這裡針對陶淵明、柳宗元、韋應物與韓愈四人的詩作進行評述，令人關注的是，關於韓愈與柳宗元的作品，蘇軾用「豪放奇險」與「溫麗靖深」兩面來進行表述，不僅區分出兩人作品的差異，並且將詩文可以同具多面的特性展現出來。此外，更透過陶淵明與柳宗元的作品，揭示「似澹而實美」的「枯澹」，才是最佳的詩文呈現。由是可知，蘇軾在肯定韓愈詩文呈現之餘，仍然有其自身獨具的審美取向。

蘇軾獨具的審美取向，乃成之於價值之內涵與個體之主體性的洞悉。關於價值的內涵，蘇軾云：

> 歐陽文忠公嘗謂晉無文章，惟陶淵明〈歸去來〉一篇而已。余亦以謂唐無文章，惟韓退之〈送李愿歸盤谷〉一篇而已。平生願效此作一篇，每執筆輒罷，因自笑曰：「不若且放教退之獨步」。〔註25〕

蘇軾肯定陶淵明是一個知「道」的人，是以並置以論是有其特殊的意蘊。蘇軾之所以特意標舉韓愈所作〈送李愿歸盤谷〉一文，主要就是文中所展現之「道」的觀點，是合於其自成一家的理會。蘇軾指出：「古者有貴賤之際，有聖賢之分。二者相勝而不可以相參，其勢然也。治其貴賤之際，則不知聖賢之為高。行其聖賢之分，則不知貴賤之為差。」〔註26〕聖賢體現的是價值精

〔註23〕蘇軾：〈歐陽公論琴詩〉，《蘇軾文集》，頁2243。宋儒在解讀作品上呈現出的分歧，所在多有，並不稀奇，這或許就如同在學術思想上展現的多元走向一樣，各自有體，所以在視野不同的情形下，就產生了不同的看法。

〔註24〕蘇軾：〈評韓柳詩〉，《蘇軾文集》，頁2109～2110。

〔註25〕蘇軾：〈跋退之送李愿序〉，《蘇軾文集》，頁2057。

〔註26〕蘇軾：〈應制舉上兩制書〉，《蘇軾文集》，頁1390。

神的「道」，這與貴賤的關係是相勝而不相參的，〈送李愿歸盤谷〉的文旨，即是展現此觀點，因此得到蘇軾的稱許。又，蘇軾云：

> 「採菊東籬下，悠然見南山。」因採菊而見山，境與意會，此句最有妙處。近歲俗本皆作「望南山」，則此一篇神氣都索然矣。古人用意深微，俗士率然妄以意改，此最可疾。近見新開韓、柳集多所刊定，失眞者多矣。〔註27〕

此處雖是以陶淵明的詩文爲論述的焦點，但所要處理的問題，即是關於詩文的「失眞」。如何「識眞」呢？蘇軾以爲「古人用意深微」，用字各有其深厚的意蘊，如「見」與「望」，前者展現了「境與意會」的自然，並與整個「採菊」的過程渾然爲一，若改爲「望」，「一篇神氣」即全然盡失。由是，所謂「眞」，即是在詩文中展現的「神氣」，這與「作者風氣」有著通同的關係。順此，觸及到的即是個體的主體性。蘇軾從一個人具有完整之價值性的角度來看待其詩文的整體性，看似又回歸到文如其人的老調，但是深化的觀點，卻能展現出完全不同的意義。蘇軾云：

> 韓退之喜大顚，如喜澄觀、文暢之意，了非信佛法也。世乃妄撰退之與大顚書，其詞凡陋，退之家奴僕亦無此語。有一士人又於其末妄題云：「歐陽永叔謂此文非退之莫能。」此又誣永叔也。永叔作〈醉翁亭記〉，其辭玩易，蓋戲云耳，又不以爲奇特也，而妄庸者亦作永叔語，云：「平生爲此最得意。」又云：「吾不能爲退之〈畫記〉，退之又不能爲〈醉翁記〉。」此又大妄也。僕嘗謂退之〈畫記〉近似甲名帳耳，了無可觀，世人識眞者少，可嘆亦可憫也。〔註28〕

且不論蘇軾論斷的是非爲何，要知其論述的角度，就是從「作者風氣」來進行作品的解讀，韓愈有韓愈的思維精神，歐陽脩有歐陽脩的寫作「用意」，當作品無法展現與之相通的「神氣」時，其間即有問題存在。又，其言云：

> 知者創物，能者述焉，非一人而成也。君子之於學，百工之於技，自三代歷漢至唐而備矣。故詩至於杜子美，文至於韓退之，書至於顏魯公，畫至於吳道子，而古今之變，天下之能事畢矣。道子畫人物，如以燈取影，逆來順往，旁見側出，橫斜平直，各相乘除，得

〔註27〕蘇軾：〈題淵明飲酒詩後〉，《蘇軾文集》，頁2092。
〔註28〕蘇軾：〈記歐陽論退之文〉，《蘇軾文集》，頁2055～2056。

自然之數，不差毫末，出新意於法度之中，寄妙理於豪放之外，所
謂遊刃餘地，運斤成風，蓋古今一人而已。〔註29〕

「創」、「述」相承的說法，呈現了學術累積共成的一面，而「備」、「畢」的
指涉，近似於所謂「集大成」的說法，意指面面俱到，已發展至於登峰造極
的狀態，藉此推許杜甫、韓愈、顏眞卿與吳道子等四人分別在詩、文、書與
畫方面的成就，言之成理，順理成章，然而事實上蘇軾似乎並非著意在此面
向，所謂「出新意於法度之中，寄妙理於豪放之外」，講求的正是必須在符合
規範的精神下，能夠不受「備」、「畢」之格套的局限，而展現出個體所獨具
的「新意」與「妙理」，所謂「遊刃餘地，運斤成風」，也可以說即是對於這
種個體化之卓越呈現的表述。

因此，整體而言，蘇軾以「奇險」作爲韓愈文章特色的表述，一方面尊
重其個體性的展現，另一方面則是看到了其中蘊含之「新意」與「妙理」。

三、關於韓愈之「道」的理解

經由以上關於「文」的論述，可知蘇軾在理解韓愈時，亦多涉及到「道」
的思維，畢竟「文」與「道」本是一體的關係，難以截然劃分開來，這與傳
統政教觀之內外有別的構想，是有天壤之別。韓愈既以「道」爲核心，而蘇
軾亦有相應的關注與理解，以下即進一步針對蘇軾對於韓愈之「道」的看法
進行論述。

根據前文的論述，大體上呈現出的是蘇軾對於韓愈的肯定，不過在「道」
的體認上，顯然就不是如此了。蘇軾云：

昔者韓子論荀、揚之疵，而韓子之疵，有甚於荀、揚。荀卿譏六子
之蔽，而荀卿之蔽不下於六子。〔註30〕

韓愈曾經指出：「荀與揚，大醇而小疵。」〔註31〕這是針對是否合於聖人之道
所作的評斷，蘇軾據此提出質疑，可見對於韓愈在「聖人之道」的體認上，
是有不同的見解。有關於此，蘇軾所作〈韓愈論〉一文有著清楚的表述，其
言云：

聖人之道，有趨其名而好之者，有安其實而樂之者。……韓愈之於
聖人之道，蓋亦知好其名矣，而未能樂其實。何者？其爲論甚高，

〔註29〕 蘇軾：〈書吳道子畫後〉，《蘇軾文集》，頁 2210～2211。
〔註30〕 蘇軾：〈諸子更相譏議〉，《蘇軾文集》，頁 205。
〔註31〕 韓愈：〈讀荀〉，《韓昌黎文集校注》，頁 37。

> 其待孔子、孟軻甚尊，而拒楊、墨、佛、老甚嚴。此其用力，亦不
> 可謂不至也。然其論至於理而不精。支離蕩佚，往往自叛其說而不
> 知。……韓愈者，知好其名，而未能樂其實者也。……夫聖人之所
> 爲異乎墨者，以其有別焉耳。……儒墨之相戾，不啻若胡越。而其
> 疑似之間，相去不能以髮。宜乎愈之以爲一也。……儒者之患，患
> 在於論性，以爲喜怒哀樂皆出於情，而非性之所有。夫有喜有怒，
> 而後有仁義，有哀有樂，而後有禮樂。以爲仁義禮樂皆出於情而非
> 性，則是相率而叛聖人之教也。老子曰：「能嬰兒乎？」喜怒哀樂，
> 苟不出乎性而出乎情，則是相率而爲老子之「嬰兒」也。儒者或曰
> 老、《易》，夫《易》豈老子之徒歟？而儒者至有以老子說《易》，則
> 是離性以爲情者，其弊固至此也。嗟夫，君子之爲學，知其人之所
> 長而不知其蔽，豈可謂善學耶？〔註32〕

蘇軾透過「名」、「實」的角度，針對韓愈的思維問題進行了分辨，「知好其
名，而未能樂其實」，就是總體的判斷。之所以如此，蘇軾以爲韓愈雖然能夠
推尊孔孟，也能極力拒闢異端，不過在價值的思維上，卻呈現出論理不精，
「支離蕩佚」，相互矛盾的情形，這就是所謂的「好名」。至於「樂實」的方
面，蘇軾從兩個部分進行論述：一是，關於儒墨；二是，關於性情。就儒墨
部分來說，蘇軾認爲韓愈未能知聖人所爲之實——「別」的意蘊，所以才會
將兩者視爲是具有一致性的觀點。就性情部分而言，蘇軾認爲儒者論性多將
喜怒哀樂歸於情，而以仁義禮樂是「出於情而非性」，這是「離性以爲情」的
盲目，所以終有「以老子說《易》」之謬誤的現象。這兩部分就是未能精確掌
握「實」的內涵，更遑論能至於「安」與「樂」呢？其實，蘇軾這樣的論
斷，幾近是顛覆性的說法，所謂「相率而叛聖人之教」，不可謂不重。與此相
關，蘇軾尚有云：

> 昔之爲性論者多矣，而不能定于一。始孟子以爲善，而荀子以爲
> 惡，揚子以爲善惡混。而韓愈者又取夫三子之說，而折之以孔子之
> 論，離性以爲三品，曰：「中人可以上下，而上智與下愚不移。」以
> 爲三子者，皆出乎其中，而遺其上下。而天下之所是者，於愈之說
> 多焉。嗟夫，是未知乎所謂性者，而以夫才者言之。……天下之言
> 性者，皆離乎才而言之，是以紛紛而不能一也。孔子所謂中人可以

〔註32〕蘇軾：〈韓愈論〉，《蘇軾文集》，頁 113〜115。

上下，而上智與下愚不移者，是論其才也。而至於言性，則未嘗斷
其善惡，曰「性相近也，習相遠也」而已。韓愈之說，則又有甚
者，離性以爲情，而合才以爲性。是故其論終莫能通。……則夫善
惡者，性之所能之，而非性之所能有也。且夫言性者，安以其善惡
爲哉！……夫太古之初，本非有善惡之論，唯天下之所同安者，聖
人指以爲善，而一人之所獨樂者，則名以爲惡。……聖人之論性
也，將以盡萬物之理，與衆人之所共知者，以折天下之疑。而韓愈
欲以一人之才，定天下之性，且其言曰「今之言性者，皆雜乎佛、
老」。愈之說，以爲性之無與乎情，而喜怒哀樂皆非性者，是愈流入
於佛、老而不自知也。〔註33〕

這一篇可以說是蘇軾以「性」爲議題的專論。根據論述的內容，可以獲得的
重要訊息有：其一，指出歷來關於「性」的認知狀態。孟、荀、揚三人分別
主張的善、惡與善惡混當然並無例外是最主要的基調，而關於韓愈的論述，
蘇軾指出「天下之所是者，於愈之說多焉」，可見韓愈在當時的影響力，以及
當時儒者對於「性」的認知狀態。其二，對於韓愈的性情觀，同樣可見「離
性以爲情」的批判。蘇軾指出韓愈在「性論」觀點上呈現出的盲點，是「離
性以爲情，而合才以爲性」。其三，韓愈觀點的融通，並未洞悉性論的底蘊，
反而流入於釋老之中。蘇軾認爲孟、荀、揚三人的主張是雜乎才之「合才以
爲性」的觀點，所以才會紛亂不一。韓愈雖然試圖解消這種困境，透過擷取
三人的說法而以孔子的觀點作爲衡定的標準，結果卻產生了新的問題，並且
正是流入於佛、老的思維當中，所謂「離性以爲情」即是。綜此三個訊息，
可知蘇軾對於韓愈「性論」的理解是深入的，不僅看到了韓愈思維的進展，
並且辨析出其思維的謬誤。因此，當深究「聖人之道」的內涵時，韓愈的思
維顯然無法令蘇軾感到滿意，尤其在性論上更是如此。

從性論延伸開來，仍然可以歸屬在「道」的範疇之內，即是踐行的問題。
蘇軾云：

古之君子有韓子者，其爲說曰：「王公大人，不可以無貧賤之士居其
下風而推其後，大其聲名而久其傳。雖其貴賤之闊絕，而其相須之
急，不啻若左右手。」嗚呼，果其用是說也，則夫世之君子所爲老
死而不遇者，無足怪矣。今夫扣之者急，則應之者疑。其辭夸，則

─────────────

〔註33〕蘇軾：〈揚雄論〉，《蘇軾文集》，頁110～111。

其實必有所不副。〔註34〕

從「實必有所不副」一語，就可瞭解到蘇軾理解韓愈的思維角度，是存有一致性。與華實相副的觀點有著相應的關係，蘇軾認為韓愈渾同了聖賢與貴賤之間當有的區隔，造成了表面上「辭夸」的現象，而真實的價值則隱沒不見。其中所謂「不遇」，正說明雖至高貴，仍不是「道」之價值的彰顯。換言之，蘇軾認為韓愈對於聖賢之道的見解，尚有不清，致使在進退上產生問題。

　　關於蘇軾對韓愈之「道」的細部見解，如上所述，大致上呈現出批判性的取向。然而，這樣的批判性語言，並非是從對立性的角度，意在顛覆韓愈的觀點，而是為了開啟一創造性之轉化的可能。蘇軾云：

夫以召公之賢，以管、蔡之親而不知其心，則周公誰與樂其富貴。而夫子之所與共貧賤者，皆天下之賢才，則亦足與樂乎此矣。軾七八歲時，始知讀書，聞今天下有歐陽公者，其為人如古孟軻、韓愈之徒。而又有梅公者從之遊，而與之上下其議論。其後益壯，始能讀其文詞，想見其為人，意其飄然脫去世俗之樂而自樂其樂也。……誠不自意，獲在第二。既而聞之人，執事愛其文，以為有孟軻之風。而歐陽公亦以其能不為世俗之文也而取焉。是以在此。……執事名滿天下，而位不過五品。其容色溫然而不怒，其文章寬厚敦朴而無怨言，此必有所樂乎斯道也。軾願與聞焉。〔註35〕

「樂道」是全文的要旨，觸及的人物包括了孟子、韓愈、梅堯臣與歐陽脩，當然文有「孟軻之風」的蘇軾也置身其中。根據論述，很清楚地蘇軾將「道」抽離出貴賤之外，指出脫去世俗之樂而「自樂其樂」之自得，乃是儒者具有的真實價值，並且能夠具現在文章的寫作上。由是可見，蘇軾對於韓愈的態度並無轉變，只是從學術進展的角度來說，在走向深化的過程中，批判性的論述是必然存在的，這也是學術生命的真實展現。

四、小　結

　　同王安石一樣，蘇軾對於韓愈的學術，是有取也有捨一面。從「文」的角度來說，蘇軾看到了韓愈之個體性所展現出「奇險」的一面，雖然這不是

〔註34〕蘇軾：〈上曾丞相書〉，《蘇軾文集》，頁1378。
〔註35〕蘇軾：〈上梅直講書〉，《蘇軾文集》，頁1386。

他最推崇的呈現方式，但是蘊含於「奇險」之中所存在的「新意」、「妙理」，蘇軾認爲這是眾人之所難以達到的。由此可見，蘇軾的視野並非僅是鎖定於外在的呈現，而是從一體的角度，感受其彰顯出的「神氣」。

至於，有關韓愈內在價值思維的部分，蘇軾在肯定「新意」、「妙理」之外，是採取嚴格審視的態度來進行批判，論理不精，「支離蕩佚」，可以說就是蘇軾的主要看法。當然，這麼嚴厲的批判，並非要顛覆韓愈的學術價值，如其所云，韓愈可能是在不自知的情形下流入其中，這是展現學術深化所必須的理性思維。

第二節　文理自然：論蘇軾的文道觀

詮釋的視野左右了對象所呈現的意義，當以文道兩分的對立思維來切入，蘇軾學術的定位就被劃分在「文」這邊而遠離了「道」的價值，然而誠如秦觀所云：「蘇氏之道，最深於性命自得之際。其次則器足以任重，識足以致遠。至於議論文章，乃其與世周旋至粗者也。閣下論蘇氏，而其說止於文章，意欲尊蘇氏，適卑之耳。」〔註36〕精粗之辨，不僅與當時世俗認知有所不同，也與現今論者的看法迥異，假使秦觀直契了蘇軾的學術要旨，那麼蘇軾學術最深厚的內涵在尚未被充分理解與關注之下，如何能展現其學術的整體精神與意蘊呢？所謂尊之適所以卑之，正發人深省。

誠如包弼德所云：「對蘇軾其他方面的忽略，源於一種歷史編寫方法，即用程頤的思想遺產在後世所處的中心位置來解讀十一世紀……」〔註37〕這是經過了解讀所造成的結果，本來面目並非如此。換言之，在對比的解讀中，爲尋求一最佳的呈現型態，潛存的一元化思維，削去了不同，甚至是不能理會的面向。由是，看似時代特色獲得彰顯，實滑落了對學術整體性的關照，這是徒具面貌未見精神的理會。

因此，本節擬以文道一體的思維角度，試圖理解蘇軾之道的根本內蘊，

〔註36〕秦觀：〈答傅彬老簡〉，秦觀著；周義敢、程自信等校注：《秦觀集編年校注》（北京：人民文學出版社，2001年7月），頁672。文章作於元祐初年，對於蘇軾與蘇轍之道的描繪，似欲起導正之效，且由促其謁見二公而言，殆非虛言。

〔註37〕包弼德著、劉寧譯：《斯文：唐宋思想的轉型》（南京：江蘇人民出版社，2001年1月），頁266。

從而釐清概念之間的關係，以期明晰蘇軾之自成一家的學術特質。

一、「斯文」與「一家之言」

自從韓愈提出了道統傳緒的說法後，開啓了儒者對於聖人之道在內涵明晰上的省思，勇於承擔斯文的氣魄，在學有所得的宋儒身上，自信的展現出來。蘇軾，宋學的核心人物之一，自然也展現出這樣的承擔。蘇軾云：

> 所撰《易》、《書》、《論語》皆以自隨，世未有別本。撫之而嘆曰：「天未喪斯文，吾輩必濟！」〔註38〕

對事物的理解與判斷，多受解讀者的視野與關懷所左右，蘇軾亦有提出「八面受敵」〔註39〕的讀書法，以使解讀者獲得有益的認知，但最終仍必須尊重解讀對象所呈現出的不同意義。蘇轍於〈亡兄子瞻端明墓誌銘〉一文中指出：

> 公之於文，得之於天，少與轍皆師先君。初好賈誼、陸贄書，論古今治亂，不爲空言。既而讀《莊子》，喟然歎息曰：「吾昔有見於中，口未能言，今見《莊子》，得吾心矣。」乃出〈中庸論〉，其言微妙，皆古人所未喻。嘗謂轍曰：「吾視今世學者，獨子可與我上下耳。」既而謫居於黃，杜門深居，馳騁翰墨，其文一變，如川之方至，而轍瞠然不能及矣。後讀釋氏書，深悟實相，參之孔、老，博辨無礙，浩然不見其涯也。先君晚歲讀《易》，玩其爻象，得其剛柔遠近、喜怒逆順之情以觀其詞，皆迎刃而解。作《易傳》，未完。疾革，命公述其志。公泣受命，卒以成書，然後千載之微言，煥然可知也。復作《論語說》，時發孔氏之秘。最後居海南，作《書傳》，推明上古之絕學，多先儒所未達。既成三書，撫之歎曰：「今世要未能信，後有君子當知我矣。」〔註40〕

依據蘇轍與蘇軾的關係，當探究蘇軾的學術走向時，此文陳述的內涵，必然具有不可漠視的價值。剖析引文論述的內容，條理所得觀念，約有三個面向是值得令人關注的：其一，「文」有轉變，言有實學。從「得之於天」、不爲「空言」到「其文一變」，顯示了蘇軾在文章方面的發展過程。然而，一個值

〔註38〕蘇軾：〈書合浦舟行〉，孔凡禮點校《蘇軾文集》（北京：中華書局，2008 年 7 月），頁 2277。蘇軾寫於元符三年（1100）。

〔註39〕蘇軾：〈與王庠 5〉，《蘇軾文集》，頁 1821～1822。

〔註40〕蘇轍：〈亡兄子瞻端明墓誌銘〉，陳宏天、高秀芳校點：《蘇轍集》（北京：中華書局，1990 年 8 月），頁 1126～1127。

得令人深思的現象，蘇轍將文章寫作與學術思維交錯呈現，不當只是單純順時呈現而已，必然另有深意。此外，文章產生轉變的時間是在「謫居於黃」之後，所以如此，其中未明之內涵，實有深意。其次，推明絕學，盡心微言。蘇轍特意將蘇軾在學術思想上的成果作爲銘文的收束，可見其學術精神之所在，亦透露出儒道對於文可能具有的意義。其三，心通莊、老、釋之學。透過蘇轍的陳述，先有《莊子》之「得吾心」的快意，後有釋、老與孔子的相參，可見蘇軾對於儒學之外的學術思想，是有深入的理解與探究。

怎麼看待蘇轍的陳述呢？關於第一個面向，其實就是文與道的問題。試觀蘇軾之所云：

> 孔子曰：「有德者必有言。」非有言也，德之發於口者也。〔註41〕

> 足下之文，過人處不少，如〈李氏墓表〉及〈子駿行狀〉之類，筆勢翩翩，有可以追古作者之道。至若前所示〈兵鑑〉，則讀之終篇，莫知所謂。意者足下未甚有得於中而張其外者；不然，則老病昏惑，不識其趣也。以此，私意猶冀足下積學不倦，落其華而成其實。深願足下爲禮義君子，不願足下豐於才而廉於德也。〔註42〕

> 昔吾先君適京師，與卿士大夫遊，歸以語軾曰：「自今以往，文章其日工，而道將散矣。士慕遠而忽近，貴華而賤實，吾已見其兆矣。」以魯人兒繹先生之詩文十餘篇示軾曰：「小子識之。後數十年，天下無復爲斯文者也。」先生之詩文，皆有爲而作，精悍確苦，言必中當世之過，鑿鑿乎如五穀必可以療飢，斷斷乎如藥石必可以伐病。其遊談以爲高，枝詞以爲觀美者，先生無一言焉。其後二十餘年，先君既沒，而其言存。士之爲文者，莫不超然出於形器之表，微言高論，既已鄙陋漢、唐，而其反復論難，正言不諱，如先生之文者，世莫之貴矣。〔註43〕

> 及讀所惠詩文，不數篇，輒拊掌太息，此自世間奇男子，豈可以世俗趣舍量其心乎！詩文皆奇麗，所寄不齊，而皆歸合於大道，軾又何言者。〔註44〕

〔註41〕 蘇軾：〈范文正公文集敘〉，《蘇軾文集》，頁 312。
〔註42〕 蘇軾：〈與李方叔書〉，《蘇軾文集》，頁 1420。
〔註43〕 蘇軾：〈兒繹先生詩集敘〉，《蘇軾文集》，頁 313。
〔註44〕 蘇軾：〈答陳師仲主簿書〉，《蘇軾文集》，頁 1428。

第一則論述是闡釋孔子「有德者必有言」的含意，揭示「德」與「言」的一體關係，也可看做是文與道關係的表述。第二則論述是根據對文章的具體分析，採用華實、中外的觀念，指出當積學而有得，使道德禮義內具其中，自然能夠使文章展現出意義。當然，文章與道德之間，不必然是一體的關係，只是一體的呈現始有真價值，所以才會有「才」、「德」一致的期待。第三則論述即深入且明確地針對文與道進行辨析，蘇軾透過引述蘇洵言語的方式，揭示了當時「文」走向「工」而「道」走向「散」的背離狀態，根據對髯繹先生詩文的讚許，可知對於這種演變趨勢，蘇軾是不以為然的。此外，透過蘇軾對「微言高論」的批判，而明示「遊談以為高，枝詞以為觀美」之不足取，可知所謂「道」的散離，並不只是有無的問題，尚有涉及到「道」之內涵的省思，這也就隱含了蘇軾關於「道」的獨特理會。第四則論述也是明白揭示文與道的關係，所謂「歸合於大道」即是。由是可知，蘇轍的表述，正符合於蘇軾文道為一的觀點。

關於第二個面向，即是蘇軾對於儒家經典的態度與看法。如前引文所述，蘇軾對於所撰《易》、《書》、《論語》三書是極為珍視的。為能有更加清楚的認識，試觀其相關的論述：

> 到黃州，無所用心，輒復覃思於《易》、《論語》，端居深念，若有所得，遂因先子之學，作《易傳》九卷。又自以意作《論語說》五卷。窮苦多難，壽命不可期。恐此書一旦復淪沒不傳，意欲寫數本留人間。念新以文字得罪，人必以為凶衰不祥之書，莫肯收藏。又自非一代偉人不足託以必傳者，莫若獻之明公。而《易傳》文多，未有力裝寫，獨致《論語說》五卷。公退閒暇，一為讀之，就使無取，亦足見其窮不忘道，老而能學也。〔註45〕

> 某閒廢無所用心，專治經書。一二年間，欲了卻《論語》、《書》、《易》，舍弟已了卻《春秋》、《詩》。雖拙學，然自謂頗正古今之誤，粗有益於世，瞑目無憾也。〔註46〕

> 某自謫居以來，可了得《易傳》九卷，《論語說》五卷。今又下手作《書傳》。迂拙之學，聊以遣日，且以為子孫藏耳。子由亦了卻《詩

〔註45〕蘇軾：〈黃州上文潞公書〉，《蘇軾文集》，頁 1380。
〔註46〕蘇軾：〈與滕達道 21〉，《蘇軾文集》，頁 1482。

傳》，又成《春秋集傳》。〔註47〕

> 所喜者，海南了得《易》、《書》、《論語傳》數十卷，似有益於骨朽
> 後人耳目也。〔註48〕

> 某凡百如昨，但撫視《易》、《書》、《論語》三書，即覺此生不虛
> 過。〔註49〕

從引文的內容，可以瞭解到：其一，關於寫作的歷程。蘇軾雖然記述謂「一
二年間」即欲完成三書的寫作，而實際上在黃州時期也確實完成了《易傳》
九卷與《論語說》五卷的寫作，但或許是有未盡意之處而作了修改，也或許
是進行了內容的補充，從「海南了得《易》、《書》、《論語傳》數十卷」一
語，可知盡心於三書的時間跨度是非常長的，從謫居黃州（1080）的時間開
始算起，一直到貶居海南（1098～1100），期間約有二十年的時間。〔註50〕其
次，關於寫作的順序。蘇軾完成經學作品的順序，當是先作《易傳》，繼而為
《論語說》，終成《書傳》。引文所言《論語說》與《論語傳》，可能是同指一
書。其三，關於寫作的態度。從「有益於世」與「有益於骨朽後人耳目」來
說，正展現其強調學術當真實有用的思維，而「瞑目無憾」與「覺此生不虛
過」的表述，正透露出其一生所肯認、有得的價值內涵，皆具現在此三書之
中。換言之，蘇軾學術的歸宿，仍在儒者之「道」上。蘇軾云：

> 孔壁、汲冢竹簡科斗，皆漆書也。終於蠹壞。景鐘、石鼓益堅，古
> 人為不朽之計亦至矣。然其妙意所以不墜者，特以人傳人耳。大哉
> 人乎！《易》曰：「神而明之，存乎其人。」吾作《易、書傳》、《論
> 語說》，亦粗備矣。嗚呼！又何以多為。〔註51〕

此篇撰寫於作品完成之後，當可更加貼近蘇軾的思維。透過引文，可以瞭解
到蘇軾自信三書是直契聖人之道的，只是作為「題」，蘇軾更想要表明的是
「妙意」之不墜，關鍵不在媒介，而是需要「人」的有得。與此相關，蘇
軾云：

〔註47〕蘇軾：〈與王定國11〉，《蘇軾文集》，頁1519～1520。
〔註48〕蘇軾：〈答李端叔3〉，《蘇軾文集》，頁1540。
〔註49〕蘇軾：〈答蘇伯固3〉，《蘇軾文集》，頁1741。
〔註50〕蘇軾年譜的資料，參考王水照、朱剛所作《蘇軾評傳》（南京：南京大學出版
社，2006年7月），頁596～604。
〔註51〕蘇軾：〈題所作書易傳論語說〉，《蘇軾文集》，頁2073。

> 示諭治《春秋》學，此學者本務，又何疑焉。此書自有妙用，學者
> 罕能理會，多求之繩約中。乃近法家者流，苛細繳繞，竟益何用。
> 惟丘明識其妙用，然不肯盡談，微見端兆，欲使學者自求之，故僕
> 以爲難，未敢輕論也。凡人爲文，至老，多有所悔。僕嘗悔其少作
> 矣，若著成一家之言，則不容有所悔。當且博觀而約取，如富人之
> 築大第，儲其材用，既足而後成之，然後爲得也。〔註52〕

宋人在文學呈現上特意彰顯「自成一家」的特質，然而從蘇軾的角度來說，所謂「著成一家之言」，恐非只是今人以爲的文學創作而已。蘇軾有云：「向在科場時，不得已作應用文，不幸爲人傳寫，深可羞愧，以此得虛名。」〔註53〕與引文所謂「多有所悔」，可知蘇軾對於文章寫作的呈現是有特別的要求。關於這個要求，蘇軾通過《春秋》學，指出就是要能博觀而約取、自求而有得。由是可知，人／自得、經學／文章、道／妙意三者乃是一體的關係。

關於第三個面向，蘇軾有云：「余以爲莊子蓋助孔子者，要不可以爲法耳。」〔註54〕是知，理有相涉相通之處，本非如彼疆我域可截然劃分，所謂「得吾心」，乃其一端而已。又如云：「儒者或曰老、《易》，夫《易》豈老子之徒歟？而儒者至有以老子說《易》，則是離性以爲情者，其弊固至此也。」〔註55〕同樣清楚地指出了儒家經典與老子思想間具有不可渾同的價值內涵。由是而言，蘇軾立身於儒家，自任於道，應是未嘗改變。

綜上所述，可知圍繞於經學所展現的兩個宋學的精神特質——「斯文」的承擔與「一家之言」的成就，對於蘇軾而言，是具有深刻的意義，因此單純透過文學的角度來解析蘇軾的學術價值，在缺乏全面性與整體性的掌握下，可能滑落了其學術的核心精神。

二、「文理自然」的文道觀

根據以上的論述，蘇軾的文道觀與其儒學思想具有緊密的相關性，也就是說，蘇軾在「道」方面的所得將與「文」有著一致性的展現。關於這樣的觀點，蘇軾云：

〔註52〕蘇軾：〈與張嘉父7〉，《蘇軾文集》，頁1564。
〔註53〕蘇軾：〈答劉巨濟書〉，《蘇軾文集》，頁1433。
〔註54〕蘇軾：〈莊子祠堂記〉，《蘇軾文集》，頁347。
〔註55〕蘇軾：〈韓愈論〉，《蘇軾文集》，頁115。

所示書教及詩賦雜文，觀之熟矣。大略如行雲流水，初無定質，但
常行於所當行，常止於不可不止，文理自然，姿態橫生。孔子曰：「言
之不文，行之不遠。」又曰：「辭達而已矣。」夫言止於達意，即疑
若不文，是大不然。求物之妙，如繫風捕影，能使是物了然於心者，
蓋千萬人而不一遇也。而況能使了然於口與手者乎？是之謂辭達。
辭至於能達，則文不可勝用矣。揚雄好爲艱深之詞，以文淺易之說，
若正言之，則人人知之矣。此正所謂雕蟲篆刻者，其《太玄》、《法
言》皆是類也。而獨悔於賦，何哉？終身雕蟲，而獨變其音節，便
謂之經，可乎？屈原作《離騷經》，蓋風雅之再變者，雖與日月爭光
可也。可以其似賦而謂之雕蟲乎？使賈誼見孔子，升堂有餘矣，而
乃以賦鄙之，至與司馬相如同科！雄之陋，如此比者甚眾。可與知
者道，難與俗人言也。因論文偶及之耳。歐陽文忠公言文章如精金
美玉，市有定價，非人所能以口舌定貴賤也。〔註56〕

這是探究蘇軾文學觀時必然引述的資料，論者多提取「行雲流水」的說法作
爲論述的焦點，蘇軾亦有謂「夫昔之爲文者，非能爲之爲工，乃不能不爲之
爲工也。」〔註57〕揭示了一個自然，無人爲之刻意的寫作取向，然而就宋人
在文學上具有「知性反省」〔註58〕的思維特質來說，蘇軾所講求的「自然」，
其中尚有其自覺的思維內涵。該如何理解呢？首先，從評述的作品含括了「書
教及詩賦雜文」以及對於揚雄寫作的具體批判，可以瞭解到蘇軾的觀點並非
是針對某種文體而已，也就是說，不拘於寫作的形式，關注的是文章所呈現
出的內涵。其次，關於內涵，蘇軾提出了「能使是物了然於心」的觀點。與
眞實描繪事物的樣貌不同，蘇軾所指的「了然於心」是指存之於物的「理」，
作者需要有清楚地理會，進而在寫作時成爲作品的內蘊──「意」。其三，關
於文辭的運用方面，蘇軾透過闡釋孔子的觀點來揭示自身的思維。蘇軾指出
辭能達意的「辭達」就是最極致的表現，因爲「理」是具有深厚的意蘊，所
謂「千萬人而不一遇」，當有所得，則若能曲盡其妙，其文之精彩，自可想見。
此間思維的關鍵，就將「理」的視野拓展開來，這也是宋代儒者所具有的思
維特質，當然蘇軾自有其關於「理」的獨特理會，容後再述。是故，在蘇軾

〔註56〕 蘇軾：〈與謝民師推官書〉，《蘇軾文集》，頁 1418～1419。
〔註57〕 蘇軾：〈南行前集敘〉，《蘇軾文集》，頁 323。
〔註58〕 龔鵬程：〈知性的反省──宋詩的基本風貌〉，見《文學與美學》（臺北：業強
　　　　出版社，1995 年 1 月修訂版），頁 152～203。

思維脈絡中，當能「辭達」，即無所謂「不文」的問題。根據以上的論述，若要將整體的觀點作一概念的揭示，透過蘇軾的表述，這就是一種有「文」有「理」之「文理自然」的展現。以下進一步探究其中的內涵。

（一）關於「道」的理會

蘇軾對於「道」的理會，主要的內涵有：

1.「責實」

蘇軾對於「道」的理會，有一個重要的取向，就是強調「實」的觀點，這是與時代的課題有緊密的相關性，其言云：

> 軾聞治事不若治人，治人不若治法，治法不若治時。時者，國之所以存亡，天下之所最重也。……軾將論其時之病……軾敢以今之所患二者，告於下執事。其一曰：用法太密而不求情。其二曰：好名太高而不適實。此二者，時之大患也。……人與法並行而不相勝，則天下安。……夫人各有才，才各有小大。大者安其大，而無忽於小。小者樂其小，而無慕於大。是以各適其用，而不喪其所長。及至後世，上失其道，而天下之士，皆有侈心，恥以一藝自名，而欲盡天下之能事。是故喪其所長，而至於無用。今之士大夫，其實病此也。仕者莫不談王道，述禮樂，皆欲復三代，追堯舜，終於不可行，而世務因以不舉。學者莫不論天人，推性命，終於不可究，而世教因以不明。自許太高，而措意太廣。太高則無用。太廣則無功。是故賢人君子布於天下，而事不立。聽其言，則侈大而可樂。責其效，則汗漫而無當。此皆好名之過。〔註59〕

這篇文章寫作於嘉祐六年（1061）。透過引文內容的表述，可以獲知兩個重要的訊息，一個是蘇軾的思維模式，一個是時代所面對的課題。就前者而言，蘇軾面對現實的課題，其思考的模式，由先而後，從本至末來說，為：時→法→人→事。不過，事實上這只是理論上序的分辨，在蘇軾的視野中，四者當為相應的關係，即以人與法而言，雖說先後有別，但實質上講求的是「人與法並行而不相勝，則天下安。」就後者而言，透過蘇軾的識見，當時所面對的課題，有兩個方面，一個是情與法的問題，所謂「用法太密而不求情」即是，另一個是名與實的問題，所謂「好名太高而不適實」即是。追根究底，

〔註59〕蘇軾：〈應制舉上兩制書〉，《蘇軾文集》，頁1391～1392。

其實這兩個面向，仍是關涉到「人」身上。情與法，不用說即是人與法的問題，至於「好名之過」，導致了人才上的問題，終將嚴重影響到國家的發展。蘇軾云：

> 得人之道，在於知人，知人之法，在於責實。……雖復古之制，臣以爲不足矣。夫時有可否，物有廢興。方其所安，雖暴君不能廢。及其既厭，雖聖人不能復。故風俗之變，法制隨之。……昔王衍好老莊，天下皆師之，風俗凌夷，以至南渡。王縉好佛，捨人事而修異教，大曆之政，至今爲笑。故孔子罕言命，以爲知者少也。子貢曰：「夫子之文章，可得而聞也，夫子之言性與天道，不可得而聞也。」夫性命之說，自子貢不得聞，而今之學者，恥不言性命，此可信也哉！今士大夫至以佛老爲聖人，鬻書於市者，非老莊之書不售也，讀其文，浩然無當而不可窮，觀其貌，超然無著而不可挹，豈此眞能然哉。蓋中人之性，安於放而樂於誕耳。使天下之士，能如莊周齊死生，一毀譽，輕富貴，安貧賤，則人主之名器爵祿，所以勵世摩鈍者，廢矣。陛下亦安用之，而況其實不能，而竊取其言以欺世者哉。臣願陛下明勅有司，試之以法言，取之以實學。博通經術者，雖朴不廢，稍涉浮誕者，雖工必黜。則風俗稍厚，學術近正，庶幾得忠實之士，不至蹈衰季之風，則天下幸甚。〔註60〕

文章寫作於熙寧四年（1071），內容所呈現的批判性觀點與王安石的學術必然存有關係，不過一個有趣的現象，文中關注的焦點與前面引文之論述的觀點，顯得極爲近似，王安石的學術是否產生了推波助瀾的作用，值得進一步推敲。在此，我們即可看到蘇軾將關注的焦點鎖定在「人」，因爲當得到忠實之士的輔佐，將能使風俗歸厚，天下得治，但處於知人、得人之中，一個根本的問題，時代的學術風氣產生了名實不一的情形。所謂談王道、述禮樂、復三代、追堯舜的傳統理想，以及新開之論天人，推性命的嶄新視野，正是儒者一心之所向與一生之所務，不過在蘇軾看來，這種風氣的形成，在當時已成爲一股阻礙學術健全發展的障礙，問題的癥結就在於造成士人「自許太高，而措意太廣」的弊病，因爲太高、太廣，就隱含了不可行、不可究的因子，終至於無用且無功的虛空。蘇軾云：

> 近日士大夫皆有僭侈無涯之心，動輒欲人以周、孔譽己，自孟軻以

〔註60〕蘇軾：〈議學校貢舉狀〉，《蘇軾文集》，頁 723～725。

> 下者，皆憮然不滿也。此風殆不可長。又僕細思所以得患禍者，皆
> 由名過其實，造物者所不能堪，與無功而受千鍾者，其罪均也。深
> 不願人造作言語，務相粉飾，以益其疾。〔註61〕

自許太高，措意太廣，終於淪爲僭侈無涯的心態，可見此風影響之大。因此，蘇軾提出了「責實」的觀點，以回應時代課題而期望回歸學術之正。

關於「實」的主張，蘇軾即一再的提及，例如：對於韓愈的批判，即點出其好名而「未能樂其實」的缺失〔註62〕；針對李方叔的寫作呈現莫知所謂的情形，即提出「落其華而成其實」的建議，期望其「勉於道」而使辭意相符〔註63〕；指點姪孫元老爲學，即直接揭示「華實相副」的重要性。〔註64〕除了這些直接呈現「實」的觀點，如蘇軾云：

> 孔子曰：「參乎，吾道一以貫之。」曾子曰：「唯。」子出。門人問
> 曰：「何謂也？」曰：「夫子之道，忠恕而已矣。」師弟子答問，未
> 嘗不「唯」，而曾子之「唯」，獨記於《論語》。一「唯」之外，口耳
> 俱喪，而門人方欲問其所謂，此繫風捕影之流，何足實告哉！〔註65〕

這也與名實的問題存有關係。「唯」在孔子與曾子的特定對話中，具有實質的意涵，意味曾子契會得孔子的表述，以「忠恕」詮釋一以貫之的道即是，而其餘門人的提問，既未有得，不過只是襲其形貌，有何意義。也就是說，蘇軾的思維，是要破除形式上的具有，對於「繫風捕影」之好名的流俗予以重擊。

關於導致儒者失「實」的原因，蘇軾是有清楚的掌握，蘇軾云：

> 甚矣，道之難明也。論其著者，鄙滯而不通；論其微者，汗漫而不可
> 考。其弊始於昔之儒者，求爲聖人之道而無所得，於是務爲不可知
> 之文，庶幾乎後世之以我爲深知之也。後之儒者，見其難知，而不知
> 其空虛無有，以爲將有所深造乎道者，而自恥其不能，則從而和之
> 曰然。相欺以爲高，相習以爲深，而聖人之道，日以遠矣。〔註66〕

〔註61〕蘇軾：〈答李方叔書〉，《蘇軾文集》，頁1431。

〔註62〕蘇軾：〈韓愈論〉，《蘇軾文集》，頁113～115。

〔註63〕蘇軾：〈與李方叔書〉，《蘇軾文集》，頁1420。

〔註64〕蘇軾：〈與姪孫元老2〉，《蘇軾文集》，頁1842。

〔註65〕蘇軾：〈辯曾參說〉，《全宋文》第44冊，頁435～436。論述內容與〈跋荊溪外集〉相近，見《蘇軾文集》，頁2061。

〔註66〕蘇軾：〈中庸論上〉，《蘇軾文集》，頁60。

「道之難明」，可以說是延續著韓愈所提出之道統的議題。蘇軾用「實」的觀點來解釋何以聖人之道的不明，認爲這是儒者競相造作語言以粉飾其實無有得所造成的流弊，所謂「相欺以爲高，相習以爲深」，就是對於諸儒爲學狀態的描繪，也是蘇軾的具體感受。對於這種走向，蘇軾透過與孔、孟「鄉原」說的連繫，凸顯救正的必要。蘇軾云：

> 夫君子雖能樂之，而不知中庸，則其道必窮。……君子見危則能死，勉而不死，以求合於中庸。……此孔子、孟子之所爲惡鄉原也。〔註67〕

> 今夫庸人之論有二，其上之人務爲寬深不測之量，而下之士好言中庸之道。……古之所謂中庸者，盡萬物之理而不過，故亦曰皇極。夫極，盡也。後之所謂中庸者，循循焉爲眾人之所能爲，斯以爲中庸矣，此孔子、孟子之所謂鄉原也。……今日之患，惟不取於狂者、獧者，皆取於鄉原，是以若此靡靡不立也。〔註68〕

「鄉原」就是有名而無實，形似而神離，蘇軾在此透過古今對比的方式重新詮釋「中庸」於君子之「道」中的眞實意蘊，指出當今的中庸之道不過是孔孟眼中的「鄉原」，是以「靡靡不立」，眞實的中庸之道是「皇極」，是「盡萬物之理而不過」，其精神反近似當時之「狂者、獧者」的展現。這是蘇軾從「實」的角度，穿透表象重新衡定與明晰價值之眞實意蘊的表現。順此思維，蘇軾在重新釐定中庸之道的過程中，對於「性命之說」也有了相應的安置。蘇軾云：

> 自子思作〈中庸〉，儒者皆祖之以爲性命之說。……其要有三而已矣。三者是周公、孔子之所從以爲聖人，而其虛詞蔓延，是儒者之所以爲文也。是故去其虛詞，而取其三。其始論誠明之所入，其次論聖人之道所從始，推而至於其所終極，而其卒乃始內之於〈中庸〉。……夫誠者，何也？樂之之謂也。樂之則自信，故曰誠。夫明者，何也？知之之謂也。知之則達，故曰明。〔註69〕

關於儒者對於「性命之說」的闡釋，蘇軾以爲這些不過是「虛詞蔓延」而已，要眞能契入其中，惟有透過「知」與「樂」的眞實感受。蘇軾云：

〔註67〕 蘇軾：〈中庸論下〉，《蘇軾文集》，頁63。
〔註68〕 蘇軾：〈策略4〉，《蘇軾文集》，頁236。
〔註69〕 蘇軾：〈中庸論上〉，《蘇軾文集》，頁60。

> 凡今儒者之所論，皆其名也。……臣愚以爲宜先其實而後其名，擇
> 其近於人情者而先之。〔註70〕

回歸於「實」之「知」與「樂」，蘇軾是立基於「情」所展開的思維。

2.「情理」

蘇軾別具一家的思維特質，主要即是由「情」所建構起之「道」的價值體系，根據論述的內涵，亦可簡稱爲「情理」。

如前所述，蘇軾對於聖人之道的掌握，是回歸到「情」的思維，其言云：

> 君子之欲誠也，莫若以明。夫聖人之道，自本而觀之，則皆出於人
> 情。……使吾心曉然，知其當然，而求其樂。……君子之道，推其
> 所從生而言之，則其言約，約則明。〔註71〕

能誠，則具有聖人之道，而明是至於誠的工夫，如何能明呢？蘇軾指出「聖人之道」的根本是「人情」，若能返回到「人情」處審視，即言約而能明。可知在蘇軾的思維裡，「情」就是價值的根源。「情」如何是價值的根源呢？蘇軾云：

> 三代之衰，至于今且數千歲，豪傑有意之主，博學多識之臣，不可
> 以勝數矣，然而禮廢樂墜，則相與咨嗟發憤而卒於無成者，何也？
> 是非其才之不逮，學之不至，過於論之太詳，畏之太甚也？夫禮之
> 初，緣諸人情，因其所安者，而爲之節文，凡人情之所安而有節
> 者，舉皆禮也，則是禮未始有定論也。然而不可以出於人情之所不
> 安，則亦未始無定論也。執其無定以爲定論，則塗之人皆可以爲
> 禮。今儒者之論則不然，以爲禮者，聖人之所獨尊，而天下之事最
> 難成者也。牽於繁文，而拘於小說，有毫毛之差，則終身以爲不
> 可。論明堂者……此皆論之太詳而畏之太甚之過也。夫禮之大意，
> 存乎明天下之分，嚴君臣、篤父子、形孝弟而顯仁義也。今不幸去
> 聖人遠，有如毫毛不合於三代之法，固未害其爲明天下之分也，所
> 以嚴君臣、篤父子、形孝弟而顯仁義者猶在也。……夫法者，末
> 也。……禮者，本也。〔註72〕

〔註70〕蘇軾：〈策別安萬民1〉，《蘇軾文集》，頁254～255。
〔註71〕蘇軾：〈中庸論中〉，《蘇軾文集》，頁61～62。
〔註72〕蘇軾：〈禮以養人爲本論〉，《蘇軾文集》，頁49～50。

如同儒者透過回歸三代的審視以追溯不傳之「道」的內涵一樣，蘇軾也鳥瞰了整個「禮廢樂墜」的過程。對於這個過程，蘇軾的看法就是「論之太詳，畏之太甚」，這和前文所述，「自許太高，而措意太廣」近似，犯了一切往崇高深奧處思考的謬誤。受制於這樣的思考，因而產生禮是聖人之所獨尊，天下最難成之事的認知，所以當牽拘於繁文小說之時，不僅無法進行理性的分辨，並且因爲絲毫的不合，就斷喪了爲禮的心志。對於這樣的思維謬誤，蘇軾的化解之道是「破法反本」。由於蘇軾掌握了禮的根本意涵，瞭解到禮是根據「人情」而來，所謂「凡人情之所安而有節者，舉皆禮也」，就是它最初的型態。「安」與「節」的內涵爲何呢？蘇軾用「禮之大意」將之表出，所謂「嚴君臣、篤父子、形孝弟而顯仁義」、「明天下之分」即是。據此而言，一切存諸人情，則不僅「禮未始有定論」，並且是「塗之人皆可以爲禮」，這就突破了一切當以「三代之法」爲依歸的局限而與諸儒的看法有了很大的差異。與此相關，足資參照的論述，如云：「三代之器，不可復用矣，而其制禮之意，尚可依倣以爲法也。」〔註73〕強調當法「制禮之意」；又云：「自仲尼之亡，六經之道，遂散而不可解。蓋其患在於責其義之太深，而求其法之太切。夫六經之道，惟其近於人情，是以久傳而不廢。」〔註74〕強調「六經之道」之「近於人情」的一面；又有云：「凡天下之邪正，君子之所疑而不能決者，皆至於《春秋》而定。非定於《春秋》，定於禮也。……其情則邪，而其迹若正者有之矣。其情以爲正，而不知其義以陷於邪者有之矣。」〔註75〕邪正通常爲外在現象所隱蔽，從「禮」的角度，才能洞悉其中之眞是非。此外，蘇軾云：

> 太史公論《詩》，以爲「《國風》好色而不淫，《小雅》怨誹而不亂」。以余觀之，是特識變風、變雅耳，烏覩《詩》之正乎？昔先王之澤衰，然後變風發乎情，雖衰而未竭，是以猶止於禮義，以爲賢於無所止者而已。若夫發於性止於忠孝者，其詩豈可同日而語哉！古今詩人眾矣，而杜子美爲首，豈非以其流落飢寒，終身不用，而一飯未嘗忘君也歟。今定國以余故得罪，貶海上五年，一子死貶所，一子死于家，定國亦病幾死，余意其怨我甚，不敢以書相聞。而定國

〔註73〕蘇軾：〈禮論〉，《蘇軾文集》，頁58。
〔註74〕蘇軾：〈詩論〉，《蘇軾文集》，頁55。
〔註75〕蘇軾：〈學士院試春秋定天下之邪正論〉，《蘇軾文集》，頁38～39。

> 歸至江西，以其嶺外所作詩數百首寄余，皆清平豐融，藹然有治世
> 之音，其言與志得道行者無異。幽憂憤歎之作，蓋亦有之矣，特恐
> 死嶺外，而天子之恩不及報，以忝其父祖耳。孔子曰：「不怨天，不
> 尤人。」定國且不我怨，而肯怨天乎！〔註76〕

在這裡，看到了蘇軾對於情性的辨析，不過辨析的不是情性的區別，而是情性之眞究竟爲何的問題。原因是蘇軾認爲情與性是相同的，如其所云：

> 苟性而有善惡也，則夫所謂情者，乃吾所謂性也。……則夫善惡者，
> 性之所能之，而非性之所能有也。且夫言性者，安以其善惡爲
> 哉！……夫太古之初，本非有善惡之論，唯天下之所同安者，聖人
> 指以爲善，而一人之所獨樂者，則名以爲惡。〔註77〕

眾人所謂「情」，即是蘇軾所謂的「性」，「情」與「性」原是無所謂善惡的，只是在展現之後會有善惡的區別，這個區分的依據仍是回到「人情」，以其安與不安來進行辨別。這也是符合於蘇軾所謂之「未始有定論」的觀點。由是，透過引文，可以瞭解到蘇軾對於司馬遷的識見是有所質疑的，但是雖然蘇軾有「發乎情」與「發於性」的用語差異，其實主要的區別乃是在於「止於禮義」與「止於忠孝」的部分，因爲前者應是指向合規範之意，而後者意味發自於主體內在之能「安」的價值精神。由是而言，蘇軾所以稱述杜甫詩作的價值來自於「一飯未嘗忘君」的展現，並不能以外在政治教化的角度來理解，而是當由其關於「人情」的思維脈絡來看，才不會產生歧出的詮釋。

雖然蘇軾透過回到根本的「情」來思考「道」的問題，從而賦予君臣父子仁義孝悌的內涵，這也是儒者所熟知之人倫道德的一面，如蘇軾所云：

> 吾儕雖老且窮，而道理貫心肝，忠義塡骨髓，直須談笑於死生之際，
> 若見僕因窮便相於邑，則與不學道者大不相遠矣。〔註78〕

學「道」而至於「道理貫心肝，忠義塡骨髓」符合於儒者的本色，但如同宋代儒者透過普遍的價值思維──「理」──來展開對「道」之內涵的深化，在蘇軾的思維裡，也有著近似的關注。其言云：

> 然平生學道，專以待外物之變，非意之來，正須理遣耳。〔註79〕

學道有得而能應外物之變，原因在於有「理」。何謂「理」呢？試觀蘇軾之

〔註76〕蘇軾：〈王定國詩集敘〉，《蘇軾文集》，頁318。
〔註77〕蘇軾：〈揚雄論〉，《蘇軾文集》，頁111。
〔註78〕蘇軾：〈與李公擇11〉，《蘇軾文集》，頁1500。
〔註79〕蘇軾：〈與滕達道20〉，《蘇軾文集》，頁1481。

所云：

> 物有畛而理無方，窮天下之辯，不足以盡一物之理。達者寓物以發
> 其辯，則一物之變，可以盡南山之竹。學者觀物之極，而游於物之
> 表，則何求而不得。故輪扁行年七十而老於斲輪，庖丁自技而進乎
> 道，由此其選也。……今道輔無所發其辯，而寓之於茶，爲世外淡
> 泊之好，此以高韻輔精理者。〔註80〕

> 軾不佞，自爲學至今，十有五年。以爲凡學之難者，難於無私。無
> 私之難者，難於通萬物之理。故不通乎萬物之理，雖欲無私，不可
> 得也。己好則好之，己惡則惡之，以是自信則惑也。是故幽居默處
> 而觀萬物之變，盡其自然之理，而斷之於中。其所不然者，雖古之
> 所謂賢人之說，亦有所不取。雖以此自信，而亦以此自知其不悦於
> 世也。故其言語文章，未嘗輒至於公相之門。〔註81〕

> 聖人之論性也，將以盡萬物之天理，與眾人之所共知者，以折天下
> 之疑。〔註82〕

「物有畛而理無方」，呈現出物與理的兩個層次，由是「通萬物之理」，似是
成爲追尋一個普遍的價值意涵，然而事實上蘇軾的思維當非如此，所謂「觀
物之極」、「盡其自然之理」、「盡萬物之理」，在無有定論的思維脈絡底下，從
「情」的角度來思考，就是尋求萬物中能使其「安」的內涵，此雖有共性，
但與個體的殊異性卻具有更緊密的關係，所以蘇軾強調「寓物」、「觀萬物之
變」的觀點。由是而言，透過「情理」的視野，展現的是對於客體的敬重。
蘇軾的這種思維取向，源於形上形下渾然一體的觀點，試觀其所云：「天以一
生水，地以六成之，一六合而水可見。雖有神禹，不能知其孰爲一孰爲六
也。」〔註83〕一與六雖都是成就水的要素，但成爲水時，要再分辨何者爲
一，何者爲六，已是不可能，而是整體性的呈現意義。又，蘇軾云：

> 蘇子曰：「道可致而不可求。」何謂致？……莫之求而自至，斯以爲
> 致也歟？南方多沒人，日與水居也，七歲而能涉，十歲而能浮，十
> 五而能沒矣。夫沒者，豈苟然哉，必將有得於水之道者。日與水居，

〔註80〕 蘇軾：〈書黃道輔品茶要錄後〉，《蘇軾文集》，頁2067。
〔註81〕 蘇軾：〈上曾丞相書〉，《蘇軾文集》，頁1379。
〔註82〕 蘇軾：〈揚雄論〉，《蘇軾文集》，頁111。
〔註83〕 蘇軾：〈送錢塘僧思聰歸孤山敘〉，《蘇軾文集》，頁325。

則十五而得其道。生不識水，則雖壯，見舟而畏之。故北方之勇者，
問於沒人，而求其所以沒，以其言試之河，未有不溺者也。故凡不
學而務求道者，北方之學沒者也。〔註84〕

即是對個別之整體性的重視，所以蘇軾強調真實的意義來自於各自的體現，
所謂「道可致而不可求」，就是要彰顯知行兩分的謬誤，這也是「情理」之殊
異性的展現。

　　3.「氣」

　　與「情理」的意蘊，具有緊密的相關性，即是「氣」的概念，蘇軾云：

士之不能自成，其患在於俗學。俗學之患，枉人之材，窒人之耳目，
誦其師傅造字之語，從俗之文，才數萬言，其為士之業盡此矣。夫
學以明禮，文以述志，思以通其學，氣以達其文。古之人道其聰明，
廣其聞見，所以學也，正志完氣，所以言也。〔註85〕

這裡蘇軾不僅討論到「致道」的問題，並且涉及到寫作的方面，所謂「明
禮」與「述志」即是。雖然從論述的內容來看，「正志完氣」是歸屬於言，「氣」
似乎成為文方面的課題，但在「文以述志」與「氣以達其文」架構中，志於
道之「志」與「氣」，就有了相通的意涵。換言之，「氣」是主體「致道」的
展現。試觀蘇軾另一則相關論述，其言云：

軾聞天下之所少者，非才也。才滿於天下，而事不立。天下之所少
者，非才也，氣也。何謂氣？曰：是不可名者也。若有鬼神焉而陰
相之。今夫事之利害，計之得失，天下之能者，舉知之而不能辨。
能辨其小，而不能辨其大，則氣有所不足也。夫氣之所加，則己大
而物小，於是乎受其至大，而不為之驚，納其至繁，而不為之亂，
任其至難，而不為之憂，享其至樂，而不為之蕩。是氣也，受之於
天，得之於不可知之間，傑然有以蓋天下之人，而出萬物之上，非
有君長之位，殺奪施與之權，而天下環嚮而歸之，此必有所得者
矣。多才而敗者，世之所謂不幸者也。若無能焉而每以成者，世之
所謂天幸者也。夫幸與不幸，君子之論，不施於成敗之間，而施於
窮達之際，故凡所以成者，其氣也，其所以敗者，其才也。氣不能
守其才，則焉往而不敗？世之所以多敗者，皆知求其才，而不知論

〔註84〕蘇軾：〈日喻〉，《蘇軾文集》，頁1981。
〔註85〕蘇軾：〈送人序〉，《蘇軾文集》，頁325。

其氣也。〔註86〕

蘇軾將「才」與「氣」兩分，從而凸顯「氣」所具有的價值。「氣」所以具有意義，蘇軾在這裡指出「是氣也，受之於天，得之於不可知之間……」不免論之太高，從其思維脈絡來說，實質上就是「明禮」，就是得人情之所安的「情理」。

（二）關於「文」的看法

相應於「道」的觀點，蘇軾關於「文」的見解，主要有以下三種取向。

1.「辭達」

蘇軾在「文」的方面闡述最爲用力的就是孔子「辭達」的觀點，其言云：

> 孔子曰：「辭達而已矣。」物固有是理，患不知之，知之患不能達之於口與手。所謂文者，能達是而已。〔註87〕

藉由孔子的觀點，蘇軾揭示了「文」該有的要求，而這嶄新的詮釋就是要求辭當要能達理，達一人情之所安的價值內涵。又云

> 前後所示著述文字，皆有古作者風力，大略能道意所欲言者。孔子曰：「辭達而已矣。」辭至於達，止矣，不可以有加矣。〈經說〉一篇，誠哉是言也。西漢以來，以文設科而文始衰，自賈誼、司馬遷，其文已不逮先秦古書，況其下者。文章猶爾，況所謂道德者乎？……儒者之病，多空文而少實用。賈誼、陸贄之學，殆不傳於世。……應舉者志於得而已。今程試文字，千人一律，考官亦厭之，未必得也。如君自信不回，必不爲時所棄也。〔註88〕

從華實相副與「正志完氣」的思維來看，「辭至於達，止矣，不可以有加」講求之辭意相合，就是華實相副的展現，而對「千人一律」，「志於得」之失去自我寫作，就是違逆了「正志完氣」的個體性。又云：

> 臣聞有意而言，意盡而言止者，天下之至言也。……三代之衰，學校廢缺，聖人之道不明，而其所以猶賢於後世者，士未知有科舉之利。故戰國之際，其言語文章，雖不能盡通於聖人，而皆卓然近於可用，出於其意之所謂誠然者。自漢以來，世之儒者，忘己以徇人，

〔註86〕蘇軾：〈上劉侍讀書〉，《蘇軾文集》，頁 1386～1387。
〔註87〕蘇軾：〈答虔倅俞括一首〉，《蘇軾文集》，頁 1793。
〔註88〕蘇軾：〈與王庠書〉，《蘇軾文集》，頁 1422～1423。

> 務射策決科之學，其言雖不叛於聖人，而皆泛濫於辭章，不適於
> 用。……今陛下承百王之弊，立於極文之世，而以空言取天下之
> 士……。〔註89〕

所謂「意盡而言止」的「至言」，就是「辭達」的概念，而所謂的「意」，亦即是「氣」，是作者之所安的價值內涵，而通同於眾人之所安，由是必然具有用的意義。相反地，「忘己以徇人」，就是沒有「意」，不見作者之「氣」，當然是無用之「空言」。依此觀點，蘇軾即云：

> 伏以聖人設文章之教，本以御民；君子在野田之間，亦學爲政。故
> 知禮樂者可與言化，通《春秋》者長於治人。蓋三代之所常行，於
> 六經可以備見。事爲之制，曲爲之防。使學者皆能明其心，則天下
> 可以運諸掌。降及近世，析爲二塗。凡王政皆出於刑書，故儒術不
> 通於吏事。惟其所以治民者，固不本於學；而其所以爲學者，亦無
> 施於民。遊庠校者忘朝廷，讀法律者捐詩賦。場屋後進，挾聲技以
> 相夸；王公大人，顧雕蟲而自笑。舊學無用，古風遂忘。終始之
> 意，曾不相沿；貴賤之間，亦因遂闊。下之士有學古之意，而無學
> 古之功；上之人有用儒之名，而無用儒之實。……不泥於古，不牽
> 於今。非有苛碎難知之文，將觀磊落不羈之士。使天下知文章誠可
> 以制治，知聲律不足以入官。失之者固因而自新，得之者不至於捐
> 舊。〔註90〕

與二程對於當時爲學的不滿一樣，蘇軾也以「析爲二塗」的說法進行批判，然而「文章誠可以制治」的觀點，實與制度政令不同，蘇軾所謂的用，當是從順人情而爲之節的「禮」來進行表述的。由是以觀，蘇軾所云：「文章以華采爲末，而以體用爲本。」〔註91〕就不會覺得突兀了。此外，蘇軾云：

> 吾文如萬斛泉源，不擇地皆可出，在平地滔滔汩汩，雖一日千里無
> 難。及其與石山曲折，隨物賦形，而不可知也。所可知者，常行於
> 所當行，常止於不可不止，如是而已矣。其他雖吾亦不能知也。
>
> 〔註92〕

這樣的描繪，正符合其關於「情」的思維脈絡。所謂「萬斛泉源」，即是有得

〔註89〕蘇軾：〈策總敘〉，《蘇軾文集》，頁 225。
〔註90〕蘇軾：〈謝秋賦試官啓〉，《蘇軾文集》，頁 1334。
〔註91〕蘇軾：〈答喬舍人啓〉，《蘇軾文集》，頁 1363。
〔註92〕蘇軾：〈自評文〉，《蘇軾文集》，頁 2069。

於內，「不擇地皆可出」，可以是為是表達的媒介，而「隨物賦形」以下，可以視為是「盡萬物之理」之涉及客體的部分，因此所謂「不能知」，也就所謂無定論而有定論的內涵。

2.「平淡」

蘇軾延續著韓愈與宋人講求奇特的取向，對於「奇麗」的呈現，亦多所提及，並表達肯定之意，這或許與強調主體性的思維有關，但這仍不是蘇軾眼中的最終歸趨。蘇軾云：

> 詩以奇趣為宗，以反常合道為趣。〔註93〕

> 晁君騷辭，細看甚奇麗，信其家多異材耶？然有少意，欲魯直以己意微箴之。凡人文字，當務使平和，至足之餘，溢為怪奇，蓋出於不得已也。晁文奇麗似差早，然不可直云爾。非謂避諱也，恐傷其邁往之氣，當為朋友講磨之語乃宜。〔註94〕

> 讀所惠詩文，不數篇，輒拊掌太息，此自世間奇男子，豈可以世俗趣舍量其心乎！詩文皆奇麗，所寄不齊，而皆歸合於大道，軾又何言者。〔註95〕

> 少游近日草書，便有東晉風味，作詩增奇麗。乃知此人不可使閑，遂兼百技矣。技進而道不進，則不可，少游乃技道兩進也。〔註96〕

所謂「反常合道」、「歸合於大道」、「技道兩進」，可見「道」仍是主要的關注焦點，而在此思維之下，蘇軾指出詩之「奇趣」、「奇麗」的展現是值得肯定的。換言之，「奇」的展現與「道」具有相通之處。不過，如同蘇軾在「情理」思維上的特質一樣，沒有可以執著的定論，因此對於奇的呈現仍是存有意見。其言云：

> 石介作〈三豪〉詩，略云：「曼卿豪於詩，永叔豪於文，杜默字師雄者豪於歌也。」永叔亦贈默云：「贈之三豪篇，而我濫一名。」默之歌，少見於世，初不知之。後聞其篇，云「學海波中老龍，聖人門前大虫」，皆此等語，甚矣介之無識也。永叔不欲嘲笑之者，此公惡爭名，且為介諱也。吾觀杜默豪氣，正是京東學究飲私酒食瘴死牛

〔註93〕蘇軾：〈書柳子厚漁翁詩〉，《全宋文》第44冊，頁440。
〔註94〕蘇軾：〈答黃魯直2〉（徐州），《蘇軾文集》，頁1532。
〔註95〕蘇軾：〈答陳師仲主簿書〉，《蘇軾文集》，頁1428。
〔註96〕蘇軾：〈跋秦少游書〉，《蘇軾文集》，頁2194。

肉飽後所發者也。作詩狂怪，至盧仝、馬異極矣，若更求奇，便作
杜默矣。〔註97〕

詩須要有爲而作，用事當以故爲新，以俗爲雅。好奇務新，乃詩之
病。柳子厚晚年詩，極似陶淵明，知詩病者也。〔註98〕

凡文字，少小時須令氣象崢嶸，采色絢爛，漸老漸熟乃造平淡；其
實不是平淡，絢爛之極也。汝只見爺伯而今平淡，一向只學此樣，
何不取舊日應舉時文字看，高下抑揚，如龍蛇捉不住，當且學此。
〔註99〕

以「平淡」扭轉「奇」的認知，並且用辯證的方式，指出「平淡」而非「平
淡」的意蘊，由此可知，蘇軾的思維充分體見於創作之中。有關「平淡」的
觀點，蘇軾尙有云：

所貴乎枯澹者，謂其外枯而中膏，似澹而實美，淵明、子厚之流是
也。〔註100〕

李、杜之後，詩人繼作，雖間有遠韻，而才不逮意，獨韋應物、柳
宗元發纖穠於簡古，寄至味於澹泊，非餘子所及也。〔註101〕

所謂「似澹而實美」、「寄至味於澹泊」，從道的理解來說，就是需要有最眞實
之「安」的「意」，即能在看似平凡中展現非凡意義。

3.「辭氣」

相應於「道」之內涵中的「氣」的概念，蘇軾在「文」的部分也提出了
「氣」的觀點，其云：

陶潛詩：「採菊東籬下，悠然見南山。」採菊之次，偶然見山，初不
用意，而境與意會，故可喜也。今皆作「望南山」。杜子美云：「白
鷗沒浩蕩，萬里誰能馴。」蓋滅沒於烟波間耳。而宋敏求謂予云：
「鷗不解『沒』」，改作「波」字。二詩改此兩字，便覺一篇神氣索
然也。〔註102〕

〔註97〕蘇軾：〈評杜默詩〉，《蘇軾文集》，頁2131。
〔註98〕蘇軾：〈題柳子厚詩2〉，《蘇軾文集》，頁2109。
〔註99〕蘇軾：〈與二郎姪〉，《全宋文》第44冊，頁150。
〔註100〕蘇軾：〈評韓柳詩〉，《蘇軾文集》，頁2109～2110。
〔註101〕蘇軾：〈書黃子思詩集後〉，《蘇軾文集》，頁2124。
〔註102〕蘇軾：〈書諸集改字〉，《蘇軾文集》，頁2099。

透過引文可以瞭解到蘇軾認為文章是具有一個整體性，這個整體性能夠體現出作者的精神，所謂「神氣」即是。當詩文一被任意改動，整體性就被破壞了，「神氣」也因而泯滅不見。又，其言云：

> 然天下之人，常患求而莫得其意之所主，此其故何也？天下之人，以為聖人之文章，非復天下之言也，而求之太過。是以聖人之言，更為深遠而不可曉。且天下何不以己推之也？將以喜夫其人，而加之以怒之之言，則天下且以為病狂，而聖人豈有以異乎人哉？不知其好惡之情，而不求其言之喜怒，是所謂大惑也。……愚故曰：《春秋》者，亦人之言而已，而人之言，亦觀其辭氣之所嚮而已矣。〔註103〕

> 先儒皆知夫《春秋》立法之嚴，而不知其甚寬且恕也；皆知其譏不義，而不知其譏不義之所由起也。……夫善觀《春秋》者，觀其意之所嚮而得之，故雖夫子之復生，而無以易之也。〔註104〕

《春秋》是儒家經典，教化的色彩不可謂不重，然而在蘇軾的思維裡，透過「情理」的解讀，一切回歸到最平凡而切近的真實體悟。「辭氣之所嚮」與「意之所嚮」近似，是人情之所安的部分，來自於自身的真切體悟，並不是被賦予的崇高價值。從「以己推之」而言，即可看到蘇軾對於主體的重視，也可以看到文章的平凡而深具意義的一面。

三、與王安石及二程的對話

　　如上所述，蘇軾的學術思維是以「情理」為核心，則與王安石的「精義」、「至理」，以及二程的「天理」、「自得」，在本末始終上顯有差異的情形下，自然存在著對話的空間。

　　依理而言，重視個體殊異性的二程與蘇軾〔註105〕，應該較易促成彼此間的對話，但是實際上蘇軾與程頤的衝突卻是最大的。根據現有資料，兩造衝突的根源大體多被界定在辦理司馬光之喪事的過程上，記述有云：

> 溫公薨，朝廷命伊川先生主其喪事。是日也，祀明堂禮成，而二

〔註103〕蘇軾：〈春秋論〉，《蘇軾文集》，頁58～60。
〔註104〕蘇軾：〈論鄭伯以璧假許由〉，《蘇軾文集》，頁67～68。
〔註105〕包弼德指出包括歐陽脩、蘇軾、王安石與二程等人都把自己當作斯文的承載體，文見〈蘇軾的道：盡個性而求整體〉，《斯文：唐宋思想的轉型》，頁269。

> 蘇往哭溫公，道遇朱公掞，問之。公掞曰：「往哭溫公，而程先生
> 以爲慶弔不同日。」二蘇悵然而反，曰：「鏖糟陂裏叔孫通也。」
> （言其山野）自是時時譴伊川。他日國忌，禱於相國寺，伊川令
> 供素饌。子瞻詰之曰：「正叔不好佛，胡爲食素？」正叔曰：「禮
> 居喪不飲酒食肉。忌日，喪之餘也。」子瞻令具肉食，曰：「爲劉
> 氏者左袒。」於是范淳夫輩食素，秦、黃輩食肉。呂申公爲相，凡
> 事有疑，必質於伊川。進退人才，二蘇疑伊川有力，故極口詆之
> 云。〔註106〕

其實這樣的記述內容，加深彼此間的衝突多過反映眞實的狀態與內涵。畢竟
從「自是時時譴伊川」的描述語言來說，眾所皆知，理虧者必然是在蘇軾這
一邊。此外，有關「鏖糟陂裏叔孫通」的解讀，此處連繫於戲譴來說，但從
蘇軾自號「鏖糟陂里陶靖節」〔註107〕而言，記述者的立場就值得加以檢視。
不過，跳脫彼此是非的衝突，兩造雙方何以無法形成對話，仍是必須從學術
思維的根本分歧來看。

　　要言之，程頤與蘇軾的衝突，焦點即在對於文化傳統的解讀上。程頤在
經典的解讀中，透過主體的契會，重新賦予其意義，其間當然有非聖人之經
的更易，而蘇軾站在「情理」的角度，雖然並非完全改易傳統文化，但顯然
隨著時空的變異篤守的成分是較少的。如程頤云：

> 用休問北郊之禮。曰：「北郊不可廢。……是時蘇子瞻便據『昊天有
> 成命』之《詩》，謂郊祀同。文潞公便謂譬如祭父母，作一處何害？
> 曰：『此詩冬至夏至皆歌，豈不可邪？郊天地又與共祭父母不同也。
> 此是報本之祭，須各以類祭，豈得同時邪？』」〔註108〕

伊川詳細解說北郊之禮何以不能廢，透過其說明充分顯示在其思維裡傳統文
化形成的制度蘊含深厚的意義，不能任意更改。相對於此，蘇軾雖引《詩》
爲證，但目的實是爲時移境遷下禮制的更革取得依據。順此以觀，則「慶弔
不同日」亦是兩人價值觀點的分歧之處，是以形成衝突。此外，一則同樣有
貶低蘇軾意味的論述，記云：

〔註106〕程顥、程頤：《河南程氏外書》卷第 11，《二程集》（北京：中華書局，2004
　　　　年 2 月），頁 415～416。
〔註107〕周正舉：〈蘇軾自號「鏖糟陂里陶靖節」〉，《四川大學學報》（哲學社會科學
　　　　版）1986 年 2 月，頁 81。
〔註108〕程顥、程頤：《河南程氏遺書》卷第 22 上，《二程集》，頁 287。

朱公掞爲御史，端笏正立，嚴毅不可犯，班列肅然。蘇子瞻語人曰：
「何時打破這敬字？」〔註 109〕

論者將其延伸到學術內涵的探究，確實將焦點鎖定在「敬」上，兩者的分歧
更容易彰顯出來。〔註 110〕尤其，當把焦點鎖定在蘇軾指其「姦」的說法，寓
含不近人情的拘守禮法之意，就顯示出兩者的重大分歧，如其云：「通經學古
者，莫如孫復、石介，使孫復、石介尚在，則迂闊矯誕之士也，又可施之於
政事之間乎？」〔註 111〕這樣的批判充分說明了蘇軾的不同。

然而，如果將兩者的不同，解讀爲傳統與新變的對立，似乎就過度了。
《王直方詩話》述云：

東坡嘗令門人輩作〈人不易物賦〉。或人戲作一聯曰：「伏其几而升
其堂，曾非孔子；襲其書而戴其帽，未是蘇公。」蓋元祐之初，士
大夫效東坡頂短簷高桶帽，謂之「子瞻樣」，故云。〔註 112〕

當論者引伊川與弟子也別於世俗的特殊衣著與行徑時，其實同樣可以在蘇軾
身上看到。因此，對於其間的不同，當據事而論，由其整體的思維脈絡來掌
握其意蘊。

至於王安石方面，可知的質疑有戰國文章、縱橫之學〔註 113〕，但兩人
之間，或許是在因「時」而「變」的觀點上有了相近之處，且王安石在涵
攝他人觀點下，多處於被攻擊的焦點，因此並未看到對蘇軾學術的顯著批
判。

大體而言，以三家學術來說，蘇軾由於尋求的是人情之所安的「情理」，
因此取資於客體的程度當是最大的。不過，其間仍有必須克服的問題，即如
何分辨所「安」爲眾人之公而非個體之私。

〔註 109〕程顥、程頤：《河南程氏外書》卷第 11，《二程集》，頁 414。
〔註 110〕漆俠在〈蘇軾「蜀學」與程頤「洛學」在思想領域中的對立〉一文中由敬鎖
　　　　定到《中庸》來進行討論，詳見氏著：《宋學的發展與演變》（石家莊：河北
　　　　人民出版社，2002 年 10 月），頁 488～507。
〔註 111〕蘇軾：〈議學校貢舉狀〉，《蘇軾文集》，頁 724。
〔註 112〕王直方：《王直方詩話》，《宋詩話全編》（南京：江蘇古籍出版社，1998 年 12
　　　　月），頁 1190。
〔註 113〕朱熹：「老蘇父子自史中《戰國策》得之，故皆自小處起議論……」見《朱子
　　　　語類》卷 139，《朱子全書》（上海：上海古籍出版社；合肥：安徽教育出版
　　　　社，2002 年 12 月），頁 4300；潘昂霄：《金石例》卷 9：「邵氏後錄云：東坡
　　　　中制科，王荊公曰：『全類戰國文章。』故荊公修英宗實錄，謂明允有戰國縱
　　　　橫之學。」

四、小　結

　　歷來研究蘇軾學術的角度，通常透過文學的角度來切入，對於哲學的、思想的內容，多無整體性的關照。

　　本文以爲蘇軾與王安石、二程等並世大家一樣，皆共同關懷著儒家價值思維的建構，也參與著人與人之間的基本互動，由此而建構此一價值的思維體系。根據本文的梳理，可以瞭解到蘇軾彰顯的是「情理」的思維，這是主體契會儒學精神下的價值體悟。由於是價值的體悟，因此在蘇軾的論述中，多集中於禮樂文化的闡述，顯見這是不同於王安石之「至理」與二程之「天理」的思維體系。

　　至於，彼此間的相互對話，仍是有待努力的課題，但以「情理」的角度來說，蘇軾的視野當是相對寬廣的。

第九章　從文道觀看二程對韓學之詮釋及其思維內涵

　　理學是宋學的一個支派，在宋代的學術中具體展現較為顯著的影響，一直要等到十二世紀的中葉〔註1〕，雖是如此，由於構成影響的因素是複雜而多元的，當受關注的是這個學派，或者說是這個學術的視角，開啓與明晰了什麼樣的意蘊？此外，在逐漸擴大的影響過程中，尚可關注的是學派的思維產生了什麼樣的變化來貼近或吸引學者？這與理論的架構看似未有緊密的相關性，但學術的真實價值無不是在有別於流俗之貼近世俗的過程中，展現其深厚的意蘊。由是，關注二程與韓愈在學術上的承變，不僅可以看到思維開啓的一面，而且與並世大儒之王安石和蘇軾所呈現的詮釋差異，更可見到宋代學術之各自成家的多元特色。

　　程顥，字伯淳，號明道，河南洛陽人，中進士第，「自十五六時，聞汝南周茂叔論道，遂厭科舉之業，慨然有求道之志。未知其要，泛濫於諸家，出入於老、釋者幾十年，返求諸《六經》而後得之。」〔註2〕時間約當嘉祐時期，與蘇軾、王安石之成名相近，是以三人學術上的差異，正好足以展現出宋學的並世共存之多元的色彩。

　　程頤，字正叔，號伊川，年十八上書仁宗，而後遊太學，作〈顏子所好何學論〉，時胡瑗主學，大驚異之，可見其學思之成熟，與程顥相距不遠。

〔註1〕鄧廣銘：〈略談宋學〉，《鄧廣銘治史叢稿》（北京：北京大學出版社，2000 年10 月），頁 163～164。

〔註2〕程頤：〈明道先生行狀〉，程頤、程顥著、王孝魚點校：《二程集》（北京：中華書局，2004 年 2 月）第 1 版 3 刷，頁 638。

一般將宋代理學的形成，斷自周敦頤，除了曾作過二程的老師之外，提出對理學有重大影響的思想才是主要關鍵，所謂「默契道妙」，即是顯示其於運會成熟時，心態相應的展現。〔註3〕然而，就宋儒的學思內涵與目的來衡定，於《論語》、《孟子》、《中庸》、《易傳》通而一之以豁醒先秦儒家的成德之教，周敦頤與張載俱有止於《中庸》、《易傳》而顯得「客重主輕」的意味，能轉向《論語》、《孟子》，精識其義者，程顥是第一個關鍵。〔註4〕因此，本文以二程爲代表，探究宋代理學家的思維取向。

第一節　親切近理：二程對於韓愈文道觀的理解與批判

文與道是理解宋代學術的核心觀點，不僅因爲宋儒對於道的多元性體悟，並且在文學方面，也呈現出各自不同的面貌，王水照即云：「『文道關係』是宋代文學思想中的一個基準。」從而指出有所謂的「政治家」、「古文家」與「道學家」的區別。〔註5〕在這樣的區分底下，二程自是歸屬於「道學家」一類，然而群聚類分的結果，提出的詮釋多只看到對於二程文學觀點的否定，果眞如此嗎？當然，二程「作文害道」〔註6〕的提出影響是巨大的，而且二程云：「古之學者一，今之學者三，異端不與焉。一曰文章之學，二曰訓詁之學，三曰儒者之學。欲趨道，舍儒者之學不可。」〔註7〕又云：「今學者有三弊：一溺於文章，二牽於訓詁，三惑於異端。苟無此三者，則將何歸？必趨於道矣。」〔註8〕將文章視爲是三弊之一，「文章之學」當然與「道」產生了背離，價值論斷爲何可想而知，如果依此看成是「文」與「道」的對立，亦無可厚非，只是值得令人省思的是二程的批判如果具有明確的針對性，並非是普遍

〔註3〕 有關論述，可分別參見陳來：《宋明理學》（臺北：洪葉文化事業有限公司，1994 年 9 月），頁 21～37；牟宗三：《心體與性體（一）》（臺北：正中書局，1996 年 2 月），頁 321。

〔註4〕 詳見牟宗三：《心體與性體（一）》，頁 37、346～347。而陳來則直接指出二程乃「道學」（即理學）的創始人。見氏著《宋明理學》。

〔註5〕 王水照主編：《宋代文學通論》（開封：河南大學出版社，1997 年 6 月），頁 14～15。

〔註6〕 程顥、程頤：《河南程氏遺書》卷第 18，《二程集》，頁 239。

〔註7〕 程顥、程頤：《河南程氏遺書》卷第 18，《二程集》，頁 187。

〔註8〕 程顥、程頤：《河南程氏遺書》卷第 18，《二程集》，頁 187。

性的理論思維，那麼這樣的理解，即可能存有詮釋過當的問題。

韓愈，對於宋儒而言，具有不可撼動的地位與不可抹滅的影響力，二程亦云：「唐人善論文莫如韓愈。」〔註9〕錢鍾書亦以程子輩對韓愈是尊崇〔註10〕，是故從知文論文而善爲文的角度來說，探究二程對於韓愈文道觀的具體看法，不僅將有助於瞭解二程的文學觀，並且對於韓愈在宋代學術的具體影響，也會有進一步的認識。

一、二程眼中的韓愈

整體而言，二程對於韓愈的看法是屬於正面的，主要的原因，即是在的「道」的體見上受到二程的肯定。二程云：

> 韓愈亦近世豪傑之士。如〈原道〉中言語雖有病，然自孟子而後，能將許大見識尋求者，才見此人。至如斷曰：「孟氏醇乎醇。」又曰：「荀與楊擇焉而不精，語焉而不詳。」若不是佗見得，豈千餘年後便能斷得如此分明也？如楊子看老子，則謂「言道德則有取，至如搥提仁義，絕滅禮學，則無取」。若以老子「剖斗折衡，聖人不死，大盜不止」，爲救時反本之言，爲可取，卻尚可恕。如老子言「失道而後德，失德而後仁，失仁而後義，失義而後禮」，則自不識道，已不成言語，卻言其「言道德則有取」，蓋自是楊子已不見道，豈得如愈也？〔註11〕

延續著韓愈所提之「軻之死，不得其傳焉。」〔註12〕之道統傳緒的議題，二程審視了孟子之後的儒者，認爲韓愈在孟、荀、揚學術的分判中「斷得如此分明」，展現了繼孟子之後見道有得的睿智。從「才見此人」一語所隱含之繼孟的推許，可知二程對於韓愈學術整體的評價是很高的，這也是所謂「近世豪傑之士」的意蘊。然而，透過引文，可以看到二程對於韓愈在荀、揚學術的看法上是採取仔細審視的態度，並非是一昧的納受，更顯肯定的眞切，而

〔註9〕 程頤：〈答朱長文書〉（或云明道先生之文），《二程集》，頁601。

〔註10〕 錢鍾書：《談藝錄》（北京：生活‧讀書‧新知三聯書店，2001年1月），頁192。

〔註11〕 程顥、程頤：《河南程氏遺書》卷第1，《二程集》，頁5。這段話在《全宋文》中亦被收入蘇軾的文集當中，應是存有疑義的，因爲蘇軾談論的道是立基於情之上，是眾人之所能安者，並非具有一個崇高價值的內涵，所以應該不可能有所謂「斷得如此分明」的說法。

〔註12〕 韓愈：〈原道〉，《韓昌黎文集校注》，頁12～19。

且透過重新的釐定，實未撼動原有的見解。試觀其相關論述：

> 韓退之言「孟子醇乎醇」，此言極好，非見得孟子意，亦道不到。其言「荀、楊大醇小疵」，則非也。荀子極偏駁，只一句「性惡」，大本已失。楊子雖少過，然已自不識性，更説甚道？〔註13〕

> 荀卿才高，其過多。楊雄才短，其過少。韓子稱其「大醇」，非也。若二子，可謂大駁矣。然韓子責人甚恕。〔註14〕

相對於「大本已失」之荀子和「不識性」與「不見道」之揚雄的「大駁」，評斷韓愈爲「見得孟子意」，已納韓愈於見道有得之列，讚許之意，殆無可疑。至於，在荀、揚評斷上的落差，依據文道、言意是一的思維，可能就蘊含了否定之意，但是二程提出了「責人甚恕」的說法來爲其迴護，亦間接可見二程對於韓愈的評價與態度。

　　二程雖然肯定了韓愈在儒學的價值思維上乃是有得的「豪傑之士」，但眞切來說這個形象是二程透過重新詮釋的方式所賦予的意義。二程云：

> 退之晚來爲文，所得處甚多。學本是修德，有德然後有言，退之卻倒學了。因學文日求所未至，遂有所得。如曰：「軻之死不得其傳。」似此言語，非是蹈襲前人，又非鑿空撰得出，必有所見。若無所見，不知言所傳者何事？〔註15〕

> 古之君子，修德而已。德成而言，則不期於文而自文矣。退之固因學爲文章，力求其所未至，以至於有得也。其曰：「軻死不得其傳」，非卓然見其所傳者，語不及此。〔註16〕

> 韓文不可漫觀，晚年所見尤高。〔註17〕

從這裡可以看到在二程的思維裡，德與言之間存在一個「序」的問題，修德是根本，德成而文亦成。不過，當二程正視且賦予韓愈的學術價值時，肯定了所謂「倒學」——一種透過學文而有得的逆反方式，仍然能夠達到相同的成果，則一方面顯示出二程在「序」的觀點上所採取的開放性態度，另一方面代表了二程企圖轉化對韓愈學術的理解。換言之，在德文如一的共同趨向

〔註13〕程顥、程頤：《河南程氏遺書》卷第19，《二程集》，頁262。
〔註14〕程顥、程頤：《河南程氏遺書》卷第18，《二程集》，頁231。
〔註15〕程顥、程頤：《河南程氏遺書》卷第18，《二程集》，頁232。
〔註16〕程顥、程頤：《河南程氏粹言》卷第1，《二程集》，頁1195。
〔註17〕程顥、程頤：《河南程氏遺書》卷第24，《二程集》，頁315。

下，二程特意將韓愈見道有得的一面凸顯出來，隱含之意即是要扭轉韓愈的
價值是建立在作為一個文人的認知上。

　　二程對於韓愈的肯定，已如前文所述，可以看到「道」的體見是關注的
焦點。順此視角，二程也提出了韓愈的不足之處。其言云：

　　　　揚子之學實，韓子之學華，華則涉道淺。〔註18〕

這段話是存有疑義的，因為用華實寓含的優劣之意來評斷揚雄與韓愈在學術
上的相對價值，依據前文的論述，以韓愈不及揚雄，並不適切。不過，評斷
韓愈的學術是「涉道淺」而為「華」的呈現，藉由「好名」的表述，當有助
於理解，二程云：

　　　　退之正在好名中。〔註19〕

在這裡可以清楚看到二程認為韓愈就是處於「好名」的狀態，語意似乎已透
露出貶意。怎麼理解「好名」呢？程頤云：

　　　　學者須是務實，不要近名，方是。有意近名，則大本已失，更學何
　　　　事？為名而學，則是偽也。今之學者，大抵為名。為名與為利，清
　　　　濁雖不同，然其利心則一也。今市井閭巷之人，卻不為名。為名而
　　　　學者，志於名而足矣，然其心猶恐人之不知。韓退之直是會道言語，
　　　　曰『內不足者急於人知，沛然有餘，厥聞四馳。』大抵為名者，只
　　　　是內不足；內足者，自是無意於名。如孔子言『疾沒世而名不稱』，
　　　　此一句人多錯理會。此只是言君子惟患無善之可稱，當汲汲為善，
　　　　非是使人求名也。〔註20〕

「務實」與「近名」在為學上是相對的用心，當學以「為名」，其實就是「偽」
的虛假，自然沒有「大本」可說。順此而言，當韓愈作〈知名箴〉〔註21〕，
如引文中所見詩句，其中更云：「今日告汝，知名之法。」則二程以為正處於
「好名」之中，與「實」背反，而論斷其學為「華」，也是理所當然。然而，
二程與一昧好高的俗儒畢竟不同，對於名實的關係，當然不是從簡單的取捨
來進行申論，況且孔子之「君子疾沒世而名不稱焉」〔註22〕的說法也為儒者

〔註18〕　程顥、程頤：《河南程氏遺書》卷第6，《二程集》，頁88。此評斷怎麼理解會
　　　　　比較妥適呢？如果只將華實當作是為學的取逕，而不與最終的成就產生連
　　　　　繫，似乎就可順通。換言之，揚雄之學雖從實入，但終究才短大駁。
〔註19〕　程顥、程頤：《河南程氏遺書》卷第18，《二程集》，頁232。
〔註20〕　程顥、程頤：《河南程氏遺書》卷第18，《二程集》，頁219。
〔註21〕　韓愈：〈知名箴〉，《韓昌黎文集校注》，頁58。
〔註22〕　《十三經注疏・論語注疏》卷15（臺北：藝文印書館，1993年9月），頁140。

所信從。透過引文，可以看到二程的解讀與眾人的「理會」是有很大的差異，所謂「患無善之可稱」，彰顯的是對「所以然」的省思，這已改變了原有只知踐行的觀點。程顥云：

> 有實則有名，名實一物也。若夫好名者，則徇名為虛矣。如「君子疾沒世而名不稱」，謂無善可稱耳，非徇名也。〔註23〕

當「名實一物」的觀點形成，由名或實似乎可以無所分別，但二程不僅從「序」的角度，分辨「徇名」與「務實」的不同，更重要的是在「君子疾沒世而名不稱」的現象陳述中，將「所以然」之「善」的內涵揭示了出來。顯然，這已不是客觀價值之再現的問題，其中蘊含的是彰顯主體的價值思維。由是，如同二程對韓愈亦褒亦貶之「倒學」的表述，「好名」的韓愈仍能理會「內足」的重要意涵。顯然，在這「直是會道言語」的表述中，二程已將韓愈與「徇名為虛」的學者作了區隔。

二、「近理」：二程對於韓愈之「道」的解讀

經由以上的論述，可以瞭解到二程透過詮釋的方式重新賦予韓愈在儒學上的價值與地位，雖然其間並非盡是褒揚的語言，但即使是批判性的語言仍舊寓含肯定之意。此處針對二程有關韓愈之「道」的看法，作進一步的梳理。韓愈云：

> 孟子雖賢聖，不得位，空言無施，雖切何補？然賴其言，而今學者尚知宗孔氏，崇仁義，貴王賤霸而已。其大經大法皆亡滅而不救，壞爛而不收，所謂存十一於千百，安在其能廓如也？然向無孟氏，則皆服左衽而言侏離矣：故愈嘗推尊孟氏，以為功不在禹下，為此也。〔註24〕

韓愈對於孟子的尊崇，自是無庸置疑，宋儒因韓愈而盛言不傳之學，亦是事實，但有關理學的思維內涵與韓愈學術的實質關係，似乎就沒有那麼受到學者肯定。然而，本文所以擷取此段論述，正要說明韓愈與二程間，在儒學識見上的相近。透過引文，可以看到韓愈將「聖人之道」所具有之「大經大法」的一面凸顯出來，所謂「存十一於千百」，從佔有的份量來看，其重要性不難理解。與此相似，值得令人玩味的是二程的說法：

正義云：「言君子病其終世而善名不稱也。」
〔註23〕程顥、程頤：《河南程氏遺書》卷第 11，《二程集》，頁 129。
〔註24〕韓愈：〈與孟尚書書〉，《韓昌黎文集校注》，頁 212～215。

> 後世以史視《春秋》，謂褒善貶惡而已，至於經世之大法則不知也。
> 《春秋》大義數十。其義雖大，炳如日星，乃易見也，惟其微辭隱
> 義，時措從宜者爲難知也。……自秦而下，其學不傳。予悼夫聖人
> 之志不明於後世也，故作《傳》以明之，俾後之人通其文而求其義，
> 得其意而法其用，則三代可復也。〔註25〕

二程認爲後世看待《春秋》僅以「褒善貶惡」來理解，這是存有問題的。問
題就在不知其間存有「經世之大法」，這與韓愈之「大經大法」的說法，顯然
存有相通之處。當然，由於二程在儒學思維上的進展，對於聖人之道的理會
有了新的突破，自然其中意蘊之解會是韓愈所不及，如同二程「通其文而求
其義，得其意而法其用」的表述，其乃意欲通過「文」→「義」→「意」→
「用」的方式，發揮「經世之大法」而復三代之盛。由是而言，相近的關懷，
透露出兩者之間的緊密關係。

有關二程對韓愈之「道」的看法，大體上正反映出二程在聖人之道上的
關懷取向。

首先，是有關韓愈對漢儒的評價問題，程頤云：

> 退之言「漢儒補綴，千瘡百孔。」漢儒所壞者不少，安能補也？
>
> 〔註26〕

韓愈原本的說法是：「漢氏已來，羣儒區區修補，百孔千瘡，隨亂隨失，其危
如一髮引千鈞，縣縣延延，寖以微滅。」〔註27〕則對於漢儒在聖人之道上的
盡心，雖然二程的批判顯得更加嚴厲，「安能補」一語幾乎是顛覆性的質疑，
但是大體而言不予認同的態度，兩人是有一致性。如程頤所云：

> 西漢儒者有風度，惟董仲舒、毛萇、揚雄。萇解經未必皆當，然味
> 其言，大概然矣。〔註28〕

> 漢儒近似者三人董仲舒、大毛公、揚雄。〔註29〕

> 問：「漢儒至有白首不能通一經者，何也？」曰：「漢之經術安用？
> 只是以章句訓詁爲事。且如解〈堯典〉二字至三萬餘言，是不知要

〔註25〕 程頤：〈春秋傳序〉，《二程集》，頁583～584。
〔註26〕 程顥、程頤：《河南程氏遺書》卷第18，《二程集》，頁232。
〔註27〕 韓愈：〈與孟尚書書〉，《韓昌黎文集校注》，頁212～215。
〔註28〕 程顥、程頤：《河南程氏遺書》卷第24，《二程集》，頁314。
〔註29〕 程顥、程頤：《河南程氏遺書》卷第3，《二程集》，頁68。

也。東漢則又不足道也。東漢士人尚名節，只爲不明理。若使明
理，卻皆是大賢也。自漢以來，惟有三人近儒者氣象：大毛公、董
仲舒、揚雄。本朝經術最盛，只近二三十年來議論專一，使人更不
致思。」〔註30〕

從「有風度」、「近似者」、「近儒者氣象」來說，讚許董仲舒、毛萇、揚雄三
人之意清楚可知，顯然二程並未完全抹煞漢儒的價值，但必須指出的是存在
其間的應該不只是截然劃分的是非取捨，而是存有不足的問題。二程云：

後漢人之名節，成於風俗，未必自得也。然一變可以至道。〔註31〕

所謂「一變可以至道」，即是要指出在具有價值的現象——「名節」——底下，
非「自得」的「不明理」，是其不足而有待突破之處。又，二程云：

漢儒如毛萇、董仲舒，最得聖賢之意，然見道不甚分明。下此，即
至楊雄，規模窄狹。道即性也。言性已錯，更何所得？〔註32〕

在「最得聖賢之意」的讚許中，仍然揭示其「見道不甚分明」與「規模窄
狹」的不是。由此可見，在宋儒進入到聖人之道的內涵進行梳理、廓清時，
觀點的闡釋愈見其精微，而理解者亦當有相應的掌握，始不失其本意。順是
而言，在二程對漢儒的抑揚之中，「明理」、「自得」的觀點，透露其學術關懷
的取向。

其次，即是關於「仁」的論述，二程云：

問仁。曰：「此在諸公自思之，將聖賢所言仁處，類聚觀之，體認出
來。孟子曰：『惻隱之心，仁也。』後人遂以愛爲仁。惻隱固是愛
也。愛自是情，仁自是性，豈可專以愛爲仁？孟子言惻隱爲仁，蓋
爲前已言『惻隱之心，仁之端也』，既曰仁之端，則不可便謂之
仁。退之言『博愛之謂仁』，非也。仁者固博愛，然便以博愛爲
仁，則不可。」〔註33〕

或問仁。子曰：聖賢言仁多矣，會觀而體認之，其必有見矣。韓文
公曰：「博愛之謂仁。」愛，情也；仁，性也。仁者固博愛，以博愛
爲盡仁，則不可。〔註34〕

〔註30〕程顥、程頤：《河南程氏遺書》卷第18，《二程集》，頁232。
〔註31〕程顥、程頤：《河南程氏遺書》卷第1，《二程集》，頁4。
〔註32〕程顥、程頤：《河南程氏遺書》卷第1，《二程集》，頁7。
〔註33〕程顥、程頤：《河南程氏遺書》卷第18，《二程集》，頁182。
〔註34〕程顥、程頤：《河南程氏粹言》卷第1，《二程集》，頁1175。

兩則論述近似，不過尚有相互參照的價值。顯然，對於「仁」的概念，儒者不再是印象式的模糊接受，而是意欲明晰其真實的價值內涵。有別於韓愈將博愛作爲仁的闡釋，二程認爲「仁」是「性」而「愛」是「情」，在「性」、「情」有別的情況下，「仁」固然擁有「博愛」的精神，但是「博愛」卻無法完盡「仁」的意蘊。換言之，兩者是不同，且不對等的概念。在這裡，二程呈現出比韓愈更加深入的思維內涵，且值得令人關注的是，二程在強調「自思」、「體認」中所展現之不同於傳統的主體精神。

其三，即是關於「性」的看法，程頤云：

> 揚雄、韓愈說性，正說著才也。〔註35〕

在程頤自得的儒學思維裡，韓愈與揚雄一樣，在說「性」時，其實都只是在闡明「才」的觀點而已，之所以如此，如前所述，即是「見道不甚分明」。有關其內涵的詳細解析，程頤云：

> 棣問：「孔、孟言性不同，如何？」曰：「孟子言性之善，是性之本；孔子言性相近，謂其稟受處不相遠也。人性皆善，所以善者，於四端之情可見，故孟子曰：『是豈人之情也哉？』至於不能順其情而悖天理，則流而至於惡，故曰：『乃若其情，則可以爲善矣。』若，順也。」又問：「才出於氣否？」曰：「氣清則才善，氣濁則才惡。稟得至清之氣生者爲聖人，稟得至濁之氣生者爲愚人。如韓愈所言、公都子所問之人是也。然此論生知之聖人。若夫學而知之，氣無清濁，皆可至於善而復性之本。所謂『堯、舜性之』，是生知也；『湯、武反之』，是學而知之也。孔子所言上智下愚不移，亦無不移之理，所以不移，只有二，自暴自棄是也。」又問：「如何是才？」曰：「如材植是也。譬如木，曲直者性也；可以爲輪轅，可以爲梁棟，可以爲榱桷者才也。今人說有才，乃是言才之美者也。才乃人之資質，循性修之，雖至惡可勝而爲善。」又問：「性如何？」曰：「性即理也，所謂理，性是也。天下之理，原其所自，未有不善。喜怒哀樂未發，何嘗不善？發而中節，則無往而不善。凡言善惡，皆先善而後惡；言吉凶，皆先吉而後凶；言是非，皆先是而後非。」又問：「佛

〔註35〕程顥、程頤：《河南程氏遺書》卷第19，《二程集》，頁252。另外，又有記述云：「先生云：性無不善，才有善不善，揚雄、韓愈皆說著才。」文見程顥、程頤：《河南程氏遺書》卷第19，《二程集》，頁252～253。

說性如何？」曰：「佛亦是説本善，只不合將才做緣習。」〔註36〕

在這裡，程頤分別透過「才」、「氣」、「性」三個概念的釐清，梳理了儒者由孔子性相近之説所衍生出的糾葛。所謂「才」，程頤闡釋爲「人之資質」，雖有善惡，但能「循性修之」，是具有足以扭轉至惡而爲善的可能，而由與釋氏對比的論述中，可以瞭解到「才」是具有眞實而不可抹煞的意義。所謂「氣」，程頤運用清濁的不同來闡釋與「才」之間的連動關係，然而如同「才」之善惡足以轉換，「氣」之清濁，亦無「不移」之理。程頤用「自暴自棄」來重新界定孔子所謂「不移」的指涉，彰顯開來的是主體的價值，亦即所欲彰顯的「性」。所謂「性」，如前文所引：「道即性也。」將客觀的價值內涵收束到主體之內，可以瞭解到二程是如何思索價值的問題，此處程頤再以「性即理也」一語，由內而外，彰顯其普遍性。顯然，「性」的內涵在此詮釋的思維底下，已不單純是辨析或善或惡的問題，而韓愈的識見卻只停留在「才」的解讀上，被視爲不明，自是理所當然的。不過，如同前文提及的，二程在批評韓愈中，仍寓含肯定之意。程頤云：

> 問：「孟子曰：『人之所以異於禽獸者幾希，庶民去之，君子存之。』
> 且人與禽獸甚懸絶矣，孟子言此者，莫是只在『去之』、『存之』上
> 有不同處？」曰：「固是。人只有箇天理，卻不能存得，更做甚人也？
> 泰山孫明復有詩云：『人亦天地一物耳，飢食渴飲無休時。若非道義
> 充其腹，何異鳥獸安鬚眉？』上面説人與萬物皆生於天地意思，下
> 面二句如此。」或曰：「退之〈雜説〉有云：『人有貌如牛首蛇形鳥
> 喙而心不同焉，可謂之非人乎？即有顏如渥丹者，其貌則人，其心
> 則禽獸，又惡可謂之人乎？』此意如何？」曰：「某不盡記其文，然
> 人只要存一箇天理。」〔註37〕

程顥有云：「吾學雖有所受，天理二字卻是自家體貼出來。」雖説如此，事實上「天理」的説法並非程顥首先提出，但是從二程的角度來説，論述的重點應該是在「自家體貼出來」的部分，也就是強調需要學者「自得」。此處程頤透過「天理」的觀點，説明人與禽獸的不同，而討論到韓愈的文章，程頤亦以「存一箇天理」來契接，可見對於韓愈論述的認同。之所以如是，誠如二程所云：

〔註36〕程顥、程頤：《河南程氏遺書》卷第22上，《二程集》，頁291～292。
〔註37〕程顥、程頤：《河南程氏遺書》卷第18，《二程集》，頁214～215。

孟子論王道便實。「徒善不足爲政，徒法不能自行」，便先從養生（一作道）上說將去，既庶既富，然後以「飽食煖衣而無教」爲不可，故教之也。孟子而後，卻只有〈原道〉一篇，其間語固多病，然要之大意儘近理。若〈西銘〉則是〈原道〉之宗祖也。〈原道〉卻只說到道，元未到得〈西銘〉意思。據子厚之文，醇然無出此文也，自《孟子》後，蓋未見此書。〔註38〕

所謂「語固多病」、「未到得〈西銘〉意思」，說明了二程對於韓愈〈原道〉寫作呈現不足的批評，而「說到道」，尤其是「大意儘近理」的評價，則充分說明在二程眼中韓愈仍是具有所得者。

三、「親切」：二程對於韓愈之「文」的評價

相應於二程對於韓愈之「道」的看法，有關「文」的評價，二程亦有一清楚的衡定。試觀二程所云：

禮一失則爲夷狄，再失則爲禽獸。聖人初恐人入於禽獸也，故於《春秋》之法極謹嚴。中國而用夷狄禮，則便夷狄之。韓愈言「春秋謹嚴」，深得其旨。韓愈道佗不知又不得，其言曰：「《易》奇而法，《詩》正而葩，《春秋》謹嚴，左氏浮夸。」其名理皆善。〔註39〕

二程詳細闡釋了《春秋》之所以謹嚴的內在意蘊——禮，而對於韓愈亦能夠表述出「春秋謹嚴」的說法，肯定其必有所見，所謂「名理皆善」，就是讚許韓愈在立言、明道上都有良好的展現。又，程頤云：

韓退之頌伯夷，甚好，然只說得伯夷介處。要知伯夷之心，須是聖人。《語》曰：「不念舊惡，怨是用希。」此甚說得伯夷心也。〔註40〕

韓退之作〈羑里操〉云：「臣罪當誅兮，天王聖明。」道得文王心出來，此文王至德處也。〔註41〕

兩則論述，一則肯定韓愈寫作能夠展現對象的個性修持，但以爲未能將其價值精神展現出來仍有不足，另一則則認爲韓愈能夠展現其價值精神，似乎存有矛盾，不過將之理會爲一方面用以說明韓愈的不足，另一方面透過賢人表

〔註38〕程顥、程頤：《河南程氏遺書》卷2上，《二程集》，頁37。

〔註39〕程顥、程頤：《河南程氏遺書》卷第2上，《二程集》，頁43。

〔註40〕程顥、程頤：《河南程氏遺書》卷第18，《二程集》，頁231。

〔註41〕程顥、程頤：《河南程氏遺書》卷第18，《二程集》，頁232。

述聖人之事的「造道之言」〔註42〕作為解釋，或可順通。由是而言，二程似乎對韓愈的文學展現極為肯定，但事實上並非如此，試觀程頤所云：

> 韓退之言「博愛之謂仁，行而宜之之謂義，由是而之焉之謂道，足乎己無待於外之謂德」，此言卻好。只云「仁與義為定名，道與德為虛位」，便亂說。只如〈原道〉一篇極好，退之每有一兩處，直是摶得親切，直似知道，然卻只是摶也。〔註43〕

此段話從「博愛之謂仁」一句來說，所謂「好」，似乎與前文所述二程的觀點存有衝突，何以如此論斷，有待推敲，不過所謂「摶得親切，直似知道」，正說明了二程從價值思維的角度，評述其文學寫作的看法。

又，程頤云：

> 問：「退之〈讀墨〉篇如何？」曰：「此篇意亦甚好，但言不謹嚴，便有不是處。且孟子言墨子愛其兄之子猶鄰之子，墨子書中何嘗有如此等言？但孟子拔本塞源，知其流必至於此。大凡儒者學道，差之毫釐，繆以千里。楊朱本是學義，墨子本是學仁，但所學者稍偏，故其流遂至於無父無君，孟子欲正其本，故推至此。退之樂取人善之心，可謂忠恕，然持教不知謹嚴，故失之。至若言孔子尚同兼愛，與墨子同，則甚不可也。後之學者，又不及楊、墨。楊、墨本學仁義，後人乃不學仁義。但楊、墨之過，被孟子指出，後人無人指出，故不見其過也。」〔註44〕

與前文所述《春秋》一樣，「謹嚴」涉及到價值的思維內涵，程頤透過仔細衡定韓愈〈讀墨〉的寫作，認為韓愈不具有「謹嚴」的寫作呈現。相對於韓愈，程頤即詳論了孟子的闡釋，肯定之意清楚可見。據此而論，韓愈由於「不知」，所以就顯得不足，寫作呈現也就僅能是「摶得親切」而已。

四、小　結

韓愈學術到了宋代中期，由於宋儒之主體性的彰顯，因此詮釋開始有了巨大的變化。不過，這樣的變化，大體而言，不論是肯定或者是批判，都是

〔註42〕二程云：「有有德之言，有造道之言，有述事之言。有德者，止言己分事。造道之言，如顏子言孔子，孟子言堯、舜。止是造道之深，所見如是。」文見程顥、程頤：《河南程氏遺書》卷第2上，《二程集》，頁21。

〔註43〕程顥、程頤：《河南程氏遺書》卷第19，《二程集》，頁262。

〔註44〕程顥、程頤：《河南程氏遺書》卷第18，《二程集》，頁231～232。

順著韓愈所開啓之主體的精神而有進一步的開展。

　　從二程的角度來說，屬於唐代文人的韓愈，自然對於儒者之學的契會應當是不足的，但在深入理會韓愈的學術內涵後，二程認爲韓愈是「倒學」了。既稱爲「倒學」，雖本末始終有異，但隱含學有所成之意卻是鮮明的。由是而言，二程其實在透過詮釋的過程賦予或者說是根本扭轉了韓愈的價值。

　　至於，詳細的學術內涵，二程以「近理」來評述其價值的契會，而關於文的呈現則以「親切」來進行表述。前者，是衡定價值的關鍵，二程既稱爲「近」，自是其間尚有不足之處，但重要的是寓含肯定之意，因此所謂「不甚分明」的說法，並無害於其學術的價值意義。後者，則是針對韓愈文章的呈現，此正相應於「近理」的價值體悟。也就是說，如果契會了價值的內涵，則文章即是「有得之言」、「造道之言」的展現。

第二節　攝文歸理：論二程的文道觀

　　世之論事，多欲執一準的以衡定其價值，然事雖因此而有利於辨析，但往往局限其中，淪爲偏執之見，而滑落事物之整體意義。以宋代文學論，蘇軾呈現的價值與意義，自是無庸置疑，但究竟其價值與意義含括多少內涵呢？蘇軾爲歐陽脩的作品寫序時指出：「宋興七十餘年，民不知兵，富而教之，至天聖、景祐極矣，而斯文終有愧於古。」〔註45〕以「斯文」表述出由歐陽脩之後包含蘇軾自己在宋代文學上的嶄新呈現，這是學者所熟知與肯定的面向，然而蘇軾在面對自行撰寫的經學著作恐有所壞時則又云：「天未喪斯文，吾輩必濟！」〔註46〕顯然此「斯文」的意蘊，就不在既有的文學視野當中。順此以觀程顥於〈程邵公墓誌〉所云：「吾弟頤亦以斯文爲己任，嘗意是兒當世吾兄弟之學。」〔註47〕而程頤爲程顥寫行狀時，指其「謂孟子沒而聖學不傳，以興起斯文爲己任。」〔註48〕在相近的時空中，有著對「斯文」的共同關懷，則其中之價值意蘊，當有寬廣的視野，沒有必然的準的，始能將之彰

〔註45〕蘇軾：〈六一居士集敘〉，孔凡禮點校《蘇軾文集》（北京：中華書局，2008年7月），頁316。
〔註46〕蘇軾：〈書合浦舟行〉，《蘇軾文集》，頁2277。
〔註47〕程顥：〈程邵公墓誌〉，程頤、程顥著、王孝魚點校：《二程集》（北京：中華書局，2004年2月）第1版3刷，頁495。
〔註48〕程頤：〈明道先生行狀〉，《二程集》，頁638。

顯開來。

關於二程在文學方面的思維取向，學者即是多執持既有的文學思維來進行剖析，所得結果自然缺乏意蘊，其價值必然難以彰顯。〔註 49〕當然，這並不表示應當捨棄學術上所積累的知識，而是必須放開以納受不同的質素。誠如二程所云：「今之學者，歧而為三：能文者謂之文士，談經者泥為講師，惟知道者乃儒學也。」〔註 50〕可知在當時為學的取向已一分為三，而二程所認定是「知道者」。什麼是「知道者」？程頤云：「古之學者一，今之學者三，異端不與焉。一曰文章之學，二曰訓詁之學，三曰儒者之學。欲趨道，舍儒者之學不可。」〔註 51〕顯然，「儒者之學」即是二程為學的趨向，而值得注意的是，所謂的「儒者之學」，在古今對比的闡釋中，顯示了其中原是具有「文章之學」與「訓詁之學」的內涵，從「異端不與」一語，也能理會得到。由是而言，二程的「文章之學」既然與「儒者之學」呈現出一體的關係，則當進行理解二程的文學思維時，其儒學思維的內涵與特質即應有所兼顧。換言之，要適切理會二程的文學思維，必然需要透過其在儒學方面所開展的嶄新視野──「理學」，始能抉發其一家之特色。〔註 52〕

一、關於二程的文學思維

長期以來，解讀二程的文學主張，幾乎都會受到「作文害道」說的影響，從而判定二程在文學方面走向了不可取的歧出。試觀此詳細之論述內容，其言云：

> 問：「作文害道否？」曰：「害也。凡為文，不專意則不工，若專意

〔註49〕 王利民即具體分析二程的寫作而肯定了程顥的創作取向，並云：「溫柔敦厚的程顥詩歌，代表了宋人理性與宋詩新變特質之會通化成的另一側面。」已試圖打開理學在文學上的理解取逕。文見〈二程的詩歌創作軌迹與交際領域〉，《南通師範學院學報》（哲學社會科學版）第 20 卷第 1 期（2004 年 3 月），頁 64～68。

〔註50〕 程顥、程頤：《河南程氏遺書》卷第 6，《二程集》，頁 95。

〔註51〕 程顥、程頤：《河南程氏遺書》卷第 18，《二程集》，頁 187。

〔註52〕 有關此議題，筆者曾經透過對「自得」與「理」的把捉而詮釋理學家的文學思維，詳見拙著〈宋代理學和文學的對立與對話（上）〉，《宋代文學研究叢刊》第 12 期（2006 年 6 月），頁 131～145；〈宋代理學和文學的對立與對話（下）〉，《宋代文學研究叢刊》第 13 期（2006 年 12 月），頁 137～151；〈宋代理學「攝文歸理」之思維與表現特質〉，《臺北大學人文學院人文集刊》第 8 期（2009 年 6 月），頁 29～62。

則志局於此，又安能與天地同其大也？《書》曰『玩物喪志』，爲文
亦玩物也。呂與叔有詩云：『學如元凱方成癖，文似相如始類俳；獨
立孔門無一事，只輸顏氏得心齋。』此詩甚好。古之學者，惟務養
情性，其佗則不學。今爲文者，專務章句，悅人耳目。既務悅人，
非俳優而何？」曰：「古者學爲文否？」曰：「人見六經，便以謂聖
人亦作文，不知聖人亦攄發胸中所蘊，自成文耳。所謂『有德者必
有言』也。」曰：「游、夏稱文學，何也？」曰：「游、夏亦何嘗秉
筆學爲詞章也？且如『觀乎天文以察時變，觀乎人文以化成天下』，
此豈辭章之文也？」〔註53〕

游、夏所稱之「文學」，自然不是「秉筆學爲詞章」之「辭章之文」，但是二
程否定的「辭章之文」，難道就是具有價值而令人讚賞的寫作呈現嗎？如果這
種「專務章句，悅人耳目」的寫作取向，同樣不爲文人儒者所認可，則對於
「作文害道」的提問，就有必要仔細的辨析。顯然，在二程的思維裡，當時
「作文」、「爲文」的呈現是與「趨道」產生衝突的，之所以如此判定，二程
以爲「專意局志」是其中的關鍵。爲能有清楚之表述，再擷取相關論述以爲
參照，程頤云：

或問：「詩可學否？」曰：「既學時，須是用功，方合詩人格。既用
功，甚妨事。古人詩云『吟成五箇字，用破一生心』；又謂『可惜一
生心，用在五字上』。此言甚當。」先生嘗說：「王子眞曾寄藥來，
某無以答他，某素不作詩，亦非是禁止不作，但不欲爲此閑言語。
此如今言能詩無如杜甫，如云『穿花蛺蝶深深見，點水蜻蜓款款飛』，
如此閑言語，道出做甚？某所以不常作詩。今寄謝王子眞詩云：『至
誠通化藥通神，遠濟衰翁濟病身。我亦有丹君信否？用時還解壽斯
民。』子眞所學，只是獨善，雖至誠潔行，然大抵只是爲長生久視
之術，止濟一身，因有是句。」〔註54〕

此則亦是學者闡釋二程文學思維必然參照的資料，只是解讀的結果仍有待商
榷。透過引文，程頤對詩作的態度，不難理解，除了這裡所說「不常作詩」
之外，亦曾經自述「不能賦詩」，並且有奉勸他人「勿多作詩文」的言語，則
一切似乎就是指向於否定詩文的寫作價值。〔註55〕然而，有兩個部分是闡釋

〔註53〕　程顥、程頤：《河南程氏遺書》卷第18，《二程集》，頁239。
〔註54〕　程顥、程頤：《河南程氏遺書》卷第18，《二程集》，頁239。
〔註55〕　程頤〈禊飲詩序〉：「野人程頤不能賦詩……。」文見《二程集》，頁584。程

者必須加以關注的，一是針對性的問題，一是論述的用心。就前者而言，學詩必須用功以「合詩人格」，這與作文必須「專意」以求工近似，都是費盡心思於寫作的形式上，程頤即是認爲將視野局限在這狹隘的領域當中，就是有害，相關記述云：

> 或問：「爲文有害於大學之道乎？」子曰：「是其爲業也，不專則不工也，專則志局於此，斯害也已。學以養心，奚以文爲？五經之言，非聖人有意於文也；至蘊所發，自然而成也。」〔註56〕

「是其爲業」一語，已清楚地將所以具有傷害的部分表述了出來。當然，缺乏技巧的學習，如引文中程頤的詩作，就成爲抨擊的焦點。就後者而言，在「有德者必有言」的思維底下，認定攄發胸中所蘊自能成文，則「務養情性」，就成爲爲學用心的焦點。這兩個部分是緊密相關的，合而言之，可以用「言在時文而意在理」來表示。〔註57〕有關於此，如二程云：

> 《論語》中言「唐棣之華」者，因權而言逸詩也。孔子刪《詩》，豈只取合於雅頌之音而已，亦是謂合此義理也。如〈皇矣〉、〈蒸民〉、〈文王〉、〈大明〉之類，其義理，非人人學至於此，安能及此？作詩者又非一人，上下數千年若合符節，只爲合這一箇理，若不合義理，孔子必不取也。〔註58〕

二程用《詩》來說明其中當存有的價值意蘊，合於「理」就是「作詩」的要求。又，程頤云：

> 問：「出辭氣，莫是於言語上用工夫否？」曰：「須是養乎中，自然言語順理。今人熟底事，說得便分明；若是生事，便說得寒澀。須是涵養久，便得自然。若是愼言語不妄發，此卻可著力。」〔註59〕

「出辭氣」就是寫作上的問題，對此提問，程頤指出要達到言語自然順理，

頤〈答朱長文書〉（或云明道先生之文）：「中前奉書，以足下心虛氣損，奉勸勿多作詩文。……向之云無多爲文與詩者，非止爲傷心氣也，直以不當輕作爾。」文見《二程集》，頁600。
〔註56〕程顥、程頤：《河南程氏粹言》卷第1，《二程集》，頁1187。
〔註57〕有關二程論述的具體針對性，以及與時代的相應關係，筆者曾有論述，參見拙著〈宋代理學和文學的對立與對話（上）〉，《宋代文學研究叢刊》，頁138～144；〈宋代理學和文學的對立與對話（下）〉，《宋代文學研究叢刊》，頁137～142。
〔註58〕程顥、程頤：《河南程氏遺書》卷第2上，《二程集》，頁40。
〔註59〕程顥、程頤：《河南程氏遺書》卷第18，《二程集》，頁208。

長期涵養乎其中是非常重要的。藉此可以看到，對於言語的要求，程頤揭示了「順理」的一面，而要能「順理」就必須要有主體涵養的工夫。顯然，二程的文學思維，並不只是著眼於語言文字的呈現上，而是透過嶄新的詮釋與概念的提出，揭示一個以主體為關鍵的立言方式。

　　或許是對於文章之學的不滿，二程針對詩文寫作的批判顯得尖銳，透過此方面的論述進行解讀，容易造成過度的詮釋。想要瞭解二程的文學思維，「立言」會是一個重要的切入角度。韓愈云：

> 將蘄至於古之立言者，則無望其速成，無誘於勢利，養其根而竢其實，加其膏而希其光。根之茂者其實遂，膏之沃者其光曄；仁義之人，其言藹如也。

韓愈在提及其為學的過程時，就提到了「立言」的觀點，並將作者個人的修養視為重要的面向。關於程頤觀點，記述云：

> 棣問：「使孔、孟同時，將與孔子並駕其說於天下邪？將學孔子邪？」曰：「安能並駕？雖顏子亦未達一閒耳。顏、孟雖無大優劣，觀其立言，孟子終未及顏子。昔孫莘老嘗問顏、孟優劣，答之曰：『不必問，但看其立言如何。凡學者讀其言便可以知其人，若不知其人，是不知言也。』」〔註60〕

如同韓愈對「立言」的肯定，從「立言」到「知言」間，對文字呈現與理會的重視已顯示出程頤的態度。然而，有別於韓愈只是提及個人的道德修養，二程進一步省思到了價值的內涵。試觀其所云：

> 立言，所以明道也。言之，而知德者厭之，不知德者惑之，何也？由涉道不深，素無涵蓄爾。〔註61〕

> 凡立言欲涵蓄意思，不使知德者厭，無德者惑。〔註62〕

「德」雖然仍然在關注的範圍之內，但很清楚明晰價值內涵的「明道」才是「立言」的焦點，而「涵蓄」不只是語意的呈現，更是主體「明道」的修養工夫。據此觀點，試觀有關韓愈的論述，文云：

> 古之君子，修德而已。德成而言，則不期於文而自文矣。退之固因學為文章，力求其所未至，以至於有得也。其曰：「軻死不得其傳」，

〔註60〕程顥、程頤：《河南程氏遺書》卷第22上，《二程集》，頁280。
〔註61〕程顥、程頤：《河南程氏粹言》卷第1，《二程集》，頁1169。
〔註62〕程顥、程頤：《河南程氏遺書》卷第2上，《二程集》，頁20。

非卓然見其所傳者，語不及此。〔註63〕

「不期於文而自文」的說法，略去了文學領域具有之美學技巧的研習，自是備受攻擊的焦點，但並不能因此刻意且過度的解讀為否定文學，惟二程肯定的文學展現有所不同的要求而已。此處關於韓愈的表述，即可看到二程透過「修德」、「有得」、「卓然見其所傳」來詮釋韓愈的學術價值。

與立言明道近似，同樣足以展現二程對於文學態度的觀點，尚有「合道之文」，如其所云：

> 聖賢之言，不得已也。蓋有是言，則是理明；無是言，則天下之理有闕焉。如彼未耜陶冶之器，一不制，則生人之道有不足矣。聖人之言，雖欲已，得乎？然其包涵盡天下之理，亦甚約也。後之人，始執卷，則以文章為先，平生所為，動多於聖人。然有之無所補，無之靡所闕，乃無用之贅言也。不止贅而已，既不得其要，則離真失正，反害於道必矣。詩之盛莫如唐，唐人善論文莫如韓愈。愈之所稱，獨高李、杜。二子之詩，存者千篇，皆吾弟所見也，可考而知矣。苟足下所作皆合於道，足以輔翼聖人，為教於後，乃聖賢事業，何得為學之末乎？某何敢以此奉責？又言欲使後人見其不忘乎善。人能為合道之文者，知道者也。〔註64〕

此處先不論寫作的內容，容後再述，藉由引文可以確認的是，二程對於文學是有取捨的，對「離真失正」、「無用之贅言」的寫作呈現是執持批判的態度，而言能明理，屬於「合道之文」，則視之為「聖賢事業」，展現出極度的尊崇。

此外，即是為人所熟知的「載道」的觀點，二程云：

> 經所以載道也，器所以適用也。學經而不知道，治器而不適用，奚益哉？〔註65〕

> 聖人之道，坦如大路，學者病不得其門耳，得其門，無遠之不可到也。求入其門，不由於經乎？今之治經者亦眾矣，然而買櫝還珠之蔽，人人皆是。經所以載道也，誦其言辭，解其訓詁，而不及道，乃無用之糟粕耳。〔註66〕

〔註63〕程顥、程頤：《河南程氏粹言》卷第1，《二程集》，頁1195。
〔註64〕程頤：〈答朱長文書〉（或云明道先生之文），《二程集》，頁600～601。
〔註65〕程顥、程頤：《河南程氏遺書》卷第6，《二程集》，頁95。
〔註66〕程頤：〈與方元寀手帖〉，《二程集》，頁671。

《詩》、《書》載道之文，《春秋》聖人之用。〔註67〕

如前所云，受到經典乃是聖人所作的影響，透過經典解讀寫作的問題，成為儒者思維的方向之一。二程雖然否定作文的解會，但也從中貞定「載道」的觀點。解析「載道之文」、「經所以載道」的說法，配合「買櫝還珠」的論述，跳脫經學的角度，則具有道的文章寫作，正與「合道之文」的內涵契合。

經由以上的論述，可以瞭解到二程對於文學是有獨特的關懷，而這樣的取向，對於文學來說，存有異質性，卻無顛覆性。

二、「道」的意蘊

「道」的完整稱謂，乃是指「聖人之道」，而簡單的從韓愈之傳道統緒的揀別來看，「道」的詮釋已經開始有了轉變。至於宋代，被視為具有超越前代學術開展的理學，透過嶄新的視野，「道」的意蘊必然有所不同。對此，近人牟宗三，透過思維體系的梳理，已能精要的加以闡明。〔註68〕然而，或許是分科研究的原因，哲學思想的研究成果並不為文學研究所採納，致使在整體的詮釋上顯得令人感到不安。

關於二程的文學視野，以傳統「文」、「道」兩分的表述方式，「道」為本為始，「文」為末為終，兩者雖有序的差異，但實質上乃是相應，甚至是一體的關係。從這個角度來說，對於「道」的理會，將會左右「文」的看法。究竟二程的「道」，當如何理會呢？對於「文」，將會產生什麼意義呢？以下即針對兩個核心的觀點，一是天理，一為自得，分別進行梳理。

（一）天　理

二程云：「仲尼聖人，其道大，當定、哀之時，人莫不尊之。後弟子各以其所學行，異端遂起，至孟子時，不得不辯也。」〔註69〕從「道」的流傳來說，意蘊受到時空的轉換，必然會有產生遺逸、扭曲的問題，從而造成原有意蘊的萎縮或變異。因此，重新的理解，嶄新的詮釋，不只是學術尋求突破所必須要有的作為，僅是價值精神的維繫就需要如此。由此而言，當宋儒盛稱孟子後聖人之道不傳，各自以斯文己任時，除了主觀上意欲明晰「道」的

〔註67〕程顥、程頤：《河南程氏遺書》卷第2上，《二程集》，頁19。
〔註68〕牟宗三：《心體與性體（二）》（臺北：正中書局，1993年2月）。
〔註69〕程顥、程頤：《河南程氏外書》卷第8，《二程集》，頁399。

意蘊外，伴隨重新的理會，新的視野就可能納入其中，而展現出新的意蘊。如程顥所云：

> 吾學雖有所受，天理二字卻是自家體貼出來。〔註70〕

學有師承淵源固然重要，但透過個人所彰顯的價值內涵，對於「道之不明也久矣」的時代，其意義可想而知。此處根據程顥的自述，「天理二字」就是其透過自身的體悟而獲得的價值意蘊。換言之，對於未經明晰的「道」，程顥以「天理」作一嶄新的詮釋。有關於此，牟宗三即於輯錄程顥作品時，根據所呈現的樣貌，指出：「蓋〈天道篇〉多就《易傳》而點綴之，而〈天理篇〉則唯是明道之自意語也。」〔註71〕嚴格說，即使是「點綴」，仍然存有程顥的特殊解會，只是相對之下圍繞於「天理」所呈現的情形比較顯著而已。

不僅是程顥，程頤亦取「天理」的概念進行儒學思維的闡明。有關其內涵，如二程云：

> 天理云者，這一箇道理，更有甚窮已？不為堯存，不為桀亡。人得之者，故大行不加，窮居不損。這上頭來更怎生說得存亡加減？是佗元無少欠，百理具備。〔註72〕

整體闡釋的內涵，原來所指其實就是聖人之道，只是二程重新以「天理」的面貌來加以呈現。不過，所以彰顯出「天理」二字，仍然有其嶄新的意蘊，所謂「元無少欠，百理具備」即是。就多數論者而言，喜言此為理性的精神，當然其中應當蘊含的這樣的思維特質，但是兩者並非相等的概念。如二程所云：

> 有德者，得天理而用之，既有諸己，所用莫非中理。知巧之士，雖不自得，然才知稍高，亦能窺測見其一二，得而用之，乃自謂泄天機。若平心用之，亦莫不中理，但不有諸己，需用知巧，亦〔有〕反失之，如蘇張之類。〔註73〕

「得天理而用之」，可以是客觀的法則，具有理性的精神，但是與「知巧」相對而牽涉到「有德」、「自得」的要求，可以瞭解到「天理」的意蘊，並非只是客觀的價值。二程云：

> 「不能反躬，天理滅矣。」天理云者，百理具備，元無少欠，故「反

〔註70〕程顥、程頤：《河南程氏外書》卷第12，《二程集》，頁424。
〔註71〕牟宗三：《心體與性體（二）》，頁53。
〔註72〕程顥、程頤：《河南程氏遺書》卷第2上，《二程集》，頁31。
〔註73〕程顥、程頤：《河南程氏遺書》卷第2上，《二程集》，頁14。

身而誠」，只是言得己上，更不可道甚道。〔註74〕

將「百理具備，元無少欠」的「天理」，一起收束到主體之中，充分說明了二程重新詮釋的思維取向。然而，在此詮釋的取向下，「天理」依舊存有其寬闊的價值，如：

> 顏子所言不及孔子。「無伐善，勿施勞」，是他顏子性分上事。孔子言「安之，信之，懷之」，是天理上事。〔註75〕

> 學者須先識仁。仁者，渾然與物同體。義、禮、知、信皆仁也。識得此理，以誠敬存之而已，不須防檢，不須窮索。若心懈則有防，心苟不懈，何防之有？理有未得，故須窮索。存久自明，安得窮索？此道與物無對，大不足以名之，天地之用皆我之用。孟子言「萬物皆備於我」，須反身而誠，乃爲大樂。若反身未誠，則猶是二物有對，以己合彼，終未有之，〔未有之〕又安得樂？〈訂頑〉意思，乃備言此體。以此意存之，更有何事？「必有事焉而勿正，心勿忘，勿助長」，未嘗致纖毫之力，此其存之之道。若存得，便合有得。蓋良知良能元不喪失，以昔日習心未除，卻須存習此心，久則可奪舊習。此理至約，惟患不能守。既能體之而樂，亦不患不能守也。〔註76〕

前則，說明「天理」的價值能夠推闊出去，而後則雖不言「天理」，但如程頤所云：「仁，理也。」〔註77〕同樣透過「理」得收攝，將儒家傳統的價值概念，作一嶄新的詮釋。此外，所謂「渾然與物同體」、「與物無對」，價值、主體、客體三者的交融，顯示出此「道」的意蘊，迥異於道德教化下的內容。

（二）自　得

實質上，二程所盡心的「儒者之學」，以其特別強調主體有得的價值精神，亦可謂之爲「自得之學」。如二程所云：

> 德者得也，須是實到這裡須得。〔註78〕

〔註74〕程顥、程頤：《河南程氏遺書》卷第2上，《二程集》，頁32。
〔註75〕程顥、程頤：《河南程氏遺書》卷第6，《二程集》，頁87。
〔註76〕程顥、程頤：《河南程氏遺書》卷第2上，《二程集》，頁16。
〔註77〕程顥、程頤：《河南程氏外書》卷第6，《二程集》，頁391。
〔註78〕程顥、程頤：《河南程氏遺書》卷第2上，《二程集》，頁42。

所謂德者得也，須是得於己，然後謂之德也。〔註79〕

將「德」釋爲「得」，從而強調主體的眞實體契。又，有云：

學者須敬守此心，不可急迫，當栽培深厚，涵泳於其間，然後可以
自得。但急迫求之，只是私己，終不足以達道。〔註80〕

這是闡釋如何「自得」以「達道」的取逕。即是有此工夫，所以在言的呈現
上，二程即進行了分辨，其言云：

有有德之言，有造道之言，有述事之言。有德者，止言己分事。造
道之言，如顏子言孔子，孟子言堯、舜。止是造道之深，所見如
是。〔註81〕

有有德之言，有造道之言。孟子言己志，有德之言也；論聖人之事，
造道之言也。〔註82〕

問：「〈西銘〉何如？」曰：「此橫渠文之粹者也。」曰：「充得盡時
如何？」曰：「聖人也。」「橫渠能充盡否？」曰：「言有多端，有有
德之言，有造道之言。有德之言說自己事，如聖人言聖人事也。造
道之言則知足以知此，如賢人說聖人事也。橫渠道儘高，言儘醇，
自孟子後儒者，都無他見識。」〔註83〕

二程將言一分爲三，「有德之言」即是「有得」的表述，所謂「聖人言聖人事」
即是；「造道之言」乃是「造道之深，所見如是」，如「賢人說聖人事」，「孟
子言堯、舜」；至於「述事之言」，二程並未明言，但是顧名思義，當只是描
繪性質的語言，未得入自得之列，是以不論。要言之，「有德之言」與「造道
之言」的受到肯定，即是具有了價值的明晰。

經由以上論述，可以瞭解到「天理」偏重於價值內涵的揭示，但仍可見
主體「體貼」的重要性，而「自得」強調在明晰價值時主體的地位，但亦可
見充分掌握到價值內涵的重要性。這種凸顯主體與價值的思維，從文學的思
維來說，就是一種「攝文歸理」〔註84〕的展現。

〔註79〕程顥、程頤：《河南程氏遺書》卷第18，《二程集》，頁206。
〔註80〕程顥、程頤：《河南程氏遺書》卷第2上，《二程集》，頁14。
〔註81〕程顥、程頤：《河南程氏遺書》卷第2上，《二程集》，頁21。
〔註82〕程顥、程頤：《河南程氏遺書》卷第11，《二程集》，頁127。
〔註83〕程顥、程頤：《河南程氏遺書》卷第18，《二程集》，頁196。
〔註84〕張瑞麟：〈宋代理學「攝文歸理」之思維與表現特質〉，《臺北大學人文學院人
文集刊》第8期2009年6月，頁29～62。

三、「文」的呈現

由於二程在「道」的意蘊中，存在「天理」與「自得」的特殊思維，在「文」的呈現上，其觀點也有所不同。以下取其大者言之有三，其一是「氣象」，其二爲「含蓄」，其三即是「興」。

（一）氣　象

「自得」乃是二程的核心思維，由此所展現出之對主體的重視，投射到文學之中，即是強調氣象的呈現。程頤云：

> 人語言緊急，莫是氣不定否？曰：「此亦當習。習到言語自然緩時，便是氣質變也。學至氣質變，方是有功。人只是一箇習。今觀儒臣自有一般氣象，武臣自有一般氣象，貴戚自有一般氣象。不成生來便如此？只是習也。某舊嘗進說於主上及太母，欲令上於一日之中親賢士大夫之時多，親宦官宮人之時少，所以涵養氣質，薰陶德性。」〔註85〕

爲學重在涵養，涵養久後「氣質」自會轉變，二程即以儒臣、武臣與貴戚三者，在經歷了一段期間的浸潤之後，自會呈現出不同的「氣象」。這是具體針對「人」來說，但其中提到相應於氣質變化的「言語自然緩」，可見語言文字的呈現也是如此。這種看法，二程多有表述，例如：

> 「夫天未欲平治天下也，如欲平治天下，當今之世，舍我其誰？」此是有所受命之語。若孔子謂「天之將喪斯文也，後死者不得與於斯文也；天之未喪斯文也，匡人其如予何！」喪乃我喪，未喪乃我未喪，我自做著天裏，聖人之言，氣象自別。〔註86〕

> 仲尼，元氣也；顏子，春生也；孟子，并秋殺盡見。仲尼，無所不包；顏子，示「不違如愚」之學於後世，有自然之和氣，不言而化者也；孟子，則露其才，蓋亦時然而已。仲尼，天地也；顏子，和風慶雲也；孟子，泰山巖巖之氣象也。觀其言，皆可以見之矣。仲尼無迹，顏子微有迹，孟子其迹著。〔註87〕

> 《禮》，「我戰則克，祭則受福」，蓋得其道，此語至常淺，孔子固能

〔註85〕程顥、程頤：《河南程氏遺書》卷第18，《二程集》，頁190。
〔註86〕程顥、程頤：《河南程氏遺書》卷第3，《二程集》，頁67。
〔註87〕程顥、程頤：《河南程氏遺書》卷第5，《二程集》，頁76。

如此，但觀其氣象，不似聖人之言。〔註88〕

曾子傳聖人學，其德後來不可測，安知其不至聖人？如言「吾得正
而斃」，且休理會文字，只看他氣象極好，被他所見處大。後人雖有
好言語，只被氣象卑，終不類道。〔註89〕

包括「聖人之言，氣象自別」、「氣象極好」、「氣象卑」，以及孔、孟、顏各有
氣象，皆說明了隨著主體之價值精神的彰顯，語言文字亦有相應的展現。當
然，這就是來自於主體對「理」的體貼深入。如二程云：

文章成功，有形象可見，只是極致事業，然所以成此事功者，即是
聖也。〔註90〕

將「文章成功」唯獨歸屬於「聖」，由「聖」所具有的意蘊，可以瞭解到二程
的關懷面向。至於，「形象」的呈現，這與文人強調的寫物當有異曲同工之處，
只是理學家見之於文章的形象，乃是憑藉著自身對「理」的清楚覺知。

一個與此緊密相關，亦是極其眞切而足爲二程之文學思維的代表，所謂
「生意」〔註91〕即是，程頤云：

《禮記》之文，亦刪定未了，蓋其中有聖人格言，亦有俗儒乖謬之
說。乖謬之說，本不能混格言，只爲學者不能辨別，如珠玉之在泥
沙。泥沙豈能混珠玉？只爲無人識，則不知孰爲泥沙，孰爲珠玉也。
聖人文章，自然與學爲文者不同。如〈繫辭〉之文，後人決學不得，
譬之化工生物。且如生出一枝花，或有翦裁爲之者，或有繪畫爲之
者，看時雖似相類，然終不若化工所生，自有一般生意。〔註92〕

將儒家經典視爲精彩的文學創作，除了《詩》以外，難免受到文學家的質
疑。此處透過「《禮記》之文」、「〈繫辭〉之文」，說明聖人文章有其精妙之
處，自然會被認爲是從儒學價值思維的角度來評價，不值一顧。然而，如同
極爲精彩的藝文創作，要多得其豐富的內涵，依舊需要憑藉適切的方式與途
徑來進行理會，當接受者、閱讀者無法被喚起蘊含其中的感動時，重新商榷

〔註88〕程顥、程頤：《河南程氏遺書》卷第15，《二程集》，頁159。

〔註89〕程顥、程頤：《河南程氏遺書》卷第15，《二程集》，頁145。

〔註90〕程顥、程頤：《河南程氏遺書》卷第5，《二程集》，頁79。

〔註91〕牟宗三指出「春意」即「生意」，「春意、生意、是內在地說，即用而見，故
『全用是體』也。」見氏著：《心體與性體（二）》，頁139。由是可知，對於
理學家而言，生意寓含的「理」的價值思維。

〔註92〕程顥、程頤：《河南程氏遺書》卷第18，《二程集》，頁239～240。

與衡定的聲音就會出現。順此以觀儒家經典，在時宜境遷的巨大變化之下，語言、思想、文化所產生的扞格，是否就截斷了其中的意蘊呢？換言之，二程提供的是一個契會的角度，一個能夠喚起讀者感動的途徑。因此，值得檢視、省思的是，二程所表達的內涵，或者是所洞悉的意蘊是什麼。在此，程頤透過理學家的獨特視角，指出聖人文章自有一番「生意」，由於是價值主體的真實呈現，自然不是學者透過各種手法以類似的型態足以比擬，而之所以會有珠玉與泥沙相混不清的認知，這就是解讀者之精神無法契會的問題。由是而言，二程標舉聖人文章，並不能執著於形式而將之僅是解讀為否定審美觀點與文學技巧，主張回歸於古代樸拙的表現方式，而應該理會其中的思維乃是要彰顯自身所體悟之聖人在文章中所展現的價值精神。

（二）含　蓄

隨著「理」具有的豐富意蘊，在語言的呈現上，自然需有涵納不盡的意思。如程頤所云：

> 言貴簡，言愈多，於道未必明。杜元凱卻有此語云：「言高則旨遠，辭約則義微。」大率言語須是含蓄而有餘意，所謂「書不盡言，言不盡意」也。〔註93〕

「含蓄而有餘意」就是強調語言之中必須存有豐富的意蘊，足以使學者體貼有得。又云：

> 聖人之語，因人而變化：語雖有淺近處，即卻無包含不盡處。如樊遲於聖門，最是學之淺者，及其問仁，曰「愛人」，問知，曰「知人」，且看此語有甚包含不盡處？他人之語語近則遺遠，語遠則不知近，惟聖人之言則遠近皆盡。〔註94〕

> 聖人六經，皆不得已而作：如未耕陶冶，一不制，則生人之用熄。後世之言，無之不為缺，有之徒為贅，雖多何益也？聖人言雖約，無有包含不盡處。〔註95〕

除了與前文「簡」近似之「約」的表述，此處另提「遠近皆盡」的說法，強調在「包含不盡」的趨向下，語言文字的表述方式並無拘束。

〔註93〕程顥、程頤：《河南程氏遺書》卷第18，《二程集》，頁221～222。
〔註94〕程顥、程頤：《河南程氏遺書》卷第17，《二程集》，頁176。
〔註95〕程顥、程頤：《河南程氏遺書》卷第18，《二程集》，頁221。

（三）興

同樣與「自得」的概念緊密相關，由於價值的思維內涵並不是給予的，必須是自我真實的涵養、理會、體貼，使有諸己，才是。因此，在文字的呈現上，就重視其是否具有「興起」的作用。如二程所云：

> 夫子言「興於《詩》」，觀其言，是興起人善意，汪洋浩大，皆是此意。如言「秉心塞淵，騋牝三千」。須是塞淵，然後騋牝三千。又如〈駉〉之詩，坰牧是賤事，其中卻言「思無邪」。〔註96〕

> 《詩》興起人志意。〔註97〕

> 唐棣乃今郁李看此便可以見詩人興兄弟之意。〔註98〕

> 《詩》可以興。某自再見茂叔後，吟風弄月以歸，有「吾與點也」之意。〔註99〕

所謂「興起人善意」、「興起人志意」，皆可看到二程透過《詩》所揭示的寫作取向，一方面在於呈現自我有得的價值內涵，另一方面由於重構的價值是內外合一的體悟，因此是具有感染客體的實質意義。

以上，不論是「氣象」、「含蓄」或者是「興」的寫作要求，都是在基於自身主體對於價值的契會有得下，將之作為寫作的歸趨而具體展現在「文」的呈現上。

四、與王安石及蘇軾的對話

蘇軾對於程頤帶有敵意的論述，已如前章所云，可能是令蘇軾產生不近人情的感受，所以用「姦邪」的尖銳語言進行批判。至於，王安石方面，有述云：

> 荊公嘗與明道論事不合，因謂明道曰：「公之學如上壁。」言難行也。明道曰：「參政之學如捉風。」及後來遂不附己者，獨不怨明道，且曰：「此人雖未知道，亦忠信人也。」〔註100〕

從說十三級塔上相輪之喻來看，「捉風」用以說明王安石學術著重於絕對「至

〔註96〕 程顥、程頤：《河南程氏遺書》卷第2上，《二程集》，頁41。
〔註97〕 程顥、程頤：《河南程氏遺書》卷第6，《二程集》，頁86。
〔註98〕 程顥、程頤：《河南程氏遺書》卷第18，《二程集》，頁230。
〔註99〕 程顥、程頤：《河南程氏遺書》卷第3，《二程集》，頁59。
〔註100〕 程顥、程頤：《河南程氏遺書》卷第19，《二程集》，頁255。

理」的抉發，卻失去與眞實生命的契合，實是貼切，而「上壁」用以描繪程顥的學術，合以蘇軾的看法，應亦表述出時人之感受。

　　然而，從二程的學術關懷來說，首重價值主體的彰顯，而作爲客體，本是另一個主體，因此兩者之間的良性互動實是二程極爲關注的面向。大體而言，二程秉持的觀點是在敬重客體的殊異性上，再尋求內在價值的感通。程頤有云：「君臣朋友，皆當以敬爲主。」〔註101〕尊卑與對等的關係顯然是不同的，但程頤將朋友拉到與君臣同一位階，可知其尋求的價值內涵是具有破除窠臼的一體性。伴隨著敬的態度，程頤云：

　　　　大凡人說話，多欲令彼曲我直。若君子，自有一箇含容意思。
〔註102〕

　　　　問：「人於議論，多欲己直，無含容之氣，是氣不平否？」曰：「固
　　　　是氣不平，亦是量狹。人量隨識長，亦有人識高而量不長者，是識
　　　　實未至也。……然惟知道者，量自然宏大，不勉強而成。今人有所
　　　　見卑下者，無佗，亦是識量不足也。」〔註103〕

人與人的相處，難免會有摩擦，尤其是在具有分別曲直高下的議論上。程頤看到了這種通常存在的互動問題，因此提出了「含容」的觀點。這一方面是讓彼此得以良性互動的要素，另一方面更是驗證個人在價值體悟上是否眞切的方式。由是而言，彼此間的對話，對價值的建構來說，是具有重要的地位。然而，這不僅是在關係的建立，而是想要透過對話的過程中，達到價值的明晰。如有記述云：

　　　　以道見伊川先生，論難反復。以道曰：「如此，是先生亦欲人同己
　　　　也。」先生不答。門人云：「先生所欲同者，非同己也，正欲道之同
　　　　耳。」〔註104〕

「論難反復」，即是相互間的溝通，而「欲道之同」，在這裡不僅不應該解釋爲尋求他人之放棄立場而歸屬於自身，也不是單純只是化異求同的目的，眞實的意蘊當是透過對話的過程來發明價值的內涵，此同應是「和而不同」之意。是以，二程云：

〔註101〕程顥、程頤：《河南程氏遺書》卷第18，《二程集》，頁184。
〔註102〕程顥、程頤：《河南程氏遺書》卷第18，《二程集》，頁192。
〔註103〕程顥、程頤：《河南程氏遺書》卷第18，《二程集》，頁243。
〔註104〕程顥、程頤：《河南程氏外書》卷第12，《二程集》，頁444。

不能動人，只是誠不至；於事厭倦，皆是無誠處。〔註105〕

透過對話的方式，從「不能動人」的結果，省思到自身而知「誠」不至，這就是對話的作用，也是當有的方式。其實，這就是重視主體擁有明晰價值的思維。因此，從二程的角度來說，對於另一個主體的契會，是充分肯定的。程頤云：

南方學者從伊川旣久，有歸者。或問曰：「學者久從學於門，誰最是有得者？」伊川曰：「豈便敢道他有得處，且只是指與得箇歧徑，令他尋將去不錯了，已是忒大煞。若夫自得，尤難其人。謂之得者，便是己有也，豈不難哉？若論隨力量而有見處，則不無其人也。」〔註106〕

即使是弟子，作爲另一個客體，不評論誰最是有得，乃是當然的，這並非是要表示謙遜，而是價值原是與主體合一，不可能將之抽離而作高下的評比。

雖是如此，二程在相近的主張下，呈現的樣貌仍是存有差異。諸如記述云：

明道先生每與門人講論，有不合者，則曰「更有商量」，伊川則直曰不然。〔註107〕

伊川與君實語，終日無一句相合；明道與語，直是道得下。〔註108〕

顯然，程顥比程頤更具含容意思。據此，亦可知，宋儒展開對話的方式來進行價值的明晰，確實能在困境中彰顯最眞實的意義。

五、小　結

由於受到二程「作文害道」之提法的影響，歷來對於二程的文學觀即多有非議，從而延伸到整個宋代的理學家。然而，意義來自於看待事物的角度，如果不能嘗試理解二程的思維，甚至是理學家關懷的面向，則要能洞悉其眞實意蘊，取得其開啓的價值，應是緣木求魚。

本文從「攝文歸理」的角度，關注到二程在文道一體的思維底下，特別強調主體對於價值的契會，而這樣的價值，並非只是政教思維下的禮樂規範，

〔註105〕程顥、程頤：《河南程氏遺書》卷第5，《二程集》，頁78。
〔註106〕程顥、程頤：《河南程氏外書》卷第12，《二程集》，頁438。
〔註107〕程顥、程頤：《河南程氏外書》卷第11，《二程集》，頁416。
〔註108〕程顥、程頤：《河南程氏外書》卷第12，《二程集》，頁428。

而是具有生意、生命的眞實內涵。概念的特殊性展現在屬於「道」的「天理」與「自得」，而相應於此，作爲充分展現的「文」，就必須能夠呈現「氣象」、「含蓄」與「興」的特質。

　　此外，由於宋儒對於價值的明晰，具有一個重要的嶄新面向，即是透過回到人與人的互動，主體與主體間的交流，因此本文亦對二程的主張進行了考察。而在二程對於主體的極度重視下，可以看到與客體保持良性的互動，是可以存在的。

第十章 結 論

一、承韓的思維與宋學的發展

　　意義是需要透過不斷地關注與詮釋，才能展現其具有生命的價值。韓愈，在唐代，或許透過了種種的面向，將個人的睿智表現無遺，但從價值意義的角度來說，這只是一個點，如果不能由此畫出方向，與整體的學術文化產生相融相攝的關係，則不過是過眼雲煙而已。因此，當宋儒開啓了對韓愈學術的詮釋，意義就具有了方向，而在不斷地明晰的過程中，韓愈學術的意蘊即獲得拓展，宋儒也在各自的契會下，成就了自身的價值。

　　從既有的研究成果來看，不論是思想方面，或者是文學方面，韓愈無不與宋代的學術存在著緊密的關係，並由此而彰顯其價值與地位。然而，多方關注與詮釋的成果，雖是逐步呈現了韓愈學術的精彩面貌，但是源自於對核心精神之把握的不足，使得多元詮釋之間多有扞格難通之處，最顯著的例子莫過於在「文」與「道」的安置上，此即大大削弱了所得內涵的意義。影響所及，有關宋學的理解與詮釋，也就不自覺地沿用了固有的論斷，難見新意。因此，爲彰顯韓愈的學術價值，釐定宋學的發展脈絡，安置文與道的思維內涵，本文即以韓愈爲核心，文、道爲樞紐，剖析宋學的發展與演變。而基於韓愈對宋學具有最大的影響是在北宋時期，是故本文即擷取始於太祖建隆（960～963）而至於欽宗靖康（1126～1127）的北宋爲探究的時間區段。

　　經過了一番的梳理之後，所得成果大致上可以分爲以下幾點來進行表述：

（一）韓愈對於宋代學術的影響是一個曲折的完成。大抵一個人的學術在發揮其影響力時，多是從窄小而至廣大，韓愈是否如此呢？詳加考索，或有不然。不可否認，韓愈的詩作與儒學思想在宋代同樣受到關注，但是古文創作的共同趨向，讓兩者有了緊密的關聯，因此描述韓愈在宋代地位的升降自可取資於古文發展方面的論述。據此，梳理所得資料，尤其是掌握到柳開學韓的經過、王禹偁譽人爲文如韓柳以及晏殊揭示文風之轉折等訊息，可知韓愈在嘉祐確立古文寫作的地位之前，已經歷了一段盛衰起伏的過程。從太祖的晦而不彰到太宗之近似典範的地位，眞宗之後又轉趨沈寂，直至仁宗天聖時始再受關注，並逐漸確立其不可動搖的地位。

在此風尚的曲折變化下，一個引人關注的問題是：何以會形成如此曲折的變化？有別於論者多從古文寫作的修辭方面來著手，本文回到韓愈，認爲在晦澀的現象下，存在的是一個未能契接韓愈之學術價值與精神的問題，適如孫沖所謂學韓爲文往往失其要旨之意。有關於此，深入探究王禹偁及其交游之人的思維，即可發現在稽古的大方向下實夾雜了黃老清淨之說，視野自是駁雜而無法契會韓愈所體悟的儒家精神。由此，宋初的韓學盛行，顯示的是一種偏向於「納受」韓愈學術成果的狀態，並未眞實展現其學術內在的價值與精神，而由韓以入夫子之道的柳開，正因自覺於道的不同，能初步理會到價值的部分，所以在宋代古文發展上被視爲是首要之人。然而，雖是將之界定爲「納受」，亦非完全抹煞其中可能蘊含的意義，因爲在納受的過程中，內在實隱含著一個走向「發明」韓愈學術精神與價值的思維脈絡。關於此貫穿古文與西崑體的思維脈絡，本文以「元和風尚」來進行闡釋。藉此除了說明價值的思維並非突然形成而是需要逐漸的明晰之外，更要揭示在看似相反對立的現象裡實存有一脈相承的發展脈絡。換言之，宋學的開啓是站在與韓愈學術之價值與精神的銜接上。

（二）韓愈在文道一體的觀點下開啓了價值思維的探究與主體精神的彰顯。影響有局部性的，也有全面性的，韓愈對宋學而言，即是從根本上展現了全面性的影響。何謂根本呢？本文以爲即是價值的主體精神。對於韓愈的學術而言，什麼才是核心的思維？不是「文」，也不是「道」，而是包含「自立」、「立言」、「明道」、垂範之價值主體性的彰顯。以此重釋包含「不平則鳴」、「以文爲戲」、「務去陳言」與「文從字順」的觀點，將可發現不僅其意蘊更爲順適，並且能緊扣韓愈的學術精神而展開。然而，何謂價值主體性

的彰顯？是強調自我的一面嗎？當然不能如是看待。嘗試回到韓愈「修其辭以明其道」的說法，這是「文」、「道」一體的觀點，正契合於主體精神的展現，殆無疑義，然而仔細思索所謂透過「文」來展現所得之「道」的內涵，「道」與「得」成為了課題，前者是價值，後者是主體。換言之，當韓愈將價值的思維視為是寫作的主要內涵，開啟的不只是寫作方向的問題，而是讓價值的內容成為是一個可以討論的對象，所謂「不傳」與「不明」即是，並且在此「明其道」中彰顯了自我的地位。由是而言，韓愈對於宋學的影響，並不是給予了一個貞定後的價值內涵，而是開啟了一個合於儒學精神的發展方向。

（三）歐陽脩重契了韓愈的主體精神並延續與拓展了價值思維的探究。講到宋儒與韓愈的關係，眾所周知，歐陽脩必然是最重要，也是最緊密的人物。然而，怎麼將兩人作意義的連結呢？一般的理解必然用古文的完成來回答，但是如前所述，初期宋學的尊韓之風與古文的寫作所以轉趨沈寂，原因透過回歸韓愈來看，主體精神的不契，價值思維的不明，兩大不足使得「納受」所形成的風潮終告停歇。當然，天聖之後到嘉祐時期，古文一躍成為宋代學術的主流，蘇軾即明言「自嘉祐以來，以古文為貴」的情形，歐陽脩必然扮演關鍵的角色，但是在順利推行古文寫作的同時，之所以被譽為「今之韓愈」，實蘊含著豐富的意義。關於此意義，正是一方面重契了韓愈的主體精神，另一方面延續與拓展了價值思維的探究。要之，歐陽脩所謂道勝文至的觀點，即是在透徹理會韓愈浩然無涯之「道」與深厚雄博之「文」的情形下，契接了修辭明道的思維，同樣展現出以道為本、文道一體的趨向。而在關注於「道」之後，歐陽脩隨著時代視野的開放，突破了既有經典注疏的框架，在師經、求意、心定、道純之價值重建的過程中，再次彰顯韓愈所開啟的主體精神。關於歐陽脩如是深契韓愈學術的具體呈現，主要即可從取代「韓柳」之「韓李」的並稱，以及講求道之「純」與文之「粹」的觀點清楚見到。當然，在同是強調主體性的思維下，歐陽脩必然不會完全認同韓愈的觀點，但非韓實是尊韓，這是一種和而不同之推進學術發展的具體表現。據此以觀所謂的詩文革新，將可發現當著意於字句上的連繫，並無法解決與洞悉問題的根本，誠如蘇舜欽所云「識道理、要趨向」是古文發展的進階問題，則歐陽脩所展現的意義，即是透過主體對價值的體悟將之具體呈現於文而初步回應與滿足了「識道理、要趨向」的課題。

　　（四）王安石、蘇軾與二程在主體各有所得的情形下呈現出三種不同的思維型態。在歐陽脩重契韓愈學術精神之後，宋儒即一方面極力展現自我的特質，另一方面即致力於聖人之道的明晰。在此開放性的詮釋氛圍底下，宋代學術走向多元的發展是可以想見的。其中，既關注韓愈的學術，又具有嶄新的開展，當屬王安石、蘇軾與二程。

　　以王安石來說，或許是受到變法的影響，難免有些扭曲與附會的論述強加其身，但透過詳細的考察之後，可以發現王安石指韓愈望聖人於千百年之中，為卓然者，並非虛言，實是有真切的肯定。惟王安石肯定的角度，乃是透過取其「意」，亦即「直取韓心」的方式，將韓愈的學術納入到自身的思維體系之中。當然，所以會有這樣的取向，原因即在於王安石的學術乃是以尋求「精義」、「至理」為核心的思維。是故，當面對所有的不同學說，王安石並非直接抹煞其存在的價值，而是在透過論辨的過程中，將其安置於適切的位子。換言之，在王安石「至理」的思維底下，其他的論述，皆有不足之處，惟其「心」、其「意」實乃相合。依此以觀王安石的文道觀，可知在禮樂治政之文偏於致用趨向的表象下，一種講求「自得」聖人作文之本「意」，尋求明晰足以自治治人的道德性命之理，可以說是一種「精理成文」的一家之言。

　　以蘇軾而言，所謂「文起八代之衰，而道濟天下之溺」，文道兼具的崇高評價，不僅說明了承韓的思維取向，並且對於韓愈的學術是體貼入微的。然而，與王安石相近，在主體性彰顯的情形下，所得的進展，使其不得不與韓愈相異，「奇險蕩佚」即是蘇軾在「情理」的思維底下針對韓愈文道之不足的具體表述。在一般的觀點裡，蘇軾是缺乏哲學的思維，或者是價值的思維，並且有著三教合一的趨向。不過，根據蘇軾末年在《論語》、《書》、《易》方面的盡心，及其承繼斯文的胸襟，尤其特重禮的闡釋，可以說在「人情之所安」之中，實蘊含著其獨契有得的性命之「理」，亦即此處所謂的「情理」。顯然，這與王安石尋求「至理」的方向有著極大的差異，因為蘇軾關注與尊重了個體的存在，並積極的納入到思維體系之中。由是而言，蘇軾在文道的思維上，強調的是一種足以真實展現自我所得之「文理自然」的獨特呈現。

　　以二程而言，雖然「倒學」一詞鮮明否定了韓愈為學的取向，但是仔細斟酌其批判之意，包括「好名」的指稱，其實都蘊含了肯定之意。換言之，

二程實是透過重新詮釋的過程中，扭轉韓愈的形象，並賦予其嶄新的意義。具體而言，「親切」、「近理」即是二程認為韓愈之文之道有得而不足的評價。從這樣的評述，可以發現二程是有一個價值評斷的標準，但一方面不同於王安石屬於至善之理而漠視個體性，另一方面亦不是蘇軾致力於人情所安之個體性的諧和，而是既重價值具有超越的普遍性，又重個體當有自得的獨特性。由是以觀二程的文道觀，在強調對「天理」之自覺的明晰與體貼，以及「理」之內涵的獨特性，可以說此為一種「攝文歸理」的思維模式。也就是說，在二程「攝文歸理」的思維裡，作者乃是透過文的佈置來呈現出自身所體悟的價值內涵，而依其呈現出的氣象，讀者即可能透過其文的展現來感受其所得的內涵，甚至據以辨析是否為「有德之言」或者是「造道之言」。

　　以上三者，雖是不同的思維型態，但是彼此之間的差異，並不是有無之情或理的各自堅持，而是本末始終之「序」的不同。換言之，並世共存的三者，處於相同的時代氛圍之中，不論是面對的課題，或者是思維的元素，讓彼此的視野顯得近似，但是在主體性的彰顯下，各自所契會的價值內涵就有了極大的差異，如同人的染色體在排序不同下顯得各有特色。

　　（五）印本文化促成思維轉向於主體間的對話。客觀環境的變化與學術的發展，其實很難用因果的關係來加以推論，但是就雕版印刷的運用而言，雖然不能左右學術的發展方向，卻有積極輔成的作用。當韓愈開啟價值的探究與主體的彰顯，在經過了唐末五代與戰火的沖擊下，宋儒想要承繼與延展這樣的思維與精神，實是需要極大的努力。當然，崇文、尊儒、重道的政策，以及太宗時開始具體提升士人的地位，確實增強了儒者的自信，不過要能促成天聖後，景祐、慶曆之間主體的張揚與價值的重建，印本文化所提供的資源是不可或缺的要素。從取李迪而黜賈邊一事與孫復、張方平等人的論述，可知在真宗時期經典注疏的詮釋地位依舊束縛著儒者的價值思維，但張知白在咸平五年（1002）的表述：「今之學者，其書無涯，其道非一。」可知當時已受到典籍大量傳行的影響，初步造成了對「道」之理解的沖擊。而依據晏殊的說法，能夠再次理會韓愈學術的價值，關鍵即是在通過經典所形成的視野。此外，為了刊印典籍而有校讎工夫，並為了貞定字句而形成的理校法。諸如此類，印本傳行對於價值的開放性詮釋是有積極的意義。尤其，當儒者要彰顯自我的主體性時，印本提供了充足的知識來源與寬闊的視野，這讓個體的獨特性在價值的支撐上顯得更有自信。

順著儒者各自主體性的彰顯，在師道不傳的時代裡，雖然延續著韓愈對師道的尊崇與期待，但是對於價值的思維，不再是「傳道」之上對下的給予，而是轉向於透過「友道」之對等的講論來體悟與建構。換言之，在韓愈開啟以主體來探究價值的內涵之後，宋儒進一步透過與客體——另一個主體——的對話來貞定價值的內涵。這是極具意義的重大轉變，而印本傳行即是促成的關鍵要素之一。

（六）關注客體，回歸於「為己之學」的儒家精神。透過理學，得以看到了宋儒的主體精神，並理會其轉向內在的價值建構，應無疑義。不過，經由以上的論述，可知宋學在歐陽脩重契韓愈學術的精神下已確立了主體的精神，而價值的重建則是一直在持續進行著，王安石、蘇軾與二程所展現出的多元面貌即是其各自的獨特理會。不僅如此，值得令人關注的是，在價值的重建裡，不純粹是主體汲取經典的內涵，王安石、蘇軾與二程都將客體納入到視野之中，並且不再是扮演消極被拯救的一方，而是具有積極之表述其見解的對象，雖然最後所給予的位子有所不同，彼此之間的對話也多有衝突，但客體的關注所顯示出之一種回歸於人與人之間良性互動的價值重建，正展現出對儒家「為己之學」之內涵的深化。從這個角度來說，宋儒的價值重建，正是最為真實的努力，足為異代重構儒學價值的今日一個重要的啟示。

以上，是透過掌握關鍵性資料的擷取與解讀，將韓愈與宋學作一整體性與脈絡性的詮釋，架構初具，尚多努力空間，不過深契所得應有對話的學術價值。

二、議題的延伸與關懷的面向

（一）學問的生命：依韓愈為議題而言

誠如錢鍾書所云：「韓昌黎之在北宋，可謂千秋萬歲，名不寂寞者矣。」在歐陽脩的重契精神之後，開啟了構成宋學的多元走向。然而，意義在北宋時就止步了嗎？除了在南宋時期韓集雕印與注釋的版本有了更多的數量之外，朱子不僅著手於《韓文考異》的寫作，更反覆辨明其學之得失，可見時至南宋時韓愈學術依舊處於儒者詮釋的核心，促使朱子起而明辨之。當一學術仍不斷地受到學者的詮釋與理解，意義就會不斷地被開啟，學問的生命也就永不停歇。因此，或許在南宋理學成為了主導的學術思維，但在這表象下，

不同思維間的對話，仍然能夠賦予韓愈以新的意蘊。舉如許總先生的研究指出：唐宋八大家的古文體系，乃在理學家的參與與理學精神的貫穿中確立，而朱熹與呂祖謙扮演顯著的角色。〔註1〕由此可見，延續著北宋對韓愈學術的關注與闡釋，南宋儒者必然也有精彩的展現。

（二）生命的學問：以詮釋的角度而論

意義總是在關注中轉出，並且是曲折的深入到價值的核心。

關於學術的研究，梳理對象而明晰其內涵是必要的工作，目的除了汲取其中具有的價值內涵外，期望透過藉鑑的方式來開拓當今的意義，應該也是極為重要的面向之一。然而，當研究太過專注於對象，講究所謂客觀的分析，拆解的結果，縱使精彩，似乎也只是沒有靈魂的區塊。在稽古為重的宋代，初期宋學似乎正呈現著這樣的狀態，惟當歐陽脩在不斷地關注於韓愈而後契入其思維，從而強調主體的精神，並且具體針對所謂理想的典範進行重新的省思，此後不論是王安石覺知到「時」的問題而強調「精理」以重現具有意義的「文」，或者是蘇軾強調回到人情之所安，甚至是二程之「自得」的概念，都是主張意義來自於主體。換言之，當與詮釋主體產生環扣的關係，不論是個人的課題，或者是時代的衝擊，意義始能生發其真實的價值。

根據本文的論述，價值主體性的自覺與彰顯一直是宋儒的思維特質，而與之相關的「為己之學」，一個原始儒家的價值內涵，在隨著主體而呈現出「客體」的情形下，再次成為關注的焦點。這是一個價值深化的契機，然而平心而論，宋儒雖是透過「對話」的方式踏出了一大步，但是並未尋得妥適對待與相互安置的方式。因此，相對於一個學術完整發展過程的探究，一個尚未完盡的話題或許更具有思維的價值，畢竟時至今日主客體間的互動，仍舊是有待處理的重要課題。

〔註1〕許總：〈論理學與唐宋古文主流體系建構〉，《文學評論》2005 年第 4 期，頁 93～99。

參考書目

一、**專著**（依作者姓名筆畫多寡排列）

（一）原典資料

1. 《十三經注疏》（臺北：藝文印書館，1993 年 9 月）。
2. 《新編分門古今類事》（北京：中華書局，1985 年）。
3. 丁福保輯：《歷代詩話續編》（北京：中華書局，2001 年 8 月）。
4. 尹焞：《尹和靖集》（北京：中華書局，1985 年）。
5. 元稹：《元稹集》（北京：中華書局，1982 年 8 月）。
6. 文震亨：《長物志》（江蘇：江蘇科學技術出版社，1984 年 3 月）。
7. 方苞：《方望溪全集》（江蘇：中國書店，1991 年 6 月）。
8. 王安石：《王臨川全集》（臺北：世界書局，1988 年 10 月）。
9. 王安石著、李之亮箋注：《王荊公文集箋注》（成都：巴蜀書社，2005 年 4 月）。
10. 王禹偁：《小畜集》（臺北：臺灣商務印書館股份有限公司，1968 年 9 月）。
11. 王國維：《王國維先生全集初編》（臺北：大通書局有限公司，1976 年 7 月）。
12. 王國維著；彭玉平編：《人間詞話》（北京：中華書局，2003 年 6 月）。
13. 王暐：《道山清話》（北京：中華書局，1985 年）。
14. 王溥：《五代會要》（臺北：世界書局，1970 年 8 月）。
15. 王應麟：《玉海》（合璧本）（臺北：大化書局，1977 年 12 月）。
16. 王應麟：《困學紀聞》（上海：上海古籍出版社，2008 年 12 月）。

17. 王闢之：《澠水燕談錄》（北京：中華書局，1997 年 12 月）。

18. 王讜：《唐語林》（臺北：臺灣商務印書館股份有限公司，1968 年 9 月）。

19. 司馬光：《涑水記聞》（北京：中華書局，1997 年 12 月）。

20. 田況：《儒林公議》，收錄於朱易安、傅璇琮等主編《全宋筆記》第一編（鄭州：大象出版社，2003 年 10 月）。

21. 石介：《徂徠石先生文集》（北京：中華書局，1984 年 7 月）。

22. 朱弁：《曲洧舊聞》卷 9，收錄於朱易安、傅璇琮等主編《全宋筆記》第三編（鄭州：大象出版社，2008 年 1 月）。

23. 朱熹：《朱子全書》（上海：上海古籍出版社；合肥：安徽教育出版社，2002 年 12 月）。

24. 朱彝尊：《曝書亭集》（臺北：臺灣商務印書館股份有限公司，1968 年 12 月）。

25. 朱彝尊：《經義考》第 8 冊（臺北：中研院文哲所籌備處，1999 年 8 月）。

26. 江少虞：《宋朝事實類苑》（臺北：源流文化事業有限公司，1982 年 8 月）。

27. 何文煥輯：《歷代詩話》（北京：中華書局，2001 年 11 月）。

28. 何焯：《義門讀書記》（北京：中華書局，1987 年 6 月）。

29. 吳文治主編：《宋詩話全編》（南京：江蘇古籍出版社，1998 年 12 月）。

30. 吳文治編：《韓愈資料彙編》（北京：中華書局，2004 年 1 月）。

31. 吳曾：《能改齋漫錄》（上海：上海古籍出版社，1979 年 11 月）。

32. 宋祁：《宋景文筆記》，收錄於朱易安、傅璇琮等主編《全宋筆記》第一編（鄭州：大象出版社，2003 年 10 月）。

33. 李之亮：《歐陽修集編年箋注》（成都：巴蜀書社，2007 年 8 月）。

34. 李心傳：《建炎以來朝野雜記》（北京：中華書局，1985 年）。

35. 李心傳：《舊聞證誤》（北京：中華書局，1999 年 12 月）。

36. 李光地：《榕村語錄》（北京：中華書局，1995 年 6 月）。

37. 李修生主編《全元文》第 14 冊（南京：江蘇古籍出版社，1999 年 10 月）。

38. 李修生主編《全元文》第 26 冊（南京：鳳凰出版社，2004 年 12 月）。

39. 李覯：《李覯集》（臺北：漢京文化事業有限公司，1983 年 10 月）。

40. 李燾：《續資治通鑑長編》（北京：中華書局，1979 年 8 月）。

41. 沈括著、胡道靜校注：《新校正夢溪筆談》（香港：中華書局香港分局，1987 年 4 月）。

42. 周敦頤:《周敦頤集》(北京:中華書局,1990 年 5 月)。

43. 邵伯溫:《邵氏聞見錄》(北京:中華書局,1997 年 12 月)。

44. 邵博:《邵氏聞見後錄》(北京:中華書局,1997 年 12 月)。

45. 姚鉉:《唐文粹》(臺北:臺灣商務印書館股份有限公司,1968 年 6 月)。

46. 柳宗元:《柳宗元集》(臺北:漢京文化事業有限公司,1982 年 5 月)。

47. 洪本健編:《歐陽修資料彙編》(北京:中華書局,2004 年 1 月)。

48. 洪邁:《容齋隨筆》(上海:上海古籍出版社,1978 年 7 月)。

49. 紀昀等總纂:《景印文淵閣四庫全書》(臺北:臺灣商務印書館股份有限公司,1986 年 3 月)。

50. 紀昀等著:《欽定四庫全書總目》(整理本)(北京:中華書局,1997 年 1 月)。

51. 胡應麟:《少室山房筆叢》(北京:中華書局,1958 年 10 月)。

52. 范仲淹著:李勇先、王蓉貴校點:《范仲淹全集》(成都:四川大學出版社,2002 年 9 月)。

53. 范成大:《吳郡志》(北京:中華書局,1985 年)。

54. 苗書梅等點校、王雲海審訂:《宋會要輯稿‧崇儒》(開封:河南大學出版社,2004 年 5 月)。

55. 徐松:《宋會要輯稿》(臺北:新文豐出版社股份有限公司,1976 年 10 月)。

56. 晁公武:《郡齋讀書志校證》(上海:上海古籍出版社,1990 年 10 月)。

57. 真德秀:《西山先生真文忠公文集》(臺北:臺灣商務印書館股份有限公司,1968 年 9 月)。

58. 秦觀著;周義敢、程自信等校注:《秦觀集編年校注》(北京:人民文學出版社,2001 年 7 月)。

59. 張淏:《雲谷雜紀》(北京:中華書局,1991 年)。

60. 張載:《張載集》(臺北:漢京文化事業有限公司,1983 年 9 月)。

61. 梅堯臣著、朱東潤編年校注:《梅堯臣集編年校注》(臺北:源流文化事業有限公司,1983 年 4 月)。

62. 畢仲游:《西臺集》(北京:中華書局,1985 年)。

63. 畢沅:《續資治通鑑》(北京:中華書局,1988 年 6 月)。

64. 脫脫等撰:《宋史》,《二十四史》(北京:中華書局,1997 年 11 月)。

65. 郭紹虞輯:《宋詩話輯佚》(臺北:華正書局,1981 年 12 月)。

66. 陸九淵:《陸九淵集》(臺北:里仁書局,1981 年 1 月)。

67. 陳亮:《陳亮集》(臺北:河洛圖書出版社,1976 年 3 月)。

68. 陳振孫：《直齋書錄解題》（上海：上海古籍出版社，1987 年 12 月）。

69. 陳彭年：《江南別錄》，收錄於朱易安、傅璇琮等主編《全宋筆記》第二編（鄭州：大象出版社，2003 年 10 月）。

70. 陸游：《陸放翁全集》（北京：中國書店，1991 年 9 月）。

71. 陸龜蒙著；宋景昌、王立群點校：《甫里先生文集》（開封：河南大學出版社，1996 年 9 月）。

72. 曾棗莊、劉琳主編：《全宋文》（第 1 冊至第 48 冊，四川：巴蜀書社；出版時間並不一致，第 1 冊出版於 1988 年 6 月，第 48 冊出版於 1994 年 7 月）。

73. 曾棗莊、劉琳主編：《全宋文》（上海：上海辭書出版社，2006 年 8 月）。

74. 曾鞏撰；陳杏珍、晁繼周點校：《曾鞏集》（北京：中華書局，1984 年 11 月）。

75. 程俱：《麟臺故事校證》（北京：中華書局，2004 年 4 月）。

76. 程樹德：《論語集釋》（北京：中華書局，1997 年 10 月）。

77. 程顥、程頤：《二程集》（北京：中華書局，2004 年 2 月）。

78. 黃宗羲著、沈善洪主編：《宋元學案》收入《黃宗羲全集》（杭州：浙江古籍出版社，2005 年 1 月）。

79. 黃庭堅著、劉琳等校點：《黃庭堅全集》（成都：四川大學出版社，2001 年 5 月）。

80. 黃啓方編輯：《北宋文學批評資料彙編》（臺北：成文出版社，1978 年 9 月）。

81. 葉百豐：《韓昌黎文彙評》（臺北：正中書局，1990 年 2 月）。

82. 葉夢得：《石林燕語》（北京：中華書局，1997 年 12 月）。

83. 葉夢得：《避暑錄話》，收錄於朱易安、傅璇琮等主編《全宋筆記》第二編（鄭州：大象出版社，2006 年 1 月）。

84. 趙明誠：《金石錄》（濟南：齊魯書社，2009 年 4 月）。

85. 趙與峕：《賓退錄》（北京：中華書局，1985 年）。

86. 劉昫：《舊唐書》（臺北：鼎文書局，1976 年 10 月）。

87. 劉壎：《隱居通議》（北京：中華書局，1985 年）。

88. 歐陽脩、宋祁：《新唐書》（北京：中華書局，1995 年 3 月）。

89. 歐陽脩著、李逸安點校：《歐陽脩全集》（北京：中華書局，2009 年 1 月）。

90. 蔣士銓著；邵海清校、李夢生箋《忠雅堂集校箋》（上海：上海古籍出版社，1993 年 12 月）。

91. 蔡襄著、陳慶元等校注：《蔡襄全集》（福州：福建人民出版社，1999 年7 月）。

92. 韓琦著；李之亮、徐正英校箋：《安陽集編年箋注》（成都：巴蜀書社，2000 年 10 月）。

93. 韓愈著；馬其昶校注、馬茂元整理：《韓昌黎文集校注》（上海：上海古籍出版社，1987 年 6 月）。

94. 韓愈著；錢仲聯集釋：《韓昌黎詩繫年集釋》（上海：上海古籍出版社，1998 年 3 月）。

95. 歸有光：《歸有光全集》（臺北：盤庚出版社，1979 年 2 月）。

96. 魏泰：《東軒筆錄》（北京：中華書局，1997 年 12 月）。

97. 魏慶之：《詩人玉屑》（臺北：臺灣商務印書館股份有限公司，1968 年 6 月）。

98. 羅從彥：《羅豫章集》（北京：中華書局，1985 年）。

99. 羅聯添編：《韓愈古文校注彙輯》（臺北：國立編譯館，2003 年 6 月）。

100. 蘇舜欽著；傅平驤、胡問濤校注：《蘇舜欽集編年校注》（成都：巴蜀書社，1991 年 3 月）。

101. 蘇洵著；曾棗莊、金成禮箋註：《嘉祐集箋註》（上海：上海古籍出版社，2001 年 4 月）。

102. 蘇軾：《蘇氏易傳》（北京：中華書局，1985 年）。

103. 蘇軾著、孔凡禮點校《蘇軾文集》（北京：中華書局，2008 年 7 月）。

104. 蘇頌著、王同策等點校：《蘇魏公文集》（北京：中華書局，1988 年 9 月）。

105. 蘇轍著；陳宏天、高秀芳校點：《蘇轍集》（北京：中華書局，1990 年 8 月）。

106. 蘇轍：《龍川別志》（北京：中華書局，1997 年 12 月）。

107. 釋文瑩：《湘山野錄》（北京：中華書局，1997 年 12 月）。

108. 顧炎武：《日知錄》（臺北：文史哲出版社，1979 年 4 月）。

（二）近人研究成果

1. 王德毅等編：《宋人傳記資料》（臺北：鼎文書局，1976 年 12 月）。

2. 內藤湖南：《中國史通論》（北京：社會科學文獻出版社，2004 年 1 月）。

3. 卞孝萱、張清華、閻琦：《韓愈評傳》（南京：南京大學出版社，2002 年 12 月）。

4. 方俊吉：《孟子學說及其在宋代之振興》（臺北：文史哲出版社，1993 年 7 月）。

5. 方烈文等編:《韓愈研究》第二輯（廣州:廣東高等教育出版社,1998年2月）。

6. 王水照主編:《宋代文學通論》（開封:河南大學出版社,1997年6月）。

7. 王基倫:《韓柳古文新論》（臺北:里仁書局,1996年6月）。

8. 王基倫:《唐宋古文論集》（臺北:里仁書局,2001年10月）。

9. 王夢鷗:《古典文學論探索》（臺北:正中書局,1991年10月）。

10. 王夢鷗:《文學概論》（臺北:藝文印書館,1994年12月）。

11. 包弼德著:劉寧譯:《斯文:唐宋思想的轉型》（南京:江蘇人民出版社,2001年1月）。

12. 皮錫瑞:《經學通論》（臺北:商務印書館,1989年10月）。

13. 皮錫瑞:《經學歷史》（臺北:藝文印書館,1996年8月）。

14. 吉川幸次郎:《宋詩概說》（臺北:聯經出版事業公司,1977年4月）。

15. 朱剛:《唐宋四大家的道論與文學》（北京:東方出版社,1997年10月）。

16. 牟宗三:《心體與性體（三）》（臺北:正中書局,1991年11月）。

17. 牟宗三:《心體與性體（二）》（臺北:正中書局,1993年2月）。

18. 牟宗三:《中國哲學的特質》（臺北:台灣學生書局,1994年8月）。

19. 牟宗三:《中國哲學十九講:中國哲學之簡述及其所涵蘊之問題》（臺北:臺灣學生書局,1995年3月）。

20. 牟宗三:《心體與性體（一）》（臺北:正中書局,1996年2月）。

21. 牟宗三:《宋明儒學的問題與發展》（上海:華東師範大學出版社,2004年5月）。

22. 何寄澎:《北宋的古文運動》（臺北:幼獅文化事業公司,1992年8月）。

23. 何澤恆:《歐陽修之經史學》（臺北:國立臺灣大學文學院,1980年6月）。

24. 余英時:《士與中國文化》（上海:上海人民出版社,2003年1月）。

25. 余英時:《朱熹的歷史世界:宋代士大夫政治文化的研究》（北京:生活·讀書·新知三聯書店,2004年8月）。

26. 余英時:《宋明理學與政治文化》（桂林:廣西師範大學出版社,2006年5月）。

27. 冷成金:《蘇軾的哲學觀與文藝觀》（北京:學苑出版社,2003年5月）。

28. 吳小林:《中國散文美學》（臺北:里仁書局,1995年7月）。

29. 吳小林:《唐宋八大家》（臺北:里仁書局,1999年12月）。

30. 吳文治:《韓愈》（上海:上海古籍出版社,1991年12月）。

31. 呂肖奐：《宋詩體派論》（成都：四川民族出版社，2002 年 7 月）。

32. 呂武志：《唐末五代散文研究》（臺北：台灣學生書局，1989 年 2 月）。

33. 李威熊：《中國經學發展史論》（臺北：文史哲出版社，1988 年 12 月）。

34. 李春青：《宋學與宋代文學觀念》（北京：北京師範大學出版社，2001 年 10 月）。

35. 李春青：《在文本與歷史之間：中國古代詩學意義生成模式探微》（北京：北京大學出版社，2005 年 9 月）。

36. 李致忠：《古代版印通論》（北京：紫禁城出版社，2000 年 11 月）。

37. 杜保瑞：《北宋儒學》（臺北：臺灣商務印書館股份有限公司，2005 年 4 月）。

38. 杜維明：《現代精神與儒家傳統》（臺北：聯經，1997 年 5 月）。

39. 沈松勤：《北宋文人與黨爭》（北京：人民出版社，2004 年 12 月）。

40. 沈松勤主編：《第四屆宋代文學國際研討會論文集》（杭州：浙江大學出版社，2006 年 10 月）。

41. 汪淳：《韓歐詩文比較研究》（臺北：文史哲出版社，1989 年 7 月）。

42. 狄百瑞著、李弘祺譯：《中國的自由傳統》（臺北：聯經出版事業公司，1983 年 12 月）。

43. 周益忠：《西崑研究論集》（臺北：台灣學生書局，1999 年 3 月）。

44. 周楚漢：《唐宋八大家文化文章學》（成都：巴蜀書社，2004 年 12 月）。

45. 周裕鍇：《宋代詩學通論》（成都：巴蜀書社，1997 年 1 月）。

46. 周裕鍇：《中國古代闡釋學研究》（上海：上海人民出版社，2003 年 11 月）。

47. 昌彼得：《版本目錄學論叢（一）》（臺北：學海出版社，1977 年 8 月）。

48. 東英壽：《復古與創新：歐陽修散文與古文復興》（上海：上海古籍出版社，2005 年 8 月）。

49. 林安梧：《人文學方法論：詮釋的存有學探源》（臺北：讀冊文化事業有限公司，2003 年 7 月）。

50. 林繼中：《文化建構文學史綱：魏晉——北宋》（北京：北京大學出版社，2005 年 4 月）。

51. 林繼平：《宋學探微》（臺北：蘭臺出版社，2002 年 3 月）。

52. 金元浦：《接受反應文論》（濟南：山東教育出版社，1998 年 10 月）。

53. 胡楚生：《韓柳文新探》（臺北：台灣學生書局，1991 年 6 月）。

54. 胡經之、李健：《中國古典文藝學》（北京：光明日報出版社，2006 年 8 月）。

55. 胡樸安、胡道靜：《校讎學》（臺北：台灣商務印書館，1990 年 7 月）。

56. 韋政通：《中國思想史》（臺北：水牛出版社，1994 年 11 月）。

57. 夏君虞：《宋學概要》（臺北：華世出版社，1976 年 12 月）。

58. 夏長樸：《李覯與王安石》（臺北：大安出版社，1989 年 5 月）。

59. 孫昌武：《唐代古文運動通論》（天津：百花文藝出版社，1984 年 4 月）。

60. 徐洪興：《思想的轉型——理學發生過程研究》（上海：上海人民出版社，1996 年 12 月）。

61. 徐規：《王禹偁事迹著作編年》（北京：商務印書館，2003 年 4 月）。

62. 徐復觀《中國文學論集續篇》（臺北：台灣學生書局，1984 年 9 月）。

63. 徐復觀：《中國藝術精神》（臺北：台灣學生書局，1992 年 7 月）。

64. 徐復觀：《中國文學論集》（臺北：台灣學生書局，2001 年 12 月）。

65. 祝尚書：《北宋古文運動發展史》（成都：巴蜀書社，1995 年 11 月）。

66. 祝尚書：《宋代巴蜀文學通論》（成都：巴蜀書社，2005 年 6 月）。

67. 祝尚書：《宋代科舉與文學考論》（鄭州：大象出版社，2006 年 3 月）。

68. 高津孝：《科舉與詩藝：宋代文學與士人社會》（上海：上海古籍出版社，2005 年 8 月）。

69. 副島一郎：《氣與士風：唐宋古文的進程與背景》（上海：上海古籍出版社，2005 年 8 月）。

70. 宿白：《唐宋時期的雕版印刷》（北京：文物出版社，1999 年 3 月）。

71. 張文利：《理禪融會與宋詩研究》（北京：中國社會科學出版社，2004 年 8 月）。

72. 張立文：《宋明理學研究》（北京：人民出版社，2002 年 11 月）。

73. 張伯偉：《中國古代文學批評方法研究》（北京：中華書局，2006 年 1 月）。

74. 張君勱：《新儒家思想史》（北京：中國人民大學出版社，2006 年 9 月）。

75. 張宏生：《宋詩：融通與開拓》（上海：上海古籍出版社，2001 年 12 月）。

76. 張希清主編：《十～十三世紀中國文化的碰撞與融合》（上海：上海人民出版社，2006 年 11 月）。

77. 張秀民：《中國印刷史》（上海：上海人民出版社，1989 年 9 月）。

78. 張高評：《宋詩之傳承與開拓——以翻案詩、禽言詩、詩中有畫爲例》（臺北：文史哲出版社，1990 年 3 月）。

79. 張高評編：《宋詩綜論叢編》（高雄：麗文文化事業股份有限公司，1993 年 10 月）。

80. 張高評：《宋詩之新變與代雄》（臺北：洪葉文化事業有限公司，1995 年 9 月）。

81. 張高評：《會通化成與宋代詩學》（台南：國立成功大學出版組，2000 年 8 月）。

82. 張高評：《自成一家與宋詩宗風——兼論唐宋詩之異同》（臺北：萬卷樓圖書股份有限公司，2004 年 11 月）。

83. 張清華：《韓學研究》（南京：江蘇教育出版社，1998 年 8 月）。

84. 張清華、陳飛主編：《韓愈與中原文化》（北京：學苑出版社，2005 年 4 月）。

85. 張晶：《審美之思——理的審美化存在》（北京：北京廣播學院出版社，2003 年 4 月）。

86. 張毅：《宋代文學思想史》（北京：中華書局，2004 年 2 月）。

87. 張躍：《唐代後期儒學》（上海：上海人民出版社，1994 年 12 月）。

88. 曹之：《中國古籍版本學》（武漢：武漢大學出版社，2002 年 4 月）。

89. 莫礪鋒編：《第二屆宋代文學國際研討會論文集》（南京：江蘇教育出版社，2003 年 6 月）。

90. 許總：《宋詩史》（重慶：重慶出版社，1992 年 3 月）。

91. 許總：《宋明理學與中國文學》（南昌：百花洲文藝出版社，2000 年 11 月）。

92. 許總：《理學文藝史綱》（南京：江蘇教育出版社，2001 年 1 月）。

93. 許總：《唐宋詩宏觀結構論》（北京：人民文學出版社，2006 年 2 月）。

94. 許瀛鑑主編：《中國印刷史論叢·史篇》（臺北：中國印刷學會，1997 年 9 月）。

95. 郭紹虞：《宋詩話考》（臺北：漢京文化事業有限公司，1983 年 1 月）。

96. 郭紹虞：《中國文學批評史》（臺北：文史哲出版社，1990 年 7 月）。

97. 陳文忠：《中國古典詩歌接受史研究》（合肥：安徽大學出版社，1998 年 8 月）。

98. 陳來：《宋明理學》（臺北：洪葉文化事業有限公司，1994 年 9 月）。

99. 陳弱水：《唐代文士與中國思想的轉型》（桂林：廣西師範大學出版社，2009 年 10 月）。

100. 陳植鍔著、周秀蓉整理：《石介事迹著作編年》（北京：中華書局，2003 年 1 月）。

101. 傅斯年：《性命古訓辯證》（臺北：中央研究院歷史語言研究所，1992 年 12 月）。

102. 勞思光：《新編中國哲學史》（臺北：三民書局股份有限公司，1993 年 10

月）。

103. 曾棗莊：《論西崑體》（高雄：麗文文化事業股份有限公司，1993 年 10 月）。

104. 曾棗莊：《文星璀璨：北宋嘉祐二年貢舉考論》（上海：復旦大學出版社，2010 年 1 月）。

105. 程千帆、吳新雷：《兩宋文學史》（高雄：麗文文化事業股份有限公司，1993 年 10 月）。

106. 程千帆、徐有富：《校讎廣義・版本編》（濟南：齊魯書社，2001 年 6 月）。

107. 程千帆、徐有富：《校讎廣義・典藏編》（濟南：齊魯書社，2005 年 3 月）。

108. 黃俊傑：《孟學思想史論（卷二）》（臺北：中研院文哲所籌備處，1997 年 6 月）。

109. 黃啓方：《王禹偁研究》（臺北：學海出版社，1979 年 4 月）。

110. 黃啓方：《兩宋文史論集》（臺北：學海出版社，1985 年 10 月）。

111. 楊國安：《宋代韓學研究》（北京：中國社會科學出版社，2006 年 5 月）。

112. 楊慶存：《宋代散文研究》（北京：人民文學出版社，2002 年 9 月）。

113. 葉國良：《宋人疑經改經考》（臺北：國立臺灣大學出版委員會，1980 年 6 月）。

114. 葛兆光：《中國思想史・第二卷・七世紀至十九世紀中國的知識、思想與信仰》（上海：復旦大學出版社，2001 年 8 月）。

115. 葛兆光：《思想史的寫法——中國思想史導論》（上海：復旦大學出版社，2004 年 7 月）。

116. 葛兆光：《思想史研究課堂講錄：視野、角度與方法》（北京：生活・讀書・新知三聯書店，2005 年 4 月）。

117. 葛瑞漢著、程德祥等譯：《二程兄弟的新儒學》（鄭州：大象出版社，2004 年 4 月）。

118. 董小英：《再登巴比倫塔：巴赫金與對話理論》（北京：生活・讀書・新知三聯書店，1994 年 10 月）。

119. 賈志揚：《宋代科舉》（臺北：東大圖書股份有限公司，1995 年 6 月）。

120. 漆俠：《中國經濟通史：宋代經濟卷》（北京：經濟日報出版社，1991 年 1 月）。

121. 漆俠：《宋學的發展與演變》（石家莊：河北人民出版社，2002 年 10 月）。

122. 管錫華：《漢語古籍校勘學》（成都：巴蜀書社，2003 年 12 月）。

123. 蒙培元：《理學的演變》（臺北：文津出版社 1990 年 1 月）。

124. 裴普賢:《歐陽修詩本義研究》(臺北:東大圖書有限公司,1981 年 7 月)。

125. 劉子健:《中國轉向內在——兩宋之際的文化內向》(南京:江蘇人民出版社,2002 年 1 月)。

126. 劉方:《宋型文化與宋代美學精神》(成都:巴蜀書社,2004 年 8 月)。

127. 劉長東:《宋代佛教政策論稿》(成都:巴蜀書社,2005 年 7 月)。

128. 劉若愚:《歐陽脩研究》(臺北:臺灣商務,1989 年 5 月)。

129. 劉真倫:《韓愈集宋元傳本研究》(北京:中國社會科學出版社,2004 年 6 月)。

130. 劉復生:《北宋中期儒學復興運動》(臺北:文津出版社,1991 年 7 月)。

131. 潘德榮:《詮釋學導論》(臺北:五南圖書出版有限公司,1999 年 8 月)。

132. 蔣寅:《古典詩學的現代詮釋》(北京:中華書局,2003 年 3 月)。

133. 蔣義斌:《宋代儒釋調和論及排佛論之演進——王安石之融通儒釋及程朱學派之排佛反王》(臺北:台灣商務印書館股份有限公司,1997 年 10 月)。

134. 蔡英俊:《比興物色與情景交融》(臺北:大安出版社,1995 年 3 月)。

135. 鄧克銘:《宋代理概念之開展》(臺北:文津出版社有限公司,1993 年 6 月)。

136. 鄧國光:《韓愈文統探微》(臺北:文史哲出版社,1992 年 12 月)。

137. 鄧廣銘:《鄧廣銘治史叢稿》(北京:北京大學出版社,2000 年 10 月)。

138. 鄧廣銘:《北宋政治改革家王安石》(石家莊:河北教育出版社,2002 年 1 月)。

139. 盧雪崑:《儒家的心性學與道德形上學》(臺北:文津出版社,1991 年 8 月)。

140. 錢中文:《文學理論:走向交往對話的時代》(北京:北京大學出版社,1999 年 7 月)。

141. 錢存訓:《中國書籍、紙墨及印刷史論文集》(香港:中文大學出版社,1992 年)。

142. 錢存訓:《造紙及印刷》(臺北:台灣商務印書館,1995 年 9 月)。

143. 錢基博:《韓愈志》(臺北:華正書局有限公司,1985 年 6 月)。

144. 錢穆:《宋代理學三書隨箚》(臺北:東大圖書股份有限公司,1983 年)。

145. 錢穆:《中國學術思想史論叢(五)》(臺北:東大圖書股份有限公司,1991 年 8 月)。

146. 錢穆:《中國近三百年學術史》(臺北:台灣商務印書館股份有限公司,1996 年 7 月)。

147. 錢穆：《錢賓四先生全集：講堂遺錄》（臺北：聯經出版社，1998 年 5 月）。

148. 錢鍾書：《談藝錄》（北京：生活・讀書・新知三聯書店，2001 年 1 月）。

149. 龍協濤：《文學閱讀學》（北京：北京大學出版社，2005 年 6 月）。

150. 繆鉞：《宋詩鑑賞辭典》（上海：上海辭書出版社，2003 年 9 月）。

151. 謝佩芬：《北宋詩學中「寫意」課題研究》（臺北：臺大出版委員會，1998 年 6 月）。

152. 羅立剛：《史統、道統、文統：論唐宋時期文學觀念的轉變》（上海：東方出版社，2006 年 4 月）。

153. 羅宗強：《隋唐五代文學思想史》（北京：中華書局，2003 年 10 月）。

154. 羅根澤：《中國文學批評史》（臺北：學海出版社，1990 年 2 月）。

155. 羅聯添：《韓愈研究》（臺北：台灣學生書局，1988 年 7 月）。

156. 龔延明：《宋代官制辭典》（北京：中華書局，1997 年 4 月）。

157. 龔鵬程：《文學批評的視野》（臺北：大安出版社，1990 年 1 月）。

158. 龔鵬程：《文化符號學》（臺北：台灣學生書局，1992 年 8 月）。

159. 龔鵬程：《詩史本色與妙悟》（臺北：台灣學生書局，1993 年 2 月）。

160. 龔鵬程：《文學與美學》（臺北：業強出版社，1995 年 1 月）。

161. 龔鵬程：《唐代思潮》（宜蘭：佛光人文社會學院，2001 年 6 月）。

二、論　文

（一）學位論文（依時間先後排列）

1. 王宏田：《論文道之辨的文化內涵與價值取向》，山東師範大學碩士學位論文，2003 年 4 月。

2. 李麗琴：《道之文——論經學信仰與儒士對文道關係的理解》，首都師範大學博士學位論文，2008 年 3 月。

3. 谷曙光：《韓愈詩歌在北宋的接受歷程及其詩學意義發微》，安徽師範大學碩士學位論文，2003 年 5 月。

4. 林素芬：《北宋儒學道論研究：以范仲淹、歐陽脩、邵雍、王安石爲探討對象》（臺北：臺灣大學中國文學研究所 93 學年度博士論文）。

5. 洪光勳：《兩宋道學家文學論研究》（臺北：國立臺灣大學中文博士論文，1995 年 6 月）。

6. 高光敏：《北宋時期對韓愈接受之研究》（臺北：國立臺灣師範大學國文研究所 92 學年度博士論文）。

7. 張瑞麟：《二程思想在學術史上的意義：以「自得」概念爲樞紐之探討》

（南投：國立暨南國際大學中文碩士論文，2000 年 7 月）。

8. 張蜀蕙：《書寫與文類——以韓愈詮釋為中心探究北宋書寫觀》（臺北：政治大學中國文學研究所 88 學年度博士論文）。

9. 曾金城：《韓愈詩歌唐宋接受研究》（臺北：淡江大學中國文學系博士論文，2008 年）。

10. 劉儒鴻：《宋人對文道關係的論辯》（臺北：政治大學中國文學研究所 93 學年度碩士論文）。

11. 鍾彩鈞：《二程聖人之學研究》（臺北：國立臺灣大學中文博士論文，1990 年 6 月）。

（二）期刊及單篇論文（先依作者姓名筆畫多寡再依時間先後來排列）

1. 小島毅：〈宋明思想史研究之新視點〉，《古今論衡》第 1 期（1998 年 10 月）。

2. 內藤湖南：〈概括的唐宋時代觀〉，劉俊文編、黃約瑟譯《日本學者研究中國史論著選譯》（北京：中華書局，1992 年 7 月）。

3. 王水照：〈歐陽脩散文創作的發展道路〉，《社會科學戰線》1991 年第 1 期。

4. 王水照：〈北宋的文學結盟與尚「統」的社會思潮〉，孫欽善、曾棗莊、安平秋主編《國際宋代文化研討會論文集》（成都：巴蜀書社，1991 年 10 月）。

5. 王水照：〈重提「內藤命題」〉，《文學遺產》2006 年第 2 期。

6. 王利民：〈二程的詩歌創作軌迹與交際領域〉，《南通師範學院學報》（哲學社會科學版）第 20 卷第 1 期（2004 年 3 月）。

7. 王國維：〈古史新證〉，《王國維先生全集初編（十一）》（臺北：大通書局有限公司，1976 年 7 月）。

8. 王國維：〈宋代之金石學〉，收於《海寧王靜安先生遺書（四）》之《靜安文集續編》（臺北：臺灣商務印書館股份有限公司，1979 年 5 月）。

9. 成中英：〈本體詮釋學體系的建立：本體詮釋與詮釋本體〉，《安徽師範大學學報》（人文社會科學版）第 30 卷第 3 期（2002 年 5 月）。

10. 朱剛：〈「太學體」及其周邊諸問題〉，《文學遺產》2007 年第 5 期。

11. 坂田新著、張季琳譯：〈詩之序議考——關於古文復興運動得另一面〉，《中國文哲研究通訊第》第 8 卷第 2 期（1998 年 6 月）。

12. 何沛雄：〈宋代古文家的「尊韓」〉，《清華大學學報》（哲學社會科學版）2002 年第 1 期。

13. 何儁：〈論韓愈的道統觀及宋儒對他的超越〉，《孔孟月刊》第 33 卷第 3 期（1994 年 11 月）。

14. 吳小林：〈論王安石的散文美學思想〉，《江西社會科學》1994 年第 12 期。

15. 李威熊：〈兩宋治經取向及其特色〉，《中華學苑》第 30 期（1984 年 12 月）。

16. 周正舉：〈蘇軾自號「鏖糟陂里陶靖節」〉，《四川大學學報》（哲學社會科學版）1986 年 2 月。

17. 周彥文：〈宋代坊肆刻書與詩文集傳播的關係〉，《文學與傳播》（臺北：臺灣學生書局，1995 年 6 月）。

18. 林月惠：〈北宋五子說理詩的淵源與特色〉，《嘉義師院學報》1995 年 11 月。

19. 孫民：〈關於蘇軾論韓愈〉，《樂山師範學院學報》第 21 卷第 2 期（2006 年 2 月）。

20. 島田虔次：〈宋學的展開〉，收氏著、鄧紅譯《中國思想史研究》（上海：上海古籍出版社，2009 年 8 月）。

21. 祝尚書：〈論穆修對北宋古文運動的貢獻〉，四川古籍整理研究所、四川大學宋代文化研究資料中心編：《宋代文化研究》（第二輯）1992 年 12 月。

22. 祝尚書：〈北宋「太學體」新論〉，《四川大學學報》（哲學社會科學版）1999 年第 3 期。

23. 祝尚書：〈重論歐陽修的文道觀〉，《四川大學學報》（哲學社會科學版）1999 年第 6 期。

24. 祝尚書：〈論「擊壤派」〉，《文學遺產》2001 年第 2 期。

25. 馬茂軍：〈种放：宋代古文運動的重要一環〉，《齊齊哈爾大學學報》（哲學社會科學版）2005 年 7 月。

26. 張亨：〈「天人合一」的原始及其轉化〉，《思文之際論集：儒家思想的現代詮釋》（臺北：允晨文化實業股份有限公司，1997 年 11 月）。

27. 張高評：〈雕本印刷之繁榮與宋代印本文化之形成──兼論印本圖書對學風文教之影響（下）〉，《宋代文學研究叢刊》第 12 期（2006 年 6 月）。

28. 張清華：〈韓愈的道、道統說及〈五原〉的寫作時間辨析〉，《韓山師範學院學報》第 26 卷第 4 期（2005 年 8 月）。

29. 張瑞麟：〈宋代理學和文學的對立與對話（上）〉，《宋代文學研究叢刊》第 12 期（2006 年 6 月）。

30. 張瑞麟：〈宋代理學和文學的對立與對話（下）〉，《宋代文學研究叢刊》第 13 期（2006 年 12 月）。

31. 張瑞麟：〈宋代理學「攝文歸理」之思維與表現特質〉，《臺北大學人文學院人文集刊》第 8 期（2009 年 6 月）。

32. 張璉：〈從自得之學論朱陸異同〉，《漢學研究》第 13 卷第 2 期（1995 年 12 月）。

33. 梅廣：〈語言科學與經典詮釋〉，葉國良編《文獻及語言知識與經典詮釋的關係》（臺北：台大出版中心，2004 年 6 月）。

34. 許總：〈論理學與唐宋古文主流體系建構〉，《文學評論》2005 年第 4 期。

35. 許總：〈文化轉型時代的思想革新與文風變遷——論元和詩變與元和體〉，《齊魯學刊》2007 年第 3 期。

36. 郭紹虞：〈中國文學批評史上文與道的問題〉，《郭紹虞說文論》（上海：上海古籍出版社，2000 年 5 月）。

37. 陳昌明：〈宋代美學中「道」與「藝」的辯證〉，國立成功大學中文系主編：《第一屆宋代文學研討會論文集》（高雄：麗文文化事業股份有限公司，1995 年 5 月）。

38. 陳昌明：〈儒家「興」義的詮釋理路：蔣年豐與今道友信的不同美學詮釋〉，《第一屆臺灣儒學研究國際學術研討會》（臺南：國立成功大學中國文學系，1997 年 6 月）。

39. 陳弱水：〈《復性書》思想淵源再探——漢唐心性觀念史之一章〉中央研究院歷史語言研究所集刊第 69 本第 3 分（1998 年 9 月）。

40. 陳寅恪：〈元和體〉，收錄於《陳寅恪先生文集》（臺北：九思出版有限公司，1977 年 12 月）。

41. 陳寅恪：〈論韓愈〉，《陳寅恪先生論文集》（臺北：九思出版有限公司，1977 年 12 月）。

42. 陳寅恪：〈鄧廣銘宋史職官志考證序〉，《陳寅恪集・金明館叢稿二編》（北京：生活・讀書・新知三聯書店，2001 年 7 月）。

43. 陳植鍔：〈從疑傳到疑經——宋學初期疑古思潮論述〉，林慶彰編：《中國經學史論文選集（下）》（臺北：文史哲出版社，1993 年 3 月）。

44. 傅明善：〈荊公詆韓略論〉，《周口師範高等專科學校學報》第 19 卷第 3 期（2002 年 5 月）。

45. 傅偉勳：〈創造的詮釋學及其應用——中國哲學方法論建構試論之一〉，收入氏著《從創造的詮釋學到大乘佛學——「哲學與宗教」四集》（臺北：東大圖書股份有限公司，1999 年 5 月）。

46. 傅樂成：〈唐型文化與宋型文化〉，氏著《漢唐史論集》（聯經出版事業公司，1977 年 9 月）。

47. 曾棗莊：〈北宋古文運動的曲折過程〉，《文學評論》1982 年第 5 期。

48. 馮志弘：〈柳開、王禹偁及其周邊人群交往考論——兼論柳、王文道觀的分歧〉，《宋代文學研究叢刊》第 14 期（2007 年 6 月）。

49. 馮志弘：〈范仲淹文學觀與「太學體」主導思想的形成〉，《清華學報》新

38 卷第 1 期（2008 年 3 月）。

50. 黃奕珍：〈宋代詩學中「晚唐」觀念的形成與演變〉，《宋代文學研究叢刊》
（第二期）（高雄：麗文文化事業股份有限公司，1996 年 9 月）。

51. 黃景進：〈從宋人論「意」與「語」看宋詩特色之形成──以梅堯臣、蘇
軾、黃庭堅爲中心〉，國立成功大學中文系主編：《第一屆宋代文學研討
會論文集》（高雄：麗文文化事業股份有限公司，1995 年 5 月）。

52. 葛曉音：〈歐陽脩排抑「太學體」新探〉，《北京大學學報》（哲學社會科
學版）1983 年第 5 期。

53. 葛曉音：〈中晚唐古文趨向新議〉，《北京大學學報》（社會科學版）1985
年第 5 期。

54. 董金裕：〈程顥的性情暨其詩中所表現的情懷〉，《中華學苑》第 30 期
（1984 年 12 月）。

55. 壽湧：〈王安石文宗韓愈淵源考〉，《撫州師專學報》總第 43 期（1994 年
12 月）。

56. 劉子健：〈宋末所謂道統的成立〉，《文史》第 7 輯（1979 年）。

57. 劉眞倫：〈從明道到載道──論唐宋文道關係理論的變遷〉，《文學遺產》
2005 年第 5 期。

58. 劉眞倫：〈五〈原〉的創作與道統的確立──兼論韓愈陽山之貶與文風之
變〉，《周口師範學院學報》第 23 卷第 1 期（2006 年 1 月）。

59. 鄭毓瑜：〈文學典律與文化論述：中古文論中的兩種「原道」觀〉，《漢學
研究》第 18 卷第 2 期（2000 年 12 月）。

60. 蕭麗華：〈天人合一：興詩中的「道」〉，楊儒賓編：《中國經學詮釋傳統
（三）文學與道家經典篇》（臺北：臺大出版中心，2004 年 6 月）。

61. 錢穆：〈雜論唐代古文運動〉，《中國學術思想史論叢（四）》（臺北：東大
圖書股份有限公司，1991 年 4 月）。

62. 錢穆：〈宋明理學之總評騭〉，《中國學術思想史論叢（七）》（臺北：東大
圖書股份有限公司，1993 年 12 月）。

63. 韓經太：〈宋人美學觀念的結構分析〉，國立成功大學中文系主編：《第一
屆宋代文學研討會論文集》（高雄：麗文文化事業股份有限公司，1995
年 5 月）。

64. 羅立剛：〈論歐蘇文人集團對「文統」建設的貢獻〉，《中國文學研究》
1999 年第 3 期。

附錄一：宋代帝王年表

帝王	年號	始	終	
太祖	建隆	960	963	
	乾德	963	968	
	開寶	968	976	
太宗	太平興國	976	984	
	雍熙	984	987	
	端拱	988	989	
	淳化	990	994	
	至道	995	997	
眞宗	咸平	998	1003	
	景德	1004	1007	
	大中祥符	1008	1016	
	天禧	1017	1021	
	乾興	1022	1022	
仁宗	天聖	1023	1032	
	明道	1032	1033	
	景祐	1034	1038	
	寶元	1038	1040	
	康定	1040	1041	
	慶曆	1041	1048	
	皇祐	1049	1054	
	至和	1054	1056	
	嘉祐	1056	1063	
英宗	治平	1064	1067	
神宗	熙寧	1068	1077	
	元豐	1078	1085	
哲宗	元祐	1086	1094	
	紹聖	1094	1098	
	元符	1098	1100	
徽宗	建中靖國	1101	1101	
	崇寧	1102	1106	
	大觀	1107	1110	
	政和	1111	1118	
	重和	1118	1119	
	宣和	1119	1125	
欽宗	靖康	1126	1127	
高宗	建炎	1127	1130	
	紹興	1131	1162	
孝宗	隆興	1163	1164	
	乾道	1165	1173	
	淳熙	1174	1189	
光宗	紹熙	1190	1194	
寧宗	慶元	1195	1200	
	嘉泰	1201	1204	
	開禧	1205	1207	
	嘉定	1208	1224	
理宗	寶慶	1225	1227	
	紹定	1228	1233	
	端平	1234	1236	
	嘉熙	1237	1240	
	淳祐	1241	1252	
	寶祐	1253	1258	
	開慶	1259	1259	
	景定	1260	1264	
度宗	咸淳	1265	1274	
恭帝	德祐	1275	1276	
端宗	景炎	1276	1278	
帝昺	祥興	1278	1279	

附錄二：北宋論韓重要人物資料彙編

說明：

一、本表計分人名、生卒、傳記與參考文獻四欄，依先生卒後人名的順序來
排列。然因文獻不足，生卒未能考證者，則以不詳標示，而列於時代相
近人物之左右。

二、本表人物之取捨，以其具有重要論韓文獻爲主，僅有一二引韓之說，則
從略處理，所依據內容乃透過檢視曾棗莊、劉琳主編巴蜀書社版《全宋
文》所得，然或跨代儒者，或未見專著，但從當代儒者論述中可見其重
要性，亦納入處理，因此獲知、收錄重要論韓學者可補充吳文治所編
《韓愈資料彙編》的內容。

三、本表人物傳記資料部分，主要在呈現其學術的色彩，而不以一生經歷爲
重。

四、本表參考文獻部分，因文獻浩繁，難得其全，故僅擷取其得以清晰呈現
傳主學術的重要典籍爲主。

五、本表所羅列人物及其資料，雖力求明晰，但囿於文獻，限於學力，遺漏
不足難以避免，於日後，將增補之。

人　名	生卒	傳　　　　記	參　考　文　獻
范　杲	不詳	字師回，爲文深僻難曉，後生多慕效之。好古學，與柳開善，更相引重，始終無間，世有「柳、范」之稱。享年五十六。	脫脫等撰：《宋史》卷249 脫脫等撰：《宋史》卷440
梁周翰	929｜1009	字元褒，鄭州管城人。五代以來，文體卑弱，周翰與高錫、柳開、范杲習尙淳古，齊名友善，當時有「高、梁、柳、范」之稱。歸有光云：「世稱其文能變五代之習，與高錫、柳開、范杲齊名，至嘉祐、治平古文之盛實胚胎於此云。」	脫脫等撰：《宋史》卷439 歸有光：〈跋商中宗廟碑（開寶七年）〉，《震川集》卷5
高　錫	936｜985	字天福，河中虞鄉人。家世業儒，幼穎悟，能屬文。與梁周翰、柳開、范杲習尙淳古，齊名友善，當時有「高、梁、柳、范」之稱。	脫脫等撰：《宋史》卷269 脫脫等撰：《宋史》卷439
宋　白	936｜1012	字太素，大名人。學問宏博，屬文敏贍，然詞意放蕩，少法度。胡旦、田錫出其門下，而王禹偁爲其掌貢士所得。王禹偁稱其「履孔、孟、揚雄之業，振仲淹、退之之辭」，則所學可知。	脫脫等撰：《宋史》卷439 王禹偁：〈投宋拾遺書〉，《全宋文》第4冊

臧　丙	940 │ 992	字夢壽，大名人。舊名愚，字仲回。年十七八，始執筆爲四六文字，甚有風彩，後變格慕韓、柳文，頗近閫閾。太平興國初，舉進士。柳開有書云：「吾子能得此道而行，則寸而日進之，安而時馳之，將見吾子望我之門而入矣。」則所學可知。	脫脫等撰：《宋史》卷 276 王禹偁：〈諫議大夫臧公墓誌銘〉，《全宋文》第 4 冊 柳開：〈答臧丙第一書〉，《全宋文》第 3 冊
田　錫	940 │ 1003	字表聖，嘉州洪雅人。幼聰悟，好讀書屬文，宋白厚遇之，爲之延譽，梁周翰、王禹偁皆與之定交。曾自云：「但爲文爲詩，爲銘爲頌，爲箴爲贊，爲賦爲歌，氤氳吻合，心與言會，任其或類于韓，或肖于柳，或依稀于元、白，或仿佛于李、杜，或淺緩促數，或飛動抑揚，但卷舒一意于洪濛，出入眾賢之閫閾，隨其所歸矣。」則其文章所向可知。	脫脫等撰：《宋史》卷 293 田錫：〈貽宋小著書〉，《全宋文》第 3 冊 徐規：《王禹偁事迹著作編年》
張　詠	946 │ 1015	字復之，濮州鄄城人。太平興國五年進士。四庫題要云：「其文乃疏通平易，不爲崭絕之語。」所作〈聲賦〉，梁周翰至嘆爲二百年來不見此作。	脫脫等撰：《宋史》卷 293 紀昀等撰：《欽定四庫全書總目》
柳　開	947 │ 1000	字仲塗，大名人。五代文格淺弱，慕韓愈、柳宗元爲文，因名肩愈，字紹先。既而改名字，以爲能開聖道之塗也。著書自號東郊野夫，又號補亡先生，作二傳以見意。文體艱澀，然宋之古文實自其始。張景云：「韓之道大行于今，自公始也。」依此，可知其學之所向。	脫脫等撰：《宋史》卷 440 吳曾：〈古文自柳開始〉，《能改齋漫錄》卷 10 陳振孫：《直齋書錄解題》卷 17 張景：〈故如京使金紫光祿大夫檢校司空知滄州軍州事兵馬鈐轄兼御史大夫上柱國河東縣開國伯食邑九百戶柳公行狀〉，《全宋文》第 7 冊
韓　洎	不詳	韓浦、韓洎，晉公滉之後，咸有詞學，浦善聲調，洎能爲古文。柳開稱其所作有「吏部之梗概」。	阮閱：《詩話總龜》卷 38 柳開：〈再與韓洎書〉，《全宋文》第 3 冊
王禹偁	954 │ 1001	字元之，濟州鉅野人。詞學敏贍，遇事敢言，喜臧否人物，以直躬行道爲己任。爲文著書，多涉規諷，以是頗爲流俗所不容，故屢見擯斥。所與游必儒雅，後進有詞藝者，極意稱揚之，如孫何、丁謂輩多游其門。曾自云乃「希韓者」，而蘇頌亦以之爲宋代斯文「一變於道」者。惟石介雖稱其爲古文之雄者，然如李覯所云「學而未之得」，以爲較之柳開，不若也。	脫脫等撰：《宋史》卷 293 王禹偁：〈送李籲學士序〉，《全宋文》第 4 冊 李覯：〈答李觀書〉，《全宋文》第 21 冊 石介：〈祥符詔書記〉，《全宋文》第 15 冊 蘇頌：〈小畜外集序〉，《全宋文》第 31 冊
种　放	956 │ 1015	字名逸，河南洛陽人。所著《蒙書》十卷及〈嗣禹說〉、〈表孟子上下篇〉、〈太一祠錄〉，人頗稱之。多爲歌詩，自稱「退士」。嘗作傳以述其志。〈退士傳〉：「又條自古之文精粹者，漢則揚子	脫脫等撰：《宋史》卷 457 脫脫等撰：《宋史》卷 432 种放：〈退士傳〉 《二程文集》附錄卷上

		雲，隋則王仲淹，唐則韓退之，然以退之當子雲而先仲淹……。」李迪、高弁、張荷等人皆從其學。	王闢之：《澠水燕談錄》卷7
趙 湘	959 — 994？	字叔靈，衢州西安人。淳化三年進士。有《南陽集》，宋祁爲之作序，歐陽脩有跋。四庫題要云：「其古文亦掃除排偶，有皇甫湜、孫樵之遺，非五季諸家所可及。」	厲鶚：《宋詩紀事》卷5 紀昀等：《欽定四庫全書總目》 宋祁：〈南陽集序〉，《全宋文》第12冊 歐陽脩：〈南陽集跋〉，《全宋文》第17冊
孫 何	961 — 1004	字漢公，蔡州汝陽人。十歲識音韻，十五能屬文，篤學嗜古，爲文必本經義，在貢籍中甚有聲。與丁謂齊名友善，時輩號爲「孫丁」。王禹偁尤雅重之，有贈詩云：「三百年來文不振，直從韓、柳到孫、丁。如今便好令修史，二子文章似六經。」	脫脫等撰：《宋史》卷306 司馬光：《涑水記聞》卷2
陳彭年	961 — 1017	字永年，撫州南城人。師事徐鉉爲文，然佻薄好嘲咏，頻爲宋白所黜，雍熙二年始中第。性敏給，博聞強記，慕唐四子爲文，體制繁靡。	脫脫等撰：《宋史》卷287
丁 謂	962 — 1033	字謂之，後更字公言，蘇州長洲人。淳化三年，登進士甲科。少與孫何友善，同袖文謁王禹偁，禹偁大驚重之，以爲自唐韓愈、柳宗元後，二百年始有此作。世謂之「孫、丁」。	脫脫等撰：《宋史》卷283 王闢之：《澠水燕談錄撰》卷3
陳堯佐	963 — 1044	字希元，閬州閬中人。通判潮州，修孔子廟，作韓吏部祠，以風示潮人。少好學，父授諸子經，其兄未卒業，堯佐竊聽已成誦。初肄業錦屏山，後從种放於終南山，及貴，讀書不輟。歐陽脩指其「多慕韓愈爲文」。	脫脫等撰：《宋史》卷284 歐陽脩：〈太子太師致仕贈司空兼侍中文惠陳公神道碑銘〉并序，《全宋文》第18冊
姚 鉉	968 — 1020	字寶之，廬州合肥人。太平興國八年進士甲科。文詞敏麗，善筆札，藏書至多，頗有異本。有集二十卷。又采唐人文章纂爲百卷，目曰《文粹》。夏竦從其學。	脫脫等撰：《宋史》卷441 司馬光：《涑水記聞》卷3
林 逋	968 — 1028	字君復，杭州錢塘人。少孤，力學，不爲章句，性恬淡好古。既卒，仁宗賜諡和靖先生。善行書，喜爲詩，其詞澄浹峭特，多奇句。梅堯臣云：「其談道，孔孟也；其語近世之文，韓李也；其順物玩情爲之詩，則平澹邃美，讀之令人忘百事也。」所學如是，且在咸平、景德間已有聞。	脫脫等撰：《宋史》卷457 梅堯臣：〈林和靖先生詩集序〉，《全宋文》第14冊
孫 僅	969 — 1017	字鄰幾。少勤學，與何俱有名于時。咸平元年，進士甲科，兄弟連冠貢籍，時人榮之。柳開有詩曰：「今年舉進士，必誰登高第，孫何及孫僅，外復有丁謂。」王禹偁覽僅文編亦云：「明年再就堯階試，應被人呼小狀元。」	脫脫等撰：《宋史》卷306 王闢之：《澠水燕談錄撰》卷3

張 景	970 ｜ 1018	字晦之，江陵公安人。少師事柳開，學爲古文，名震一時。與孫僅、朱嚴、李庶游，與高弁齊名。	趙希弁：《郡齋讀書志》後志卷 2 宋祁：〈故大理評事張公墓誌銘〉，《全宋文》第 13 冊 脫脫等撰：《宋史》卷 432
高 弁	不詳	字公儀，濮州雷澤人。從种放學于終南山，又學古文于柳開，與張景齊名。至道中，以文謁王禹偁，禹偁奇之。所爲文章多祖《六經》及《孟子》，喜言仁義，有〈帝則〉三篇，种放以爲：「隋唐以來綴文之士罕能及之。」故學者競傳之。與李迪、賈同、陸參、朱頔、伊淳相友善，石延年、劉潛皆其門人。	脫脫等撰：《宋史》卷 432 王闢之：《澠水燕談錄》卷 7 龔鼎臣：《東原錄》
張 荷	不詳	字若山，青州壽光人。師事种放，高弁以友道待之。性高潔，爲文奇澀。所著〈過非〉九篇，种放以爲在高弁〈帝刑〉之上	龔鼎臣：《東原錄》 王闢之：《澠水燕談錄》卷 7
李 迪	971 ｜ 1047	字復古，其先趙郡人，後徙幽州。爲舉子時從种放學，將試京師，攜明逸書見柳開，柳開覽其文曰：「讀君之文須沐浴乃敢見。」並嘗語門人張景、高弁曰：「復古乎輔相器也，且陶冶生輩矣。」	脫脫等撰：《宋史》卷 310 張方平：大宋故推誠保德崇仁守正翊戴功臣開府儀同三司太子太傅致仕上柱國隴西郡開國公食邑八千一百戶食實封二千四百戶贈司空侍中諡文定李公神道碑銘并序〉，《樂全集》卷 36 程顥、程頤：《二程文集》附錄卷上
何 亮	不詳	果州南充人。端拱二年進士。與孫沖有論韓評文之作。	王稱：《東都事略》卷 36 何亮：〈答孫沖書〉，《全宋文》第 5 冊
孫 沖	不詳	字升伯，趙州平棘人。舉明經，後舉進士，登甲科。與何亮有論韓評文之作。	脫脫等撰：《宋史》卷 299 孫沖：〈與晉守何亮書〉，《全宋文》第 7 冊
賈 同	不詳	字希得，青州臨淄人。初名罔，字公疎，篤學好古，以著書扶道爲己任，有時名，著《山東野錄》七篇頗類孟子。年四十餘，同進士出身，眞宗命改今名。與王樗、李冠齊名。卒後，劉顏、李冠、王無忌及其門人諡曰存道先生。石介云：「仲塗沒，晦之死，加之公疎繼往，子望亦逝，斯文其無歸矣。」可知與柳開乃同一學術趨向。	脫脫等撰：《宋史》卷 432 脫脫等撰：《宋史》卷 458 王闢之：《澠水燕談錄》卷 1
楊 億	974 ｜ 1020	字大年，建州浦城人。七歲，能屬文，對客談論，有老成風。石介以孫何、丁謂推重之，當爲「少知古道」者。與張詠相知善。重交游，性耿介，尚名節。文格雄健，才思敏捷，略不	脫脫等撰：《宋史》卷 432 石介：〈祥符詔書記〉，《全宋文》第 15 冊 田況：《儒林公議》

		凝滯，對客談笑，揮翰不輟，精密有規裁，善細字起草，一幅數千言，不加點竄，當時學者，翕然宗之。而博覽強記，尤長典章制度，時多取正。	
釋智圓	976 ｜ 1022	字無外，錢唐人。俗姓徐，自號中庸子。居孤山瑪瑙院，與處士林逋爲鄰友，有閑居編。	厲鶚：《宋詩紀事》卷 91
穆　修	979 ｜ 1032	字伯長，鄆州人。幼嗜學，不事章句。當天下學者靡然從楊億、劉筠爲聲偶之辭，獨倡古文，尹洙從學之，而蘇舜欽兄弟多從之游。與李之才參讀柳宗元集，並鏤版刊印韓柳集而行於世。	脫脫等撰：《宋史》卷 442 穆修：〈唐柳先生集後序〉，《全宋文》第 8 冊 朱子：《宋名臣言行錄》前集卷 10
范仲淹	989 ｜ 1052	字希文，其先，邠州人也，後徙家江南，遂爲蘇州吳縣人。大中祥符八年進士。於應天府，依戚同文學。汎通六經，長於易。多延賢士，如胡瑗、孫復、石介、李覯之徒。	脫脫等撰：《宋史》卷 314 朱子：《宋名臣言行錄》後集卷 11
晏　殊	991 ｜ 1055	字同叔，撫州臨川人。七歲能屬文，景德初，張知白安撫江南，以神童薦之。帝召殊與進士千餘人並試廷中，殊神氣不懾，援筆立成，帝嘉賞，賜同進士出身。文章贍麗，應用不窮，尤工詩，閑雅有情思，晚歲篤學不倦。范仲淹、孔道輔、歐陽脩一時名士多出其門。《全宋文》所輯〈與富監丞書〉一文，可知其珍貴之論韓學韓的觀點	脫脫等撰：《宋史》卷 311 彭大翼：《山堂肆考》卷 135 曾棗莊、劉琳主編：《全宋文》第 10 冊
孫　復	992 ｜ 1057	字明復，晉州平陽人。舉進士不第，退居泰山。學《春秋》，著《尊王發微》十二篇，大約本於陸淳，而增新意。石介有名山東，自介而下皆以先生事之。	脫脫等撰：《宋史》卷 432
宋　咸	995 ｜ ？	字貫之，建州建陽人，天聖二年進士。所著有《易注》、《毛詩正紀》、《外義》、《論語增注》等，所注《易》大爲歐陽文忠所稱賞。	吳處厚：《青箱雜記》卷 4 朱彝尊：《經義考》卷 16
孫　抃	996 ｜ 1064	字孟得，眉州眉山人。六世祖長孺，喜藏書，號「書樓孫氏」，子孫以田爲業。至抃始讀書屬文，中進士甲科。抃雖久處顯要，罕所建明。	脫脫等撰：《宋史》卷 292 蘇頌：〈太子少傅致仕贈太子太保孫公墓誌銘〉，《蘇魏公文集》卷 55
孫　甫	998 ｜ 1057	字之翰，許州陽翟人。少好學，日誦數千言。慕孫何爲古文章。天聖八年第進士。性勁果，善持論，有文集七卷，著《唐史記》七十五卷。	脫脫等撰：《宋史》卷 295
宋　祁	998 ｜ 1061	字子京，開封雍邱人，與兄庠同時舉進士，人呼曰「二宋」，以大小別之。修《唐書》十餘年，自守亳州，出入內外嘗以藁自隨，爲列傳百五十卷。胡稷言少學古文於宋祁。	脫脫等撰：《宋史》卷 284 龔明之：《中吳紀聞》卷 2

張　俞	1000 ｜ 1064	一作愈，字少愚，益州郫人，自號白雲居士。雋偉有大志，遊學四方，屢舉不第。文彥博治蜀，爲置青城山白雲谿杜光庭故居以處之，田況繼彥博尤重之。爲文有西漢風。	蘇軾：《東坡志林》卷9 脫脫等：《宋史》卷458 王稱：《東都事略》卷118 馬端臨：《文獻通考》卷236
尹　洙	1001 ｜ 1047	字師魯，河南人。少與兄源俱以儒學知名，天聖二年進士。性內剛外和，博學有識度，尤深於《春秋》。自唐末歷五代，文格卑弱。至宋初，柳開始爲古文，後卒不能振。天聖初，獨與穆修復振起之，其爲文簡而有法。	脫脫等撰：《宋史》卷295 韓琦：〈故崇信軍節度副使檢校尙書工部員外郎尹公墓表〉，《全宋文》第20冊
梅堯臣	1002 ｜ 1060	字聖俞，宣州宣城人。工爲詩，以深遠古淡爲意，間出奇巧。宋興，以詩名家爲世所傳如堯臣者，蓋少也。嘗語人曰：「凡詩，意新語工，得前人所未道者，斯爲善矣；必能狀難寫之景如在目前，含不盡之意見於言外，然後爲至也。」世以爲知言。四庫題要云：「佐脩以變詩體者堯臣也。」	脫脫等撰：《宋史》卷443 紀昀等撰：《欽定四庫全書總目》
富　弼	1004 ｜ 1083	字彥國，河南人。少篤學，有大度，范仲淹見而奇之，曰：「王佐才也。」以其文示王曾、晏殊，殊妻以女。仁宗復制科，仲淹謂弼：「子當以是進。」穆修亦以爲當以大科名世，後舉茂材異等。	脫脫等撰：《宋史》卷313 朱子：《宋名臣言行錄後集》卷2
石　介	1005 ｜ 1045	字守道，兗州奉符人。進士及第。丁父母憂，耕徂徠山下，葬五世之未葬者七十喪。以《易》教授于家，魯人號介徂徠先生。爲文有氣，嘗患文章之弊、佛老爲蠹，著〈怪說〉、〈中國論〉，言去此三者，乃可以有爲。	脫脫等撰：《宋史》卷432
黃　晞	？ ｜ 1057	字景微，建安人。少通經，聚書數千卷，慶曆時，高文古學已爲世稱重，學者多從之游，自號聱隅子。石介在太學，遣諸生以禮聘召，晞走匿隣家不出。樞密使韓琦表薦之，以爲太學助教致仕。受命一夕卒。	脫脫等撰：《宋史》卷458 江少虞：《事實類苑》卷43 蘇頌：〈揚子寺聱隅先生祠堂記〉，《蘇魏公文集》卷64
江休復	1005 ｜ 1060	字鄰幾，開封陳留人。少彊學博覽，爲文淳雅，尤善於詩，清淡有古風。天聖中，與尹師魯、蘇子美遊，知名當時。	脫脫等撰：《宋史》卷443 歐陽修：〈江鄰幾墓誌銘〉，《全宋文》第18冊 魏慶之：《詩人玉屑》卷7
祖無擇	1006 ｜ 1085	字擇之，上蔡人。寶元元年進士。少從孫明復學經術，又從穆修爲古文。	脫脫等撰：《宋史》卷331 邵伯溫：《聞見錄》卷16
歐陽脩	1007 ｜ 1072	字永叔，廬陵人。始在滁州，號醉翁，晚更號六一居士。宋興且百年，而文章體裁猶仍五季餘習。鎪刻駢偶，渟涊弗振，士因陋守舊，論卑氣弱。蘇舜元舜欽、柳開、穆修輩，咸有意作而張之，而力不足。脩游隨，得唐韓愈遺藁	脫脫等撰：《宋史》卷319 陳師道：《後山談叢》卷3

		於廢書簏中，讀而心慕焉。苦志探賾，至忘寢食，必欲并轡絕馳而追與之並。舉進士，試南宮第一，擢甲科，調西京推官。始從尹洙游，爲古文，議論當世事，迭相師友，與梅堯臣游，爲歌詩相倡和，遂以文章名冠天下。爲文天才自然，豐約中度。其言簡而明，信而通，引物連類，折之於至理，以服人心。超然獨騖，眾莫能及，故天下翕然師尊之。獎引後進，如恐不及，賞識之下，率爲聞人，曾鞏、王安石、蘇洵、蘇軾、蘇轍皆然。韓琦於仁宗朝薦曰：「歐陽脩，今之韓愈也。」蘇軾云：「論大道似韓愈，論事似陸贄，記事似司馬遷，詩賦似李白。」識者以爲知言。	
釋契嵩	1007 — 1072	字仲靈，藤州鐔津人，自號潛子，俗姓李。慶曆間入吳中，至錢塘，樂其湖山，始稅駕焉。當是時，天下之士學爲古文，慕韓退之，排佛而尊孔子，東南有章表民、黃聱隅、李泰伯，尤爲雄傑，學者宗之。仲靈獨居作〈原教〉、〈孝論〉十餘篇，明儒釋之道一貫，以抗其說。嘉祐中，進《輔教編》，賜號明教禪師。	陳舜俞：〈明教大師行業記〉，《都官集》卷8
張方平	1007 — 1091	字安道，南京人。自號樂全居士。少穎悟，凡書皆一閱不再讀，宋綬、蔡齊以爲天下奇才。舉茂材異等。與歐陽脩素不相能，然同爲三蘇延譽於朝。	脫脫等撰：《宋史》卷318 葉夢得：《避暑錄話》卷下
蘇舜欽	1008 — 1048	字子美。第進士。當天聖中，學者爲文多病偶對，獨舜欽與河南穆修好爲古文、歌詩，一時豪俊多從之游。詩與梅堯臣齊名，時稱蘇梅。	脫脫等撰：《宋史》卷442 吳之振：《宋詩鈔》卷4
韓　琦	1008 — 1075	字稚圭，相州安陽人。天聖五年進士。與富弼齊名，號稱賢相，人謂之「富韓」云。歐陽脩平日少許人，惟服琦，嘗因事歎曰：「屢百歐陽修，何敢望韓公。」	脫脫等撰：《宋史》卷312 潘永因：《宋稗類鈔》卷24
李　覯	1009 — 1059	字泰伯，建昌軍南城人。范仲淹以其「著書立言，有孟軻、揚雄之風」。慶曆中，於慕韓學爲古文之風中，與章望之、黃晞，並爲學者所宗。	脫脫等撰：《宋史》卷432 陳舜俞：〈明教大師行業記〉，《都官集》卷8 范仲淹：〈薦李覯并錄進禮論等狀〉，《全宋文》第9冊
蘇　洵	1009 — 1066	字明允，眉州眉山人。年二十七始發憤爲學，歲餘舉進士，又舉茂才異等，皆不中。悉焚常所爲文，閉戶益讀書，遂通《六經》、百家之說，下筆頃刻數千言。至和、嘉祐間，與其二子軾、轍皆至京師，翰林學士歐陽脩上其所著書二十二篇，既出，士大夫爭傳之，一時學者競效蘇氏爲文章。	脫脫等撰：《宋史》卷443

蔡　襄	1012 ｜ 1067	字君謨，興化仙遊人。舉進士。范仲淹以言事去國，襄作〈四賢一不肖詩〉，都人士爭相傳寫，鬻書者市之，得厚利。富弼云：「今天下文章，惟君謨與永叔主之。」可知其文章成就。	脫脫等撰：《宋史》卷 320 富弼：〈修建墳院帖〉，《全宋文》第 15 冊
周敦頤	1017 ｜ 1073	字茂叔，道州營道人。元名敦實，避英宗舊諱改焉。黃庭堅稱其「人品甚高，胸懷灑落，如光風霽月。廉於取名而銳於求志，薄於徼福而厚於得民，菲於奉身而燕及煢嫠，陋於希世而尚友千古」。程顥、程頤往受業，每令尋孔顏樂處，所樂何事，二程之學源流乎此。	脫脫等撰：《宋史》卷 427
陳　襄	1017 ｜ 1080	字述古，福州侯官人。慶曆二年進士。與陳烈、周希孟、鄭穆為友，時學者沉溺於雕琢之文，所謂知天盡性之說皆指為迂闊而莫之講，四人者始相與倡道於海濱，聞者皆笑以驚，守之不為變，卒從而化，謂之「四先生」。襄涖官所至，必務興學校，平居存心以講求民間利病為急。於六經之義，自有所得。	脫脫等撰：《宋史》卷 321 葉祖洽：〈先生行狀〉，《古靈集》附錄
文　同	1018 ｜ 1079	字與可，梓州梓潼人，自號笑笑先生。善詩、文、篆、隸、行、草、飛白。文彥博守成都，奇之。司馬光、蘇軾，尤敬重之。	脫脫等撰：《宋史》卷 443
劉　敞	1019 ｜ 1068	字原父，臨江新喻人。舉慶曆進士，廷試第一。蜀人龍昌期著書傳經，以詭僻惑眾。文彥博薦諸朝，敞與歐陽脩俱論其乃違古畔道，學非而博者。長於春秋，為文尤贍敏。蘇頌云：「辭高而旨遠，深得古文之遺風。」	脫脫等撰：《宋史》卷 319 蘇頌：〈與劉原父書〉，《全宋文》第 31 冊
曾　鞏	1019 ｜ 1083	字子固，建昌南豐人。嘉祐二年進士。為文章，上下馳騁，愈出而愈工，本原《六經》，斟酌於司馬遷、韓愈，一時工作文詞者，鮮能過也。自唐衰，天下之文變而不善者數百年，歐陽文忠公始大正其體，一歸千古，其後公與王荊公介甫相繼而出，為學者所宗，于是大宋之文炳然與漢唐侔盛矣。	脫脫等撰：《宋史》卷 319 韓維：〈朝散郎試中書舍人輕車都尉賜紫金魚袋曾公神道碑〉，《南陽集》卷 29 曾肇：〈子固先生行狀〉，《曲阜集》卷 3
司馬光	1019 ｜ 1086	字君實，陝州夏縣人。年二十舉進士甲科。光於物澹然無所好，於學無所不通，惟不喜釋、老。文辭醇深，有西漢風。	脫脫等撰：《宋史》卷 336 蘇軾：〈司馬溫公行狀〉，《東坡全集》卷 90
王安石	1021 ｜ 1086	字介甫，撫州臨川人。慶曆二年進士。其屬文動筆如飛，初若不經意，既成，見者皆服其精妙。友生曾鞏攜以示歐陽脩，脩為之延譽。其議論高奇，能以辨博濟其說，果於自用，慨然有矯世變俗之志。曾訓釋《詩》、《書》、《周禮》，既成，頒之學官，天下號曰「新義」。晚居金陵，又作《字說》，多穿鑿傅會。其流入於	脫脫等撰：《宋史》卷 327

		佛、老。黜《春秋》之書，不使列於學官，至戲目爲「斷爛朝報」。安石性強忮，遇事無可否，自信所見，執意不回。未貴時，名震京師，性不好華腴，自奉至儉，蘇洵作〈辯姦論〉以刺之。	
王 令	1032 ｜ 1059	字逢原，廣陵人。詩學韓、孟而識度高遠。王安石得其〈南山之田詩〉大喜，期其材可與共功業于天下，因妻以其夫人之女弟。	王安石：〈王逢原墓誌銘〉，《臨川文集》卷97 吳之振：《宋詩鈔》卷24 劉發：〈廣陵先生傳〉，《廣陵集》附錄
程 顥	1032 ｜ 1085	字伯淳，世居中山，後從開封徙河南，號明道先生。舉進士。自十五六時，與弟頤聞汝南周敦頤論學，遂厭科舉之習，慨然有求道之志。泛濫於諸家，出入於老、釋者幾十年，返求諸六經而後得之。秦、漢以來，未有臻斯理者。	脫脫等撰：《宋史》卷427 程頤：〈明道先生行狀〉，《二程文集》卷12
程 頤	1033 ｜ 1107	字正叔，河南人，世稱伊川先生。年十四五，與明道同受學於舂陵周茂叔先生。皇祐二年，年十八，上書闕下，勸仁宗，以王道爲心，生靈爲念，黜世俗之論，期非常之功。頤於書無所不讀，其學本於誠，以〈大學〉、〈語〉、〈孟〉、〈中庸〉爲標指，而達於《六經》。動止語默，一以聖人爲師，其不至乎聖人不止也。	脫脫等撰：《宋史》卷427 朱熹：〈伊川先生年譜〉，《晦庵集》卷98
蘇 軾	1036 ｜ 1101	字子瞻，眉州眉山人。嘉祐二年進士，時歐陽文忠公考試禮部進士，疾時文之詭異，思有以救之，梅聖俞時與其事，得公〈刑賞忠厚論〉以示文忠，文忠驚喜，以爲異人，嘗語梅聖俞曰：「老夫當避此人，放出一頭地。」其文得之於天，少與蘇轍皆師蘇洵，初好賈誼、陸贄書，論古今治亂，不爲空言。既而讀莊子，喟然歎息曰：「吾昔有見於中，口未能言，今見《莊子》得吾心矣。」乃出〈中庸論〉，其言微妙，皆古人所未喻。後讀釋氏書，深悟實相，參之孔老，博辨無礙，浩然不見其涯也。述洵志成《易傳》，然後千載之微言，煥然可知也。復作《論語說》，時發孔氏之秘。最後居海南，作《書傳》，推明上古之絕學，多先儒所未達。其詩本似李、杜，晚喜陶淵明。	脫脫等撰：《宋史》卷338 蘇轍：〈亡兄子瞻端明墓誌銘〉，《欒城後集》卷22
蘇 轍	1039 ｜ 1112	字子由，眉州眉山人，號潁濱遺老。年十九，與兄軾同登進士科，又同策制舉。其性沉靜簡潔，爲文汪洋澹泊，似其爲人，不願人知之，而秀傑之氣終不可掩，其高處殆與兄軾相迫。	脫脫等撰：《宋史》卷339 蘇轍：〈潁濱遺老傳上〉，《欒城後集》卷12 蘇轍：〈潁濱遺老傳下〉，《欒城後集》卷13